W0205335

WIDMUNG

Für meine Eltern, die mich zum Segelsport gebracht haben.
Für meine Frau und meine Kinder,
die mit mir die letzten 22 Jahre gesegelt sind.

- Sebastian Kummer -

Über die Autoren

Der Journalist und Autor **Jens Brambusch** (r.) hat mehrfach über **Sebastian Kummer** im Wassersportmagazin „float" berichtet. Einer seiner Artikel rief einen geheimnisvollen türkischen Vermittler in Wien auf den Plan. Anhand von Kummers privaten Notizen, Tage- und Logbucheinträgen rekonstruieren die beiden seine dreimonatige Corona-Odyssee unter Segeln und geben bislang unbekannte Einblicke in die „schönste Quarantäne der Welt" (O-Ton Kummer) - mit all ihren Höhen und Tiefen. Kummer (57) ist Professor an der Wirtschaftsuniversität in Wien und nutzt seit 2018 eine 50-Prozent-Stelle für seine große Leidenschaft - ausgedehnte Segeltörns. Brambusch (48) arbeitete viele Jahre als Reporter für die „Financial Times Deutschland" und das Wirtschaftsmagazin „Capital". Seit Oktober 2018 lebt er auf einem Segelboot in der Türkei, verfasst Bücher und genießt das Leben auf dem Wasser.

Inhalt

Inhalt

1. Teil
Ein Sturm zieht auf

„Was er kann, zeigt der Steuermann nicht bei schönem Wetter, sondern in Sturm und Gewitter"
Petrus Chrysologus

Die aufgewühlte Biskaya vor Les Sables-d'Olonne

Das also ist Les Sables-d´Olonne. Jener Ort an der französischen Atlantikküste, der Segelbegeisterten auf der ganzen Welt ein Glänzen in die Augen zaubert. Alle vier Jahre starten von dem beschaulichen Badeort an der Biskaya die besten Einhandsegler zur legendären Vendée Globe, zu der wohl härtesten Regatta, die der Segelsport zu bieten hat. Einmal rund um den Globus. 24.000 Seemeilen nonstop. Quer über alle Ozeane. Vorbei an Kap Hoorn, dem Kap der Guten Hoffnung und entlang der Treibeisgrenze durch das Südpolarmeer. Die „Roaring Forties" sind berüchtigt für Sturm, Regen und hohen Seegang. Schlafmangel, extreme körperliche Anstrengungen und überall lauernde Gefahren sind die ständigen Begleiter der wagemutigen Männer und Frauen auf ihren hochgerüsteten Yachten, die wie Nussschalen wirken auf dem weiten Meer. Mehrfach kam es zu Unfällen, einige endeten tödlich. Armel Le Cléac'h, ein Franzose, hält den Rekord bei dieser unglaublich entbehrungsreichen Regatta. 74 Tage, 3 Stunden, 35 Minuten und 46 Sekunden brauchte er für das Rennen über den Jahreswechsel 2016/2017.

Unweigerlich muss Sebastian Kummer an die Vendée Globe denken, als er an der Strandpromenade von Les Sables-d ´Olonne steht und auf den Atlantik starrt. Kummer, ein hagerer Mann, der sein schlohweißes Haar mittellang trägt, empfindet für die Leistung der Segler beim Vendée Globe höchsten Respekt. Noch ahnt er nicht, dass auch seine Reise, die in wenigen Tagen an diesem besonderen Ort beginnen soll, ihn an die Grenzen der Belastbarkeit bringen wird - und somit in die internationalen Medien. Zeitungen und Magazine werden über ihn berichten, Radio- und Fernsehstationen Beiträge senden. Und sein Konterfei wird als Aufmacher auf der Titelseite der türkischen *Hürriyet* gedruckt werden. Schon gar nicht ahnt Kummer an diesem Sonntag, dass aus seinem Segeltörn eine Odyssee werden wird, die länger dauert als die Vendée Globe. Auch hat er keine Vorstellung davon, dass er sein Abenteuer, das er zusammen mit Freunden startet, schon sehr bald als Einhandsegler bestreiten muss. Dass er wochenlang allein auf dem Mittelmeer ausharren muss, weil kein Land ihn einreisen lässt. Dass er sich vor der Küstenwache verstecken muss wie ein Illegaler, der er streng genommen auch sein wird. Und das alles wegen eines Virus, das am anderen Ende der Welt ausgebrochen ist. In Wuhan, China.

Als Kummer seine Reise beginnt, scheint Corona unendlich weit weg. Dass die Welt, wie wir sie bislang kannten, in wenigen Wochen aus den Fugen geraten und völlig verrückt spielen wird, kann zu diesem Zeitpunkt noch niemand wissen. Und doch hat Kummer das leise Gefühl, dass sich da etwas Lautes zusammenbrauen könnte. Es ist nur ein Bauchgefühl, wie ein leises Grummeln. Aber es will nicht vergehen.

Kummer ist nach Les Sables-d´Olonne gereist, um für eine Charterbasis einen werftneuen Katamaran in die Türkei zu überführen. Das Ziel seiner Reise ist Göcek, ein mondäner Badeort an der türkischen Südküste, unweit der Kreisstadt Fethiye, die dem kleinen Golf mit seinen vielen Inseln den Namen gibt. Der Plan ist, zusammen mit wechselnden Crews, die Lagoon 46 mit dem Namen „Blu" über die Biskaya und durch die Straße von Gibraltar ins Mittelmeer zu segeln. Vorbei an Portugal und Spanien, dann nach Italien und Griechenland und schließlich in die Türkei. Von Göcek aus will Kummer aber nicht zurück nach Österreich fliegen. Dort wechselt er lediglich das Boot, um eine Lagoon 45 nach Kroatien zu überführen. Das ist der Plan. Die „Sunce 2" kennt Kummer wie seine Westentasche, sie gehörte einmal ihm. Viele Abenteuer hat er auf ihr bereits gemeistert. Aber das größte steht noch bevor. Es wird eine stürmische Nacht kommen, in der Kummer kurz davor ist, das Bewusstsein zu verlieren. Für einen kurzen Moment rechnet er sogar mit dem Schlimmsten.

Als Kummer im Februar 2020 in Les Sables-d´Olonne seine Reise beginnt, geht er davon aus, spätestens Mitte April, wieder in Wien zu sein. Am 14. April soll er für die Porsche-Holding ein Seminar vor Automanagern halten. Dafür hat Kummer eine Art Mobilitätsrally entworfen, bei der Old Economy auf New Economy trifft. Es geht um Leihscooter und Sharingfahrzeuge und darum, wie Mobilität-Apps die Zukunft des Verkehrs beeinflussen werden.

Der Zeitplan für Kummers Segeltörn ist ambitioniert, aber machbar – zumindest, wenn Wind und Wetter mitspielen. Rund 2.800 Seemeilen sind es bis in die Türkei, dann noch einmal 1.100 Seemeilen nach Kroatien. Rund 7500 Kilometer Seeweg. Weiter als ein Flug von Berlin nach New York. Die Crewmitglieder, die Kummer in Etappen begleiten werden, sind erfahrene Segler und Freunde von ihm. Für eine Stippvisite kommen in Portugal auch seine Frau und sein Sohn an Bord.

Wolken in allen Schattierungen von Grau ziehen am Himmel über Les Sables-d´Olonne vorbei. Es ist der 16. Februar, ein Sonntag, und über der Biskaya tobt wie so oft ein Sturm. Der Wind wirft meterhohe Wellen an die befestigte Uferpromenade. Nein, bei diesem Wetter will und kann er nicht auslaufen, denkt Kummer. Schon ein Blick auf die Wetterdaten, da war er noch auf der Anreise, hatte ihm verraten, dass es stürmisch sein würde. Kummer ist ein Mann der Zahlen, Professor an der Wirtschaftsuniversität in Wien. Der 57-Jährige kann Zahlen also deuten. Und Wetterdaten sowieso.

Kummer hat Salzwasser im Blut. Er stammt aus einer segelbegeisterten Familie in Nordrhein-Westfalen. Als Kind lernte er im Optimist das Segeln auf dem Möhnesee bei Unna, wo er geboren wurde. Später stieg er in den Laser um, trainierte viel und nahm an Regatten teil, und weil er ehrgeizig und talentiert war, schaffte er es in den Kader des Deutschen Segler Verbands. Im Jahr 1980 segelte er für Deutschland bei der Weltmeisterschaft der Laser in Kanada. Mehr als ein Platz im Mittelfeld war aber bei der stürmischen Regatta nicht für ihn drin. Als Leichtgewicht konnte er sich bei wenig Wind an die Spitze des Feldes taktieren, bei viel Wind fehlte ihm aber die Substanz. Später segelte er einige Seeregatten, wie Helgoland – Edinburgh, überquerte den Atlantik und entdeckte den Pazifik. Mehr als 30.000 Meilen stehen in seinem privaten Logbuch. Man kann sagen, Kummer ist ein sehr erfahrener Skipper.

Doch wie er da so steht, die klobigen Bausünden der 70er Jahre am drei Kilometer langen Sandstrand mit dem wohlklingenden Namen „Grande Plage“ im Rücken, die aufgewühlte und aufschäumende Biskaya im Visier, da fühlt er sich ganz klein in Anbetracht der Urgewalten des Meeres. Angst vor der See hat Kummer nicht, aber Respekt. Er spürt den Wind im Gesicht, hört die tosende Brandung, schmeckt das Salz in der Luft. Da braucht es keinen Blick auf Zahlen und Daten. Er weiß, dass bei so einem Wetter der beste Platz im Hafen ist.

Port Olona liegt malerisch inmitten der Stadt, verbunden nur durch eine lange, schmale Wasserrinne mit der Biskaya. Das Einlaufen ist meist unkompliziert. Nur bei starkem Spring-Niedrigwasser können größere Yachten Probleme bekommen. Vor der Einfahrt liegen einige Untiefen, die bei schwerem Seegang gefährliche Grundseen entstehen lassen. Der Tidenhub kann in der Biskaya bis zu sechs Meter und mehr betragen. Zum Vergleich: An der deutschen Nordseeküste sind es zwei bis drei Meter.

Von dem großen Yachthafen mit rund 1600 Liegeplätzen ist es nicht weit bis zur Strandpromenade in die eine Richtung, in der anderen liegt das alte Les Sables-d´Olonne, dessen Architektur die Geschichte eines ehemaligen Fischerdorfes erzählt, das Ende des 19. Jahrhunderts von der Pariser Aristokratie als Sommersitz entdeckt wurde. Neben kleinen Fischerkaten stehen Herrenhäuser reicher Reeder und Villen in Bäderarchitektur verschiedener Stilformen.

Kummer zückt sein Smartphone, öffnet WhatsApp und tippt im Adressbuch auf „Mit Kummer ohne Sorgen". In der Gruppe ist die gesamte Familie versammelt. Alessandra, seine italienische Frau, die Zwillinge Lucas und Francesca, Kummers Eltern aus Unna, sowie einer seiner beiden Brüder und die Frau des anderen, dazu noch eine Cousine. Als Kummer vor einiger Zeit die Gruppe einrichtete, fand er den Namen lustig. Am Telefon erklärt er so auf Nachfrage immer seinen Namen, anstatt ihn zu buchstabieren. „Kummer - nur ohne Sorgen", sagt er und lacht. Gerade wenn er auf See ist, hat er die Gruppenfunktion des Messengers schätzen gelernt. Mit nur einer Nachricht hält er seine ganze Familie auf dem Laufenden. Kurze Zeit später schickt er ein Foto hinterher. Es zeigt einen kleinen Espresso auf einem großen Tisch in irgendeiner Crêperie. Die Straßen sind leer, viele Cafés und Restaurants noch geschlossen. Kummer genießt die Ruhe, die der Ferienort in der Vorsaison ausstrahlt.

Die Tage vor der Abreise waren stressig und hektisch gewesen. Ende Januar ist Kummer in Wien umgezogen. Von einer Wohnung mit 180 Quadratmetern Fläche in eine kleinere mit einhundert. Seine Frau haderte mit der Entscheidung, aber jetzt, wo die Kinder flügge werden, die Tochter bereits ausgezogen ist, der Sohn demnächst in Mailand sein Studium fortsetzen wird, hielt Kummer den Schritt für angemessen. Außerdem verbringt Kummer ohnehin so viel Zeit wie möglich auf dem Wasser. Eine weitere Entscheidung, die seine Frau, eine Architektin, nicht mit Jubelarien feiert. Aber zumindest duldet sie seine Segelabenteuer. Wie in vielen Ehen ist auch bei den Kummers die Begeisterung für das Segeln eher ungleichmäßig verteilt.

Vor der Abreise nach Frankreich ließ Kummer es sich aber nicht nehmen, die alte Wohnung selbst zu renovieren. Er legte Plane über das edle Parkett, klebte Ecken ab, strich die hohen Wände des Altbaus und die Fensterrahmen aus Holz. Zudem half er seiner Tochter Francesca beim Umzug in ihre neue Studenten-WG. Allein das Ein- und Auspacken beim Umzug verschlang Tage, besonders das Aussortieren. Kummer tut es im Herzen weh, Sachen, die noch gut und funktionsfähig sind, wegzuwerfen. Aber er musste sich trennen. Also inserierte er in „Willhaben", dem österreichischen Pendant zu eBay-Kleinanzeigen. Die Erfahrungen, die er dabei sammelte, würden ein eigenes Buch füllen. Von sehr positiv bis katastrophal war alles dabei. Oft war es lustig, manchmal aber nur nervig. Besonders, weil die Zeit drängte.

Schließlich musste Kummer auch bei der Arbeit alles für seine Auszeit auf See vorbereiten. An der Wirtschaftsuniversität Wien (WU) leitet er das Institut für Transportwirtschaft und Logistik. Auch wenn er nur noch eine 50-Prozent-Stelle bekleidet, und er eigentlich nur im Wintersemester unterrichtet, muss die reibungslose Übergabe organisiert werden. Bereits vor fünf Jahren, als sich abzeichnete, dass seine Zwillinge Lucas und Francesca die Matura, das österreichische Abitur, erfolgreich schaffen würden, hatte er mit der WU die Reduzierung auf eine halbe Stelle vereinbart. Kummer wollte wieder mehr Zeit auf dem Wasser verbringen. Vor zwei Jahren nutzte er erstmals die Option, um den Atlantik zu überqueren und eine Saison in der Karibik zu segeln. 2019 setzte er die Reise fort, schloss sich der World ARC, der „Round the World Rally" für Fahrtensegler an, und segelte von St. Lucia durch den Panamakanal bis nach Tahiti. Und wenn Kummer seine Zeit nicht auf den Weiten der Ozeane verbringt, dann ist er häufig in Fernost. 2018 hatte die Jilin Universität in Changchun ihm eine Stiftungsprofessur angeboten. Eine Ehre, die Kummer aufgrund seiner 20-jährigen Tätigkeit in China unmöglich ablehnen konnte.

Als er die Studenten im Jahr 2017 in seine Teilzeitpläne einweihte, hatte er ihnen ein Konzept vorgelegt, wie der Lehrbetrieb und die Funktion des Instituts sichergestellt sei. Die Studenten sollten nicht den Eindruck habe, er würde sie im Stich lassen. Ein wesentlicher Bestandteil war, dass Kummer auch während des Sommersemesters immer für sie erreichbar wäre, egal, in welcher Ecke der Welt er sich gerade versteckte. Über Wlan und Satellitenkommunikation wäre das möglich. Und so sollte es auch im Februar 2020 sein. Mit im Gepäck hatte der Professor zudem Klausuren der Executive Academy der WU und der Kühne Logistics University (KLU), für die er im Januar noch einen Kurs für Studenten aus den USA, China und Europa gegeben hatte.

Zu dieser Zeit hatte sich Kummer erstmals intensiver mit dem Corona-Virus beschäftigt. Sein ungutes Bauchgefühl rührt wahrscheinlich daher. Die KLU-Studenten flogen anschließend nach China und hatten sich bereits Mundschutzmasken im Internet bestellen müssen. Kurz bevor Kummer dann zu seinem Segeltörn aufbrach, hatte er noch einmal mit seinen Kollegen in Changchun gesprochen. Der Plan war nämlich, dass Kummer im Mai nach China fliegen sollte. Doch die chinesischen Kollegen wiegelten bereits ab. Sie sagten, sie müssten den Besuch auf unbestimmte Zeit verschieben. Alle Universitäten würden nach dem chinesischen Neujahrsfest am 25. Januar bis auf Weiteres schließen. Trotzdem bestellte Kummer vorsorglich Mundschutzmasken. Noch waren sie im Internet günstig und frei verfügbar. „Schaden kann es nicht", dachte sich der Professor damals.

Kummer ahnte nicht, dass Mundschutzmasken schon bald zum begehrten und raren Gut werden sollten. Er ging davon aus, dass die Krise, wie auch andere Virusepidemien, Sars oder Ebola, regional begrenzt sein würde. Dass China die Millionenstadt Wuhan, von der das Virus offenbar ausgegangen war, so schnell isoliert hatte, bestärkte Kummer in seiner Einschätzung. Skeptisch registrierte er jedoch, dass weiterhin reger Passagierverkehr zwischen China und Europa ohne für ihn ersichtliche Kontrollen oder Einschränkungen möglich war.

Für Kummer hatte es den Anschein, dass die WHO, die Weltgesundheitsorganisation, falsche Prioritäten setzte. Anstatt die Ausbreitung des Virus unter Kontrolle zu bringen, diskutierte die Organisation vielmehr, welchen Namen sie ihm geben soll. Als ein Name endlich gefunden war, wurde das Ergebnis zelebriert, als sei die Gefahr bereits abgewendet. Die WHO feierte ihren Entschluss, das Virus und die Krankheit nicht nach einer geographischen Region (wie beispielsweise „Spanische Grippe“) oder einem Tier („Vogelgrippe“) benannt zu haben. Statt Wuhan-Grippe oder Fledermaus-Virus hatten sich die hoch dotierten Experten, deren Aufgabe das Wohl der gesamten Weltbevölkerung ist, auf die etwas sperrigen Bezeichnungen SARS-CoV-2 für das Virus und Covid-19 für die Erkrankung geeinigt. Welch ein Husarenstück! Kummer kann es nicht fassen. Für ihn ist es eine Krankheit unserer Zeit, dass sich die Manager und Institutionen mehr Gedanken um Namen, Logos und das Marketing, als um die operative Arbeit machen. Er ist entsetzt, dass dies anscheinend auch auf die Weltgesundheitsorganisation zutrifft.

Mitte Februar, kurz vor Kummers Abreise, wundert sich der Professor, dass China mit der Absperrung einer ganzen Region mit 60 Millionen Menschen und viel Industrie sowie der Schließung aller Universitäten sehr starke Maßnahmen setzt. Er kennt das Land wie die See. Immer wieder gibt er in Gesprächen mit Kollegen zu bedenken, dass China nicht dumm sei und aus Spaß seine Wirtschaft lahmlegt. Er fragt sich, warum in Europa und Amerika die chinesischen Maßnahmen nicht ernst genommen würden. Lediglich Australien, Neuseeland, Taiwan, Südkorea und Island reagieren schnell und entschieden. Kummer geht davon aus, dass die Regierungen natürlich mehr Informationen haben als er. Also ist er beruhigt. Für ihn ist klar, dass die Staaten in Europa und die USA davon ausgehen, dass die Krise auf Asien beschränkt bleibt. „Die werden schon wissen, was sie tun“, denkt er. Und so freut er sich, relativ unbeschwert, auf den anstehenden Segeltörn.

Vier Tage früher? Kummer ist entsetzt, als er die Mail der Werft liest. Die Vorverlegung der Auslieferung des Katamarans passt ihm gar nicht in den Kram. Immer noch steckt er in den Nachwehen des Umzugs, auch in der Uni stapelt sich die Arbeit. Aber was soll er machen? Die Werft in Belleville-sur-Vie, fünfzig Kilometer entfernt von der Atlantikküste, ist vor der Zeit. „Besser als anders herum", sagt er sich. Die Franzosen kommen seit Jahren in der Produktion kaum noch den Aufträgen hinterher. Die Doppelrümpfer boomen – weltweit. Als Eignerversion, vor allem aber als Charterschiffe.

Lagoon produziert seit 1984 Katamarane, seit 2003 gehört das Unternehmen mit Hauptsitz in Bordeaux zur Bénéteau-Gruppe. Über 700 Katamarane verlassen pro Jahr die drei Fertigungsstandorte, die die Serienproduktion bis ins kleinste Detail optimiert haben. Damit ist Lagoon die unangefochtene Nummer Eins unter den Katamaranen. Und sogar die drittgrößte Werft für Segelboote überhaupt.

Vier Tage früher als geplant sitzt Kummer in einer Lufthansa-Maschine von Frankfurt nach Bordeaux. Der Flug verläuft reibungslos, doch mit der Ankunft beginnen die „französischen Krankheiten". Für einen Professor mit Schwerpunkt Transport und Logistik sind die Verkehrsmittel der Grande Nation eine Katastrophe. Für die 280 Kilometer von Bordeaux zum Hafen benötigen sie über sieben Stunden, vorausgesetzt die Anschlüsse werden erreicht, denn es muss dreimal umgestiegen werden. Eigentlich wollte Kummer zusammen mit seinen beiden Freunden, die ihn auf der ersten Etappe bis nach Italien begleiten, einen Leihwagen mieten. Doch die stoßen erst in vier Tagen dazu. Nur für sich will er kein Auto mieten.

Also testet er BlaBla-Car, den größten Onlineanbieter für Mitfahrgelegenheiten. Francois, ein freundlicher Franzose, gabelt ihn am vereinbarten Treffpunkt auf. Zusammen mit einer jungen Studentin geht es direkt nach Les Sables-d ´Olonne. Die Fahrt vergeht wie im Flug, alle sprechen Englisch, Corona ist weit weg und die Stimmung gut. Direkt vor dem Hotel setzt Francois Kummer ab. Natürlich ist das Hotel geschlossen, ein Zettel verheißt, dass die Rezeption erst ab 18 Uhr besetzt ist.

Während Kummer in dem Café seinen Crêpe genießt und die Atmosphäre der französischen Kleinstadt einsaugt, lädt er den neuesten Wetterbericht im Internet. Der Sturm, der ihm eben noch an der Strandpromenade ins Gesicht blies, verliert langsam an Kraft. Bis zum 20. Februar, wenn seine Crew eintrifft, wird er zwar noch anhalten und hohe Wellen an Land werfen, die ein Auslaufen kaum erlauben würden, aber sobald seine Freunde da sind, zieht der Sturm ab. Zufrieden lässt Kummer sein Smartphone in der Jacke verschwinden, zahlt und erkundet die Altstadt. Als er endlich um 18 Uhr in sein Hotel einchecken kann, versucht er herauszufinden, wo genau die Übergabe des Katamarans stattfinden soll. Doch die erwartete Mail mit den Informationen ist nicht gekommen, auch telefonisch kann er seinen Ansprechpartner, der im einhundert Kilometer entfernten La Rochelle sitzt, nicht erreichen.

Trotz der kleinen Startschwierigkeiten legt sich Kummer beruhigt ins Bett. Die Vorfreude über den anstehenden Törn überwiegt. Noch nie ist er über die Biskaya gesegelt, die portugiesische Küste kennt er nur vom Land. Die Bilder in seinem Kopf haben einen Sepia-Schleier. Er erinnert sich, wie er vor mehr als 30 Jahren zusammen mit seinen Eltern das erste Mal Porto und Lissabon besuchte, als sie an der Algarve Urlaub machten. Es sind schöne Erinnerungen an lebhafte Städte und herrliche Strände. Aber er erinnert sich auch an spätere Besuche, die Enttäuschung über die Zersiedelung der Küste und den ausufernden Tourismus. Im Kopf segelt er weiter, bis zur Straße von Gibraltar, mit den aus der Antike bekannten Säulen des Herkules. Es ist einer seiner Kindheitsträume. Auch das wird eine Premiere für ihn sein, wenn er die Meerenge zwischen Afrika und Europa unter Segeln passieren wird. Das Mittelmeer hingegen kennt er gut. So gut, dass er weiß, dass es immer noch etwas Neues zu entdecken gibt. Wenn Wind und Wetter es zulassen, will er die Inseln westlich von Sardinien erkunden und Sizilien südlich umlaufen. Aber vor der Kür kommt zunächst die Pflicht: die Übergabe des Katamarans.

Blaues Wunder

Am nächsten Morgen greift Kummer früh zum Telefon. Er will den Tag so gut wie möglich nutzen, um so viele Aufgaben wie nötig zu bewältigen. Es klingelt ein paar Mal, dann hat er seinen Ansprechpartner in La Rochelle endlich in der Leitung. Kummer hatte eine freundliche Stimme erwartet, vielleicht sogar eine Entschuldigung dafür, dass die ausstehenden Informationen ihn noch nicht erreicht hatten. Doch der Mann ist eher von ruppiger Natur. Kummer empfindet ihn als unfreundlich und wenig hilfsbereit. Barsch belehrt der Ansprechpartner ihn, dass er lediglich für die Zollabfertigung und das Einholen der Genehmigungen vom türkischen Konsulat zuständig sei. Von daher wisse er auch nicht, warum Kummer ihm ein Dinghy hat liefern lassen. Er möchte es doch bitte abholen kommen. Die Breitseite sitzt, Kummer ist perplex. Immerhin kann er dem Mann wenigstens den Namen des Abwicklungsagenten vor Ort entlocken: Sailing Atlantic Services (SAS).

Für Kummer ist es ein etwas mulmiges Gefühl, einen brandneuen Katamaran für fast eine halbe Million Euro, wohlgemerkt ohne Mehrwertsteuer, zu übernehmen und nicht genau zu wissen, wo und wann. Der Professor ist nicht nur irgendein angeheuerter Skipper für den Überführungstörn, er hat durch einen Kredit in Höhe des Kaufpreises dazu beigetragen, dass die Blu von der „Sailing with friends Yachting Ltd." gekauft wurde, deren Inhaber Volkan Ceylan ist, der Stationsleiter von Pitter-Yachting in Göcek. Deswegen segelt das Schiff auch unter türkischer Flagge.

Jahrelang war Kummer ein begeisterter Monohull-Segler, sein Schiff, das im Mittelmeer lag, hieß Nausikaa. Eine Reinke, 11,5 Meter lang, solider Stahlbau. Kummer mochte das Schiff, trotz einiger Macken, aber als die Zwillinge größer wurden, wurde das Boot zu klein. Zumindest sagte das Kummers Frau. Ein Katamaran, das wäre es doch! Über Ostern 2013 flog

Familie Kummer in die Karibik. Auf der Inselgruppe San Blas, die zu Panama gehört, charterte sie eine Lagoon 440 - zum Probe segeln. Ein solches Modell hätte Kummer günstig kaufen können, da Lagoon gerade die Produktion auf das Nachfolgemodell, die Lagoon 450 umstellte. Wie viele potenzielle Käufer wollte Kummer zuvor einen Urlaub auf dem Boot verbringen, um es auf Herz und Nieren zu testen. Es war ein wunderschöner Urlaub in einem Archipel, das jedem Postkartenklischee der Karibik entsprach. Auch die Lagoon überzeugte mit ihrem Platzangebot. Gäbe es da nicht diesen einen kleinen Malus. Die Badezimmer, fand Kummers Frau, könnten etwas größer sein. Und so brachen die Kummers erneut auf, im Herbst, um in Kroatien die Lagoon 450 zu testen. Das neue Modell überzeugte und sogar die Badezimmer fielen etwas größer aus. Wahrscheinlich war Kummers Frau nicht die einzige, die daran Anstoß nahm. Doch jetzt gab es ein anderes Problem: der Preis. Das neue Modell überstieg einfach Kummers Budget. Er brauchte einen Plan B. Auf der Bootsmesse in Tulln, etwa dreißig Kilometer westlich von Wien, lernte er Klaus Pitter kennen. Diesen fragte Kummer, ob er vielleicht Interesse hätte, eine gebrauchte 450er in sein Programm aufzunehmen. Das war sein Plan B.

Da Kummer ohnehin sein Boot nur wenige Wochen im Jahr nutzen kann, überlegte er, es zu verchartern. Das Modell ist einfach und geläufig. Der Eigner stellt sein Boot einer Charterfirma zur Verfügung, die kümmert sich um die Vermietung der Yacht, übernimmt Pflege und Wartung und die Liegeplatzgebühr. Der Eigner darf seine Yacht für einige Wochen im Jahr nutzen und verdient an jeder Vercharterung mit, je nachdem, welches Kaufcharter-Modell dem Vertrag unterliegt. Oftmals kaufen die Charteragenturen auch die Yachten, die sie in ihrem Programm haben wollen, direkt bei der Werft - und suchen dann Partner beziehungsweise Käufer. Der Vorteil: Wenn die Unternehmen gleich mehrere Yachten abnehmen, bekommen sie gute Konditionen bei den Herstellern. Genau das schlug Pitter Kummer vor. Er hätte bereits eine werftneue Lagoon 450 gekauft und suche dafür einen Käufer. Sein bestes Argument war der unschlagbare Preis, den er eins zu eins an Kummer weitergab. Die beiden wurden schnell handelseinig.

Weil Kummer nicht erreichbar war, als für die Bootspapiere ein Schiffsname eingetragen werden musste, taufte die Charteragentur den Katamaran „Sunce“, was kroatisch ist und „Sonne“ bedeutet. Als Kummer 2017 zu einer Weltumsegelung startete, kaufte er die Sunce aus dem Charter heraus. Er kam mit ihr bis in die Karibik, dann musste er zurück nach Wien. Das war der Plan seiner 50-Prozent-Stelle. Ein halbes Jahr segeln, ein halbes Jahr Uni. Doch er hatte ein schlechtes Gefühl, die Sunce allein in der Karibik zu lassen, zumal während der Hurrikansaison. Gerade erst hatte Hurrikan Irma, die Karibik verwüstet. Viele Yachten waren beschädigt oder gesunken. Die Nachfrage nach Booten war also groß. So groß, dass Kummer einen guten Preis für sein Schiff bekam. Es gibt ein Sprichwort, an das Kummer sich erinnerte:

Die beiden glücklichsten Tage im Leben eines Seglers sind die, an denen er sein Boot kauft - und es wieder verkauft.

Im Frühjahr 2018 war Kummer also wieder ohne Boot. Es dauerte aber nicht lange, als Masteryachting ihm ein Angebot machte. Die Wiener Yachtagentur gilt als Pionier bei der Einführung des Kaufcharter-Modells in Österreich. Und gleichzeitig ist sie Europas größter Lagoon-Händler. Kummer orderte eine neue Lagoon 450 für einen Superpreis, wie er sagt. Diesmal sollte der Katamaran, der im April 2019 ausgeliefert wird, im türkischen Göcek bei Pitter im Charter laufen. Kummer sah darin kein Problem. Weil er aber im Pazifik mit Freunden segelte, konnte er Sunce 2 nicht selber überführen.

Der Chartermarkt in der Türkei erlebte 2019 einen Boom. Besonders Katamarane waren gefragt. Weil die Sunce aber unter österreichischer Flagge lief, gab es bald ein Problem. Die Regierung in Ankara hatte ein Gesetz erlassen, dass Charter nur noch unter türkischer Flagge erlaubt. Die Umflaggung wurde zum Problem. Klaus Pitter hatte aber eine Idee. Er würde die

Sunce für einen fairen Preis abkaufen und nach Kroatien bringen, wenn Kummer wiederum die Finanzierung für eine Lagoon 46 übernähme, die in Göcek unter türkischer Flagge registriert wird. Pitter hatte bereits das neueste Modell bestellt. Für Kummer hörte sich das nach einem guten Deal an.

Und so steht er jetzt da, in Frankreich, und weiß nicht, wie er an sein Boot kommt. Aber mit „Kummer" kennt sich der 57-Jährige ja aus. Weil ihm die Situation etwas suspekt erscheint, entschließt er sich, auch die kommende Nacht im Hotel zu verbringen. Ansonsten hätte er sein Gepäck erst einmal zum Hafen schleppen müssen, und so wie es gerade läuft, abends wieder zurück. Sein Gefühl sagt ihm, dass die Übergabe nicht reibungslos verlaufen wird. Wenig später fühlt er sich bestätigt. An der Tür von SAS hängt nur ein Zettel mit einer Telefonnummer. Nach kurzem Klingeln meldet sich Jean-Christophe, der Eigentümer der Agentur. Kummer solle auf die Rückseite des Gebäudes kommen. Als Kummer endlich den Weg um den Häuserblock gefunden hat, steht er plötzlich vor der Blu.

Die Blu, aufgebockt im Hafen

Sein erster Gedanke: „Wow, ist die groß“. Sein zweiter: „Warum ist der Katamaran noch nicht im Wasser?“ Die Lagoon steht aufgebockt an Land, somit wirkt sie noch größer. Zwar kennt Kummer den Kat, bei der boot in Düsseldorf hatte er sie bereits zweimal besichtigt. Aber in den engen Messehallen kam das Schiff nicht zur vollen Geltung.

Die Lagoon 46 ist ein Luxusboot. 13,99 Meter lang, 7,96 Meter breit. Der Tiefgang beträgt gerade mal 1,3 Meter, was das Ankern in seichten Gewässern ermöglicht. Sie verfügt über zwei Wassertanks mit jeweils 300 Litern Frischwasser, die beiden Maschinen werden aus zwei 520-Liter-Tanks gespeist. Weil die Blu im Charter laufen soll, hat sie das entsprechende Design. Anders als die Eignerversion beherbergt die Blu vier gleich große Doppelkabinen mit jeweils eigenem Badezimmer. Im Bug eines Rumpfes befindet sich noch eine kleine Einzelkajüte für die Crew, allerdings ohne eigenes Bad, der andere Rumpf beherbergt eine geräumige Segelkammer. Neben den vier geräumigen Kabinen mit jeweils einem Doppelbett, gibt es einen großen Salon mit Pantry, der die beiden Rümpfe verbindet. Von dort geht es ebenerdig auf die „Terrasse“ am Heck mit einem Tisch für zehn Personen. Und weil die Wege auf dem Katamaran weit sind, ist natürlich noch ein Kühlschrank für den Sundowner eingebaut. Über eine Treppe geht es auf die sogenannte Flybridge, den Steuerstand, in dessen Rücken noch eine große Lounge-Liegefläche zum Sonnenbad einlädt. Das Platzangebot ist außerordentlich großzügig und komfortabel. Kummer weiß, dass das für seine Familie wichtig ist, er schätzt aber auch die gute Performance unter Segeln und die Seetüchtigkeit.

Fahrtenkatamarane krängen kaum, maximal drei bis fünf Grad, und verhalten sich in den Wellen sehr stabil. Etwas unangenehm wird es nur, wenn die Wellen von der Seite kommen. Ein Kurs, der bei stehender Welle besser vermieden werden sollte. Zusätzlich zu der obligatorischen Sicherheitsausrüstung und Standardausstattung hat Kummer für den Überführungstörn umfangreiches Equipment einfliegen lassen.

Darunter einen Gennaker, zwei Spinnaker, ein Kanu sowie Schnorchel- und Angelausrüstung.

Wer noch nie ein Boot von einer Serienwerft gekauft hat, kann sich nicht vorstellen, wie nackt die Schiffe verkauft werden. Aus einem einfachen Grund: Mit den Extras verdienen die Hersteller das meiste Geld. Wer das Schiff von der Werft komplett ausstatten lässt, muss locker noch einmal 25 bis 30 Prozent des Kaufpreises auf den Tresen blättern. Aber selbst dann ist das Boot noch nicht vollständig ausgerüstet. Für die Schlafzimmer werden noch Bettlaken, Decken, Kissen und Bezüge benötigt. Handtücher, Seife, Reinigungsmittel und Klobürsten für die Badezimmer. Die Küche muss mit Töpfen, Pfannen, Wasserkessel, Geschirr, Besteck und Kochutensilien, aber auch mit Plastikbehältern und Untersetzern ausgestattet werden. Die Liste ist beliebig er-weiterbar, je nachdem wie ambitioniert die Crew in der Küche ist.

Im Salon geht es munter weiter. Tischdecken, Kissen und Schutzbezüge für das Sofa, damit es nicht schon beim Überführungstörn verdreckt ist - um all das muss Kummer sich kümmern. Und natürlich auch um Dinge wie Rettungswesten, Lifebelts (Gurte, mit denen man sich bei Sturm sichern kann), persönlichen AIS-Notrufsender, die automatisch einen Alarm und ein Positionssignal aussenden, wenn jemand über Bord geht, einen Bootsmannstuhl für Reparaturen im Mast, Rettungsraketen, Notfeuer und Medikamente. Dazu kommt das Navigationsequipment, Handschuhe und Segelmesser. Wie Kummer so dasteht, vor der aufgebockten Blu, da fällt ihm auf, dass auch der Bootsname und der Heimathafen noch nicht angebracht sind. Weil die Blu unter türkischer Flagge segelt, muss der Schiffsname nicht nur am Heck, sondern auch auf beiden Seiten vorn am Bug angebracht werden.

Kummer weiß, wie viel Arbeit die Ausstattung einer werftneuen Yacht bedeutet. Schon 2017 hatte er die Sunce für die Langfahrt ausgestattet. Nachdem er den Katamaran in der Karibik verkauft hatte, schickte er einen halben Container voller Ausrüstungsgegenstände über den großen Teich zurück nach Deutschland, zum Zwischenlagern bei seinen Eltern. Unna wurde gewissermaßen zum logistischen Stützpunkt der kommenden Segelabenteuer. Dort hatte Kummer zum einen genügend Platz, zum anderen konnte er so seine Eltern öfter besuchen, auch wenn sein Vater bereits scherzte, dass er demnächst für jede Sendung, die er in Empfang nehmen müsse, eine „Logistikpauschale" berechnen würde.

In Deutschland ist Bootsausrüstung meist günstiger als in Österreich. Auch ist der Gebrauchtmarkt deutlich größer. Und so kaufte Kummer für den Törn in die Türkei Gennaker und die beiden Spinnaker aus zweiter Hand. Da der türkische Vercharterer bereits vor Ort einen 9-PS-Außenborder für das Beiboot besorgt hatte, ergatterte Kummer auf dem Weg zur Düsseldorfer Bootsmesse einen gebrauchten Motor für die Überführung, der allerdings nie zum Einsatz kommen sollte. Auch einige Schoten, Leinen und Schäkel kaufte Kummer auf der Messe günstig ein. Seine persönliche Ausstattung wie Segelkleidung, Segelschuhe, aber auch Karten und Literatur plus weitere Ausstattung brachte er in zwei Fahrten an Weihnachten zunächst mit einem Mietwagen von Wien nach Unna. Der Professor für Transportwesen besitzt selbst kein Auto. Zur Arbeit in Wien radelt er, ansonsten nutzt er alle möglichen Alternativen zum eigenen Auto. Mietwagen, Car-Sharing, Mitfahrgelegenheiten und natürlich Bus und Bahn. Als Experte weiß er, dass das nicht nur günstiger ist, sondern auch umwelt- und nervenschonender.

Die Ausrüstung für die Blu, die Kummer in Unna zusammenstellte, füllte einen halben Keller. Dabei hatte er einige, sogar die großen Platzfresser wie Rettungsinsel, Rettungswesten, Lifebelts und Fender gleich in Frankreich bestellt und sie direkt nach Les Sables-d´Olonne schicken lassen. Trotzdem stapelten sich in Unna die Kisten. Neben den Neuerwerbungen auf der Bootsmesse und den Segeln bediente sich Kummer auch an der Ausrüstung seines alten Schiffes. In einem Lagerraum der Zahnradfabrik in Unna, deren Geschäftsführer er vor seiner Uni-Karriere war, lagerten immer noch einige Kisten. Anfang Januar brachte eine Spedition die Ausrüstung von Deutschland nach Frankreich.

Gerade als Kummer die Blu entdeckt hat, sieht er, wie ein Gabelstapler eine Palette zu seinem Schiff bringt, darauf die Sachen, die er verschickt hat. Er ist erleichtert. Immerhin scheint der Transport geklappt zu haben. Mit Jean-Christophe vereinbart Kummer die Übergabe des Katamarans für den nächsten Morgen. Die so entstandene Freizeit nutzt er für einen Spaziergang entlang des Hafens. Sein Ziel ist die nördliche Seite der Einfahrt, an der eine Festung über den früher strategisch wichtigen Hafen wacht.

Als Kummer die Küste erreicht, sieht er, wie ein Katamaran sich durch die Wellen müht. Offenbar handelt es sich ebenfalls um eine Überführungscrew. Auch wenn die Bedingungen etwas besser sind als am Tag zuvor, so steht immer noch eine große Welle auf die Hafeneinfahrt. Und die vorhergesagten Ausläufer des Tiefdruckgebietes sollen erst noch kommen. Kummer versteht nicht, wie man Boot und Crew solchen Gefahren aussetzen kann. Aber wer weiß, wie lange die Crew schon auf das Schiff und besseres Wetter warten musste? Kummer nutzt das Szenario, um zu beobachten, welchen Weg der Skipper wählt und vergleicht die Route mit der Seekarte auf seinem Smartphone. Die Crew nutzt anscheinend die Untiefen, die vor der Einfahrt liegen und an denen sich die Wellen brechen, aus. Allerdings ist der Kurs unter Land nicht ohne. Soweit Kummer sehen kann, gibt es allerdings keine Grundsee. Trotzdem schüttelt er unmerklich den Kopf. „Nein, safety first sieht anders aus". Andererseits beruhigt ihn, dass man auch bei schlechten Bedingungen aus dem Hafen auslaufen kann.

Noch hat Kummer drei Tage Zeit. Und bis dahin soll der Sturm sich gelegt haben. Selbst wenn noch zwei bis drei Meter hohe Wellen auf dem Meer stehen, sieht er keine Probleme, die Reise zu beginnen. Beruhigt und nach der Besichtigung der Festungsanlagen will Kummer zurück ins Hotel. Er nimmt den Bus, steigt in der Nähe seiner Unterkunft aus. Ein Restaurant erregt seine Aufmerksamkeit. Der Laden ist brechend voll, ein untrügliches Zeichen für die Qualität, denkt Kummer, zumindest aber für ein exzellentes Preis-Leistungsverhältnis. Nur mit Mühe findet Kummer noch einen Platz. Er scheint der einzige Tourist zu sein. Um ihn herum sitzen Arbeiter und Handwerker, Männer in Arbeitskleidung, die ihre Mittagspause hier verbringen. Kummer genießt die quirlige Atmosphäre, den guten Service - und das üppige Fischmenü von der Tageskarte. Es ist sensationell. Er gönnt sich einen Weißwein, rundet das Essen mit einem Espresso ab. Das alles für zwölf Euro. Zum ersten Mal stellt sich so etwas wie Urlaubsgefühl bei Kummer ein. Das Blatt scheint sich zum Guten zu wenden. Zurück im Hotel erledigt er noch einige Arbeiten für die Universität, vergisst darüber die Zeit. Nicht einmal Appetit überfällt ihn am Abend. Das Mittagessen war wirklich reichhaltig.

Mit Spannung hat Kummer den Tag der Schiffsübergabe erwartet, jetzt als er da ist, verläuft der eher unspektakulär. Das Prozedere am Morgen beschränkt sich darauf, dass Jean-Christophe mit Kummer zur Blu geht, die mittlerweile im Wasser liegt, ihm die Schlüssel in die Hand drückt und sagt, dass er immer für Fragen zur Verfügung stehe. Am Nachmittag oder spätestens am nächsten Tag soll dann der Papierkram erledigt werden. Als Kummer die Blu betritt, bemerkt er, dass der Gabelstaplerfahrer anscheinend die komplette Fracht in der Achterkajüte an Steuerbord verstaut hat. Damit ist sie komplett voll. Das ganze Boot ist zudem staubig und dreckig, immerhin kommt wenig später ein Mitarbeiter, der mit der Reinigung beginnt. Kummer inspiziert den Katamaran auf Mängel. Am augenscheinlichsten ist das Teakdeck, das in einem schlechten Zustand ist. Überall befinden sich noch Klebereste, das gleiche gilt für die Flybridge. Kummer weiß, dass das Schiff unter großer Eile fertiggestellt wurde. Als Entschuldigung will er das aber nicht durchgehen lassen. Der Teaktisch im Cockpit muss noch abgeschliffen werden, er scheint auch schräg montiert, jedenfalls lässt sich eine Seite nicht ausziehen. Kummer entdeckt immer mehr Details, die unsauber verarbeitet sind.

Er notiert jede Schwachstelle, die er finden kann. „Für ein Boot in der Größenordnung von einer halben Million Euro ist das Finish dürftig“, denkt Kummer. Aber er ist nicht überrascht. Es ist ja nicht seine erste Lagoon und die Eignerforen sind voll von Beschwerden. Einige Mängel können noch vor Ort behoben werden, andere müssen warten, bis die Blu in der Türkei ist. Kummer beginnt, die Ausrüstung in der Achterkabine auszupacken und zu verstauen. Das kann dauern. Mindestens ein paar Stunden. Je mehr er sich mit der Blu vertraut macht, um so größer wird aber seine Vorfreude. Von den kleinen Mängeln einmal abgesehen, macht der Katamaran einen soliden Eindruck. Kummer schießt einige Fotos. Die mit den Mängeln für seine Dokumentation, die schönen, glänzenden für die Familie. Es wird in den kommenden Wochen nicht das einzige Mal bleiben, dass Kummer die Situation etwas positiver darstellt, als sie wirklich ist.

Klar zum Ablegen!
Oder doch nicht?

Wer für eine Langfahrt proviantiert, ist immer gut beraten, nicht den der Marina nächstgelegenen Supermarkt anzusteuern. Die Auswahl ist oft auf die existenziellen Nahrungsmittel begrenzt, der Alkohol teuer. Als Kummer am Vormittag mit dem Bus zum Hafen gefahren war, hatte er einen großen Supermarkt des französischen Einzelhandelsriesen Carrefour entdeckt. Auch wenn der Weg zur Blu deutlich länger ist, und Kummer noch nicht weiß, wie er den Einkauf zum Boot bringen kann, betritt er den Konsumtempel. Das Angebot an Lebensmitteln ist gigantisch. Nicht umsonst heißt es „Essen wie Gott in Frankreich“. Die Qualität der Produkte ist hervorragend, das Preisniveau nur etwas höher als in Deutschland oder Österreich.

Kummer, der ein gutes Essen stets zu schätzen weiß, fühlt sich wie im siebten Himmel. Sein großer Einkaufswagen erinnert schon bald an einen überladenen Kieslaster. Als er den Laden verlässt, hat er auf den Rücken einen großen, vollgepackten Rucksack geschnallt, den Wagen schiebt er vor sich her, daran baumelt eine weitere Tasche. Der knappe Kilometer zum Boot wird zum Hindernisparcours. Bordstein rauf, Bordstein runter, über Kopfsteinpflaster und Asphalt. Mehr als einmal verhaken sich die kleinen Räder, stellen sich quer, bocken wie ein störrischer Esel. Doch die größte Hürde liegt noch vor Kummer: die Rampe zum Steg. Der Tidenhub in der Biskaya beträgt mehrere Meter. Als Kummer die Blu übernommen hat, war gerade Flut, weshalb die Rampe zum Steg fast keine Schräge hatte. Jetzt aber fließt das Wasser ab. Kummer klemmt sich hinter den Trolley, beide Sohlen als Bremse fest auf den Boden gepresst. Ein bisschen fühlt es sich an, als würde er einen Hundeschlitten lenken. Die Rutschpartie meistert er aber mit Bravour. Jetzt muss er nur noch den Einkauf an Bord hieven und verstauen, dann macht er sich daran, auch die restlichen Ausrüstungsgegenstände aus der Achterkoje an ihren Bestimmungsort zu bringen. Die nächsten Stunden ist er beschäftigt.

Drei, zwei, eins - und los: die Rampe zum Steg

Erst am Abend bringt er den Einkaufswagen zurück zum Supermarkt, und weil er schon mal da ist und der Ladenschluss naht, packt er ihn erneut voll - diesmal mit Getränken. Er hält es für eine gute Idee. Solange, bis er wieder vor der Rampe zum Steg steht. Jetzt ist wirklich Niedrigwasser. Den Unterschied zwischen Kai und Steg schätzt Kummer auf gut neun Meter. Die Rampe erinnert jetzt an eine Skisprungschanze beim Neujahrsspringen. Kurz überlegt Kummer, die Getränke einzeln zum Steg hinunterzutragen. Vor allem, da der Einkaufswagen deutlich schwerer ist als beim ersten Mal und, sollte er sich selbständig machen, wie eine Kanonenkugel auf den Steg zuschießen würde.

Aber da der Tag schon lang war und Kummer auf seine ausgefeilte Bremstechnik vertraut, gibt er sich und dem Einkaufswagen einen Ruck. Die ersten Meter haften seine Schuhe noch wie Bremsbacken auf der Rampe, aber dann gibt es kein Halten mehr. Würde man die Situation in einem Comic wiedergeben, dicke Rauchsäulen würden hinter Kummers Füßen in den Nachthimmel steigen. Auf den letzten Metern bleibt ihm nichts anderes übrig, als sich auf das Lenken des beschleunigenden Boliden zu konzentrieren. Es hat ein bisschen etwas von Wasserskifahren - nur nicht so elegant. Der kritische Moment aber kommt noch, der Übergang von der Rampe zum Steg. Mit einem lauten Knall prallen die Vorderräder des Trolleys auf den Steg, der Wagen schlingert, aber Kummer gelingt es, ihn in der Mitte des Steges zu halten und auslaufen zu lassen. Erst jetzt realisiert Kummer, dass das Manöver ziemlich leichtsinnig war. Nicht selten enden die schönsten Segeltörns noch vor dem Auslaufen mit einem Knöchelbruch im Krankenhaus. Aber wie auch immer: Wasser - und wichtiger noch - der Rum sind gerettet.

Um das Schicksal an diesem Abend aber nicht noch einmal herauszufordern, bringt Kummer die Getränke einzeln und sehr vorsichtig an Deck, den Einkaufswagen sichert er am Steg, so dass er sich die Nacht über nicht selbständig machen kann. Carrefour hat längst die Lichter ausgeknipst. Zeit für das Abendessen. An der nördlichen Promenade hatte Kummer bei seinen Spaziergängen ein hübsches Restaurant entdeckt, das er ausprobieren will. Doch es hat bereits geschlossen. Die wenigen Restaurants in der Umgebung, die geöffnet haben, sagen ihm nicht zu. Also geht er zurück auf die Blu und bereitet sich ein kleines Abendessen zu. Der Kühlschrank ist schließlich nach den zwei Rutschpartien prall gefüllt. Dann fällt er ermattet in das 1,60 Meter breite Doppelbett. Kummer hat sich entschieden, die Achterkabine an Backbord zu seinem Reich zu machen. Auch wenn der Kapitän eigentlich traditionell an Steuerbord schläft. Aber die Kabine ist minimal größer als die anderen drei und bietet etwas mehr Stauraum. Die erste Nacht an Bord der Blu erwartet ihn. Im Bett checkt Kummer noch mal den Wetterbericht. Am Nachmittag des Abreisetages steht der Wind perfekt. Wenn Roland und Sigi, seine beiden Freunde, die ihn auf der ersten Etappe begleiten werden, am 20. Februar ankommen, will er bereits bereit zum Auslaufen sein. Das heißt, er muss alle noch anstehenden Arbeiten bis dahin erledigt haben. Also bis übermorgen!

Für den Törn von Frankreich in die Türkei und dann von Göcek nach Biograd in Kroatien hat Kummer Unterstützung von verschiedenen Crews, alles Freunde und Bekannte von ihm. Mit Sigi und Roland segelt er bis nach Málaga, dort wechselt die Crew am 6. März das erste Mal. Mit Alexander und Stephan will Kummer die nächsten elf Tage bis nach Sizilien segeln, wo der nächste Crewwechsel ansteht. Sigi kommt dann erneut für die Etappe nach Göcek an Bord, dazu Christine und Michael, zwei Freunde aus Wien. Sofern das bei einem so langen Törn möglich ist, plant Kummer die Ankunft in der Türkei für den 30. März, am 1. April soll es dann mit neuem Boot und neuer Crew nach Kroatien gehen. Von Göcek zunächst mit der Tochter einer Schulfreundin nach Rhodos, wo ein befreundetes italienisches Ehepaar zusteigt. Die Ankunft in Biograd hat Kummer spätestens für den 13. April geplant. Einen Tag später muss er bereits das Seminar für die Automanager leiten. Auch wollen seine Frau Alessandra und Sohn Lucas für eine kurze Etappe in Portugal an Bord kommen, auf dem Rückweg seine Tochter mit ihrem Freund auf Rhodos.

Am nächsten Tag steht Kummer mit der Sonne auf. Sein erster Weg führt ihn zu einem gut sortierten Marineausrüster, bei dem er die erforderlichen Rettungsmittel kaufen will. Sie im Vorfeld zu ordern, wäre ein zu großer Aufwand gewesen. Da Rettungsmittel als Gefahrgut gelten, ist ein Transport per Spedition sehr umständlich - und auch teuer. Handfackeln und Raketen findet Kummer, aber nicht den weißen Rauch, der auf einem türkischen Schiff Vorschrift ist. Nur in einem Set samt schicken Koffer findet er die Rauchbomben, aber der Apothekenpreis schreckt ihn ab. Wahrscheinlich ist es das offizielle Vatikan-Set für die nächste Papstwahl. Aber auf seinem Spaziergang mit Einkaufswagen hatte er noch einen anderen Ausrüster entdeckt. Und tatsächlich führt der den weißen Rauch - auch ohne teures Gedöns. Auf dem Rückweg hält Kummer noch in einem Discounter für Haushaltswaren, kauft Vorhänge, mit denen er Sofa, Hocker und Sessel an Bord abdecken will, damit die Spuren bei der Ankunft in der Türkei nicht bereits Geschichten von der langen Überfahrt erzählen. Und weil er schon mal in dem Laden ist, legt er noch zwei Wolldecken in den Wagen, die in kalten Nächten warme Stunden bescheren sollen. Hinzu kommen Besen und Schaufel.

Und dann, als Kummer denkt, endlich alles erledigt zu haben, fällt ihm auf, dass ein Teil der Lieferung aus Unna verschütt gegangen sein muss. In einer Tabelle listet er die Fehlbestände auf: 6 Trinkgläser; 6 große Löffel, WMF, Modell Philadelphia; ein Küchenset mit Kelle, Wendern und Schiebern; eine Packung mit Klipsen, um angebrochene Tüten zu verschließen; Untersetzer für Pfannen und Töpfe; die Schot für den Gennaker. Besonders schmerzt aber, dass die faltbare Gangway aus Aluminium, Modell „Superlight", nicht angekommen ist. Kummer hatte sie extra in Wien gekauft und nach Unna transportiert. Eine gleichwertige neue kostet um die 450 Euro. Auch die Löffel ärgern ihn, trotz des geringen Wertes. Aber sechs Löffel an Bord sind schlicht und ergreifend zu wenig. Einigermaßen passende in Frankreich zu finden, erweist sich als äußerst schwierig. Bereits im vergangenen Jahr war ihm Ähnliches passiert, auch damals waren bei einem Transport Gegenstände verschwunden. Von daher weiß er, dass Nachforschen, wo die Fracht abhanden gekommen ist, wenig Sinn macht. Sie ist weg. Punkt! Es scheint, als sei der erste Gast bereits an Bord. Ein blinder Passagier namens Murphy. Und so lässt die nächste Hiobsbotschaft nicht lange auf sich warten.

Der Agent in La Rochelle, der ruppige Franzose, teilt ihm mit, dass die Zollpapiere für das Boot auf dem Weg sind. Übermorgen müssten sie ankommen. Übermorgen? Kummer ist entsetzt. Er hatte mit dem Agenten ausgemacht, die Papiere so schnell wie möglich per Kurier zu schicken. Ein Blick auf die Wetterprognose verstärkt seinen Groll. Wenn er nicht wie geplant am 20. Februar auslaufen kann, verpasst er das günstige Wetterfenster mit den guten Winden. Sofort schreibt er eine geharnischte Mail an den Agenten. Er soll die Sendung *nicht* dem Kurier übergeben. Er werde eine Lösung finden, die Unterlagen aus dem knapp einhundert Kilometer entfernten La Rochelle abzuholen. Doch es ist bereits zu spät. Der Kurier hat die Papiere bereits in seiner Tasche.

Kummer versucht noch, mit dem Kurierdienst eine schnellere Auslieferung zu arrangieren. Doch wieder scheitert er. Der Bootsagent wird ihm immer unsympathischer. Statt einer Entschuldigung bekommt er die Ansage, dass die Katamarane in La Rochelle, die ebenfalls ausgeliefert werden, auch erst am 21. Februar in See stechen. Es hört sich an wie: „Nun stell Dich mal nicht so an!" Kummer kann nicht fassen, wie die Agenten, die für Lagoon arbeiten, die Kunden behandeln. Sie verzögern die Abfahrt eines Schiffes um einen Tag, nur um zehn Euro Expresszuschlag zu sparen. Den Verweis auf die anderen „Delivery Skipper" empfindet Kummer als Affront, auch wenn es wahrscheinlich stimmt, dass sie erst einen Tag später als er auslaufen wollen. Kummer weiß, dass viele Skipper bei Überführungen fast ausschließlich motoren. Ihm aber widerstrebt das. Er ist schließlich ein Segler. Zum einen ist da der enorme Dieselverbrauch, zum anderen der Verschleiß der Maschine. Die neuen Yanmar-Motoren benötigen nach den ersten fünfzig und einhundertfünfzig Betriebsstunden jeweils einen Service.

Der Tag der ursprünglichen Abreise verläuft immerhin entspannt. Mit Jean-Christophe regelt Kummer die letzten Formalitäten der Übergabe, dann hat er noch einmal Zeit für eine kleine Shoppingtour. Die Blu ist damit mehr als perfekt proviantiert. Ein Vorteil, der sich später noch auszahlen soll. Wie vereinbart kommen Roland und Sigi am Nachmittag in Les Sables-d´Olonne an und beziehen ihre Kojen.

Bereits in der Vergangenheit ist Kummer oft mit Freunden gesegelt, auch auf seinen Törns über den Atlantik, in der Karibik und im Pazifik. Mittlerweile hat Kummer einen Verteiler mit Segelbegeisterten, die er immer anschreibt, wenn die nächste Reise ansteht. Wichtig für ihn ist, dass die Chemie an Bord stimmt. Gepaart mit Erfahrung ist das perfekt. Für die erste und anspruchsvollste Etappe nach Málaga ist Kummer froh, dass er auf Roland und Sigi zählen kann. Kummer kennt Roland bereits seit mehr als zehn Jahren. Damals suchte er einen neuen Partner für seine Nausikaa, das Stahlschiff von Reinke. Sein Ex-Partner wollte seinen Anteil an dem Schiff verkaufen, da Kummer aber nur vier Wochen im Jahr das Boot in Griechenland nutzen konnte, machte es für ihn wenig Sinn, alleiniger Eigner zu sein. So traf er auf Roland, der nach einem soliden Schiff für eine längere Auszeit suchte. Roland, ein Hüne von knapp 1,90 Metern, ist Ingenieur. Der gebürtige Linzer lebt seit vielen Jahren in Wien, verantwortet die Inbetriebnahme und Optimierung großer Papiermaschinen. Er verfügt also über ein exzellentes technisches Verständnis, was ihn zum perfekten Bordingenieur prädestiniert.

Da Roland „schwimmende Joghurtbecher" verabscheut, wie er die Yachten aus moderner Serienproduktion immer nennt, war er interessiert an einem 50-prozentigen Anteil an der Stahl-Reinke. Nach einem Probeschlag besiegelten die beiden ihre Partnerschaft. Allerdings hatte sich Roland sein Eignerleben anders vorgestellt. Aufgrund beruflicher Verpflichtungen kam er kaum an Bord, und wenn, dann hatte er Pech. Nach dem Winterlager stellten Kummer und er beim Kranen fest, dass das Schiff einen Wassereinbruch bei der Schraube am Heck hatte. Der Wellendichtring war gebrochen. Natürlich war das Ersatzteil erst nach drei Wochen lieferbar. Der gemeinsame Törn musste abgebrochen werden, die Nausikaa kam wieder an Land. Statt die griechische Inselwelt zu erkunden, schuftete Roland am aufgebockten Boot. In den beiden kommenden Jahren fand er wieder keine Zeit zum Segeln. Nachdem Kummer das Schiff nach Montenegro verlegt hatte, beschloss er, seinen ersten Katamaran zu kaufen. Die Reinke stand derweil anderthalb Jahre an Land. Als Kummer und Roland dann noch einmal zusammen mit ihrem Stahlschiff segeln wollten, setzte sich die Pechsträhne fort. Wegen der langen Standdauer versagte der Motor, der Kolben saß fest. Wieder mussten die beiden ihren Urlaub abbrechen, ohne dass er begonnen hatte. Dann trennten sich beide von der Nausikaa. Trotz der Pannenserie entwickelte sich eine enge Freundschaft. Als der Professor den Atlantik auf der Sunce überquerte, war Roland mit an Bord. Über die Kap Verden ging es nach Antigua. Diesmal sogar problemlos. Kummer schätzt Roland als erfahrenen Segler. Und mehr noch als ambitionierten Angler. Für frischen Fisch sollte also gesorgt sein.

Erfahrene Crew: Sigi (links) und Roland

Sigi kennt Kummer seit fünf Jahren. Damals segelten beide beim Kornati-Cup auf Einladung von Masteryachting mit einer Lagoon 560, die nicht gerade als Rennboot bekannt ist. Überraschend gewannen sie die Wertung bei den Katamaranen - und das sogar gegen ein Profiteam. Schon beim Kornati-Cup war Kummer aufgefallen, dass Sigi auch in schwierigen Situationen ruhig und gelassen bleibt, Probleme sofort analysiert und gute Lösungen findet, anstatt in Panik zu verfallen. Der Salzburger hat etliche tausend Seemeilen auf dem Atlantik und im Mittelmeer gesammelt und bereits selbst einmal einen Katamaran von Les Sables-d´Olonne überführt. Wenn es hart auf hart kommt, dann weiß Kummer, dass Sigi mehr als nur ein Crewmitglied ist. Der Unternehmensberater ist sturm- und krisenerprobt. Vor fünf Jahren erlebte er den größten Albtraum eines Seglers. 300 Seemeilen vor den Azoren, mitten im Atlantik, verlor die Yacht in einem Sturm den Mast. Die Crew um Sigi kämpfte stundenlang - und gewann. Niemand kam zu Schaden und das Schiff in den nächsten Hafen. Der Salzburger sieht sich als Co-Skipper an Bord. Leidenschaftlich diskutiert er mit Kummer über den Kurs und die Besegelung, über das Wetter und den Wind. Für Kummer ist er eine Art Sparringspartner bei der Planung und ein Backup auf See. Für die anspruchsvollste Etappe über die Biskaya sind die beiden also das perfekte Team.

Direkt nach ihrer Ankunft gibt es die erste Lagebesprechung. Wie ist der Status und was ist noch zu tun? Es sind eigentlich nur noch ein paar Kleinigkeiten zu erledigen. Also nutzen Sigi und Roland die Zeit, die sie unverhofft im Hafen verbringen müssen, um den Ort zu erkunden - und um noch einmal einkaufen zu gehen. Die Blu ist somit besser ausgerüstet als die Bordküche so manches Kreuzfahrtriesen. Mittlerweile ist auch das Dinghy aus La Rochelle eingetroffen. Zusammen mit seinen Freunden befestigt Kummer es seefest an den Davits, einem Stahlgestell, das am Heck angebracht ist. Die nächsten Tage auf See werden sie es definitiv nicht brauchen. Da Kummer mit starkem Seegang auf dem Atlantik rechnet, reicht es nicht aus, das Beiboot einfach aus dem Wasser zu ziehen und es achtern baumeln zu lassen. Sie spannen es so an, dass es sich nicht bewegen kann.

Zum ersten gemeinsamen Abendessen mit seiner Crew grillt Kummer Steaks, dazu gibt es Brokkoli und Kartoffeln. „Ein guter Skipper muss auch ein guter Koch sein“, das ist seine Devise. Zumindest dann, wenn kein anderer an Bord ist. Kummer weiß: Gutes Essen ist enorm wichtig für die Stimmung an Bord. Das Trio stößt an auf den bevorstehenden

Törn. Natürlich mit Rum, den Roland und Sigi als Gastgeschenk mitgebracht haben. Auch wenn ihnen klar ist, dass sie wohl einen großen Teil der Strecke motoren müssen, weil sie das günstige Windfenster verpassen. Kurz kommen sie noch mal auf den unfähigen Agenten zu sprechen, aber dann beschließen sie, die Anekdote abzuhaken. Nichts soll ihre Reise belasten. Nicht einmal Corona.

Foto Roland Raidel

Leinen los: Die berühmte Hafenausfahrt von Les Sables-d'Olonne

Ein Biest namens Biskaya

Der nächste Morgen beginnt mit bangem Warten. Kommen die ersehnten Bootspapiere heute wirklich an? Um 9.20 Uhr erlöst ein Mitarbeiter von Sailing Atlantic Services die Crew. Der Kurier war bereits da. Ein letztes Mal geht Kummer mit seiner Crew zum Supermarkt - um Brot zu kaufen. Und zwei weitere Abfalleimer für das Toilettenpapier. Irgendwas fehlt ja immer. Außerdem besorgt Kummer eine weitere Gasflasche. Die Werftversion hat nur eine. Als Ökonom widerstrebt es Kummer, 60 Euro in eine zweite Flasche zu investieren, als Logistiker hasst er Überbestände. Schließlich kann in jedem Hafen das Gas neu befüllt werden kann. Außerdem hält eine Gasflasche, je nach Nutzung, bis zu mehreren Wochen. Aber vielleicht ist es eine Art Intuition, eine Vorahnung auf das, was noch kommen soll.

Um 11 Uhr heißt es endlich: Leinen los! Die Blu bricht zu ihrer Jungfernfahrt auf, der Törn kann beginnen. Kummer ist angespannt. Das erste Manöver mit einem neuen Boot ist immer heikel. Es fehlen die Erfahrungswerte und der Überblick über die Ausmaße. Wie verhält sich das Schiff? Wie reagiert das Ruder? Der starke Gezeitenstrom im Hafen erschwert zudem das Manöver. Aber mit viel Geduld, der Hilfe des Windes und der Kraft der beiden 57-PS-Dieselmotoren ist der Katamaran bald frei. Allerdings lauert bereits die erste Herausforderung nach wenigen Minuten. Direkt in der schmalen Ausfahrt der Marina liegt ein großer Bagger in der Mitte des Fahrwassers, der das Hafenbecken ausbaggert. An Steuerbord ist kein Durchkommen und auch an Backbord dürfte es eng werden für den knapp acht Meter breiten Kat. Kummer kennt das Schiff noch nicht, hat noch keine Erfahrung, wie die Strömung den wuchtigen Katamaran versetzt. „Jetzt bloß keinen Fehler machen", denkt Kummer. Nicht unmittelbar nach dem ersten Ablegen. Er muss sich konzentrieren. Der Katamaran braucht Speed, damit Kummer ihn steuern kann. Doch er will auch nicht zu schnell fahren, für den Fall, dass der Wind ihn auf den Bagger drückt. Es klappt, langsam aber sicher schiebt sich die Blu an dem Bagger vorbei, die Sicht ist nun frei auf die Hafenausfahrt. Kummer wählt den Kurs entlang der Untiefen. Die Bedingungen sind perfekt. Bei zehn bis elf Knoten Wind setzt Kummer in respektvollem Abstand zur Untiefe und Hafeneinfahrt das Großsegel. Kummer ist zufrieden, das Groß lässt sich gut setzen, allerdings sind die Reffleinen etwas schwierig zu handhaben. Sie laufen aufgrund der vielen Umlenkungen nicht reibungslos. Aber mit Hilfe der elektrischen Winsch ist das Groß schnell im Mast und auch das Vorsegel ist mühelos gesetzt. Kummer schaltet die Maschinen aus. Endlich segeln.

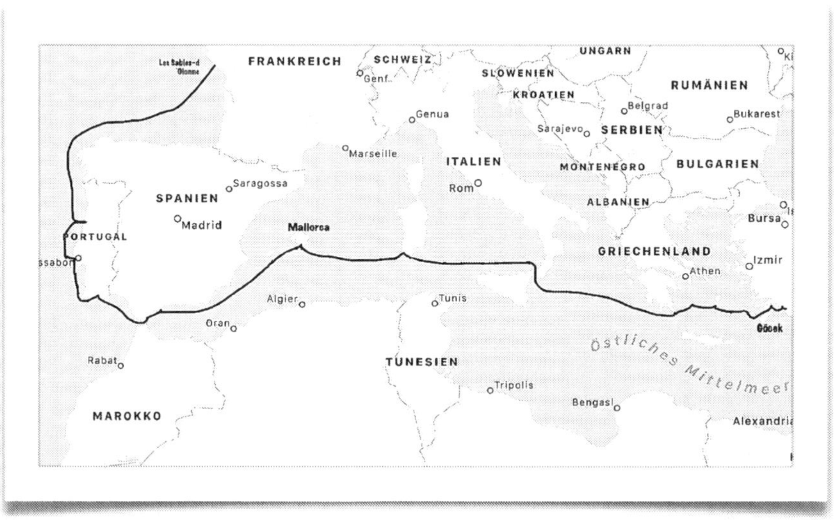

Die Route von Les Sables-d'Olonne bis nach Göcek

Das Besondere an einem Start in Les Sables-d´Olonne ist, dass die Crew keine Zeit hat, sich und das Boot kennenzulernen. Sobald die Hafeneinfahrt achteraus ist, ist man mittendrin auf der Biskaya. Niemand weiß, ob die Stürme über dem Nordatlantik, die Strömung und die Wellen schwere Kreuzseen bilden, die auch einem erfahrenen Skipper alles abverlangen. Zu dieser Jahreszeit kommt hinzu, dass es auf dem Meer bitterkalt ist. Sigi erinnert sich an seinen Überführungstörn vor ein paar Jahren. Da hatte er wenigstens eine Heizung an Bord. Auf der Blu gibt es nur einen kleinen Heizstrahler. Und der funktioniert derzeit nur mit Landanschluss.

Die Blu macht gute Fahrt. Roland, der begeisterte Angler, schlägt vor, den Kurs über einen Seeberg zu nehmen, da es dort meist gute Fischgründe gibt. Sigi wundert sich. Ist das ein Überführungstörn oder ein Angelausflug? Als Skipper muss Kummer schauen, dass alle Crewmitglieder auf ihre Kosten kommen, ohne dabei das Ziel aus den Augen zu verlieren. Sonst kann die Stimmung schnell kippen. Also entscheidet er sich für den Weg über den Seeberg und einen kleinen Angelstopp, 30 Seemeilen von Les Sables-d´Olonne entfernt. Roland beweist Gespür. Der Seeberg ist wie die Frischetheke eines Fischgeschäfts. Angel rein, Fisch raus. Es dauert nur Minuten, dann hat Roland bereits vier Fische an Bord gezogen. Den kleinsten davon will er später als Köder für größere Raubfische verwenden. Auch Sigi und Kummer haben Anglerglück und ziehen drei weitere Speisefische an Deck. Das Abendessen ist schnell gesichert, die restlichen Fische wandern in die Tiefkühltruhe. Ein Komfort, den Kummer zu schätzen lernt. Noch Monate später wird er von den Fischen, die sie in den kommenden Tagen angeln, zehren.

Die ersten beiden Tage und Nächte auf See vergehen schnell. Die Crew erweist sich als homogenes und schnell eingespieltes Team. Die Wachwechsel klappen reibungslos. Die Biskaya erweist sich, anders als befürchtet, nicht als Biest, sondern eher als zahnloser Tiger. Aufgrund der verspäteten Abreise haben sie das erhoffte Wetter- und Windfenster verpasst, jetzt dümpelt die Blu bei wenig Wind über das Meer. Das heißt, meist läuft einer der Motoren. Die seglerischen und nautischen Herausforderungen halten sich daher eher in Grenzen. Aber die Mannschaft genießt die Zeit auf See.

Am 23. Februar quert die Blu die Bucht von La Coruña, nimmt Kurs auf die Nordwestspitze Spaniens. Der Plan ist, direkt nach Porto zu segeln. Um die Hafenstadt in Portugal schneller zu erreichen, verzichten Kummer & Co auf den bei

Seglern beliebten Stopp in La Coruña. Der Grund ist ein Tiefdrucksystem, das sich über dem Atlantik zusammenbraut und starken Westwind bringen soll.

Zwölf Stunden lässt Kummer deshalb beide Maschinen laufen, um sicher zu gehen, dass sie das Kap Finisterre umrunden, bevor das Tief sie erreicht. Bei starkem Wind und Welle gegen an ist die Biskaya alles andere als lustig. Mit 7,5 Knoten pflügen die Rümpfe durch das glatte Wasser. Normalerweise fährt Kummer wie viele Langfahrtsegler auf Katamaranen nur mit einer Maschine. Die Geschwindigkeit ist dann zwar etwas geringer, aber der Verbrauch und Verschleiß ist deutlich geringer.

Je länger Kummer an Bord der Lagoon 46 ist, um so mehr Mängel entdeckt er. An vielen Stellen ist das Finish nicht schön, am Motorinstrument bildet sich schon am ersten Tag Kondenswasser. Unter Segeln fliegt mit einem lauten Knall die Mutter, die den Baum am Mast sichern soll, über das Deck. Eigentlich eine selbstsichernde Mutter, die aber anscheinend nicht richtig festgezogen wurde. Für Kummer ein Déjà-vu. Genau den gleichen Schaden hatte er bei seiner Lagoon 450, der Sunce 2. Das Gelenk am Großbaum ist nicht mehr gesichert, der Bolzen hängt zwar noch halb schräg an seinem Platz, aber der enorme Druck im Segel hat ihn verkeilt. Mit Muskelkraft ist das Problem nicht zu lösen. Es ist nur eine Frage der Zeit, bis das Rigg Schaden nehmen wird.

Roland, der Techniker an Bord, greift in die Trickkiste. Mit einem Seil, das er über die Winsch legt, kurbelt er den Mast in die richtige Position, damit Sigi mit etwas Kampf und Krampf die Schraube wieder durch das Loch stecken und sichern kann. Es ist doch immer gut, einen Ingenieur an Bord zu haben. Kummer schreibt an seine Familie, regt sich über die „französische Schlamperei“ auf. „Neues Schiff, trotzdem viel Arbeit“, moniert er. Auf den mitgeschickten Bildern sieht man, wie er in Arbeitskleidung unter dem Cockpittisch liegt und streicht. Auf einem kurzen Video reparieren er, Roland und Sigi im Schweiße ihres Angesichts den Baum.

Neben dem Essen ist Schlafen bei einem langen Überführungstörn enorm wichtig. Dabei spielt der Wachplan eine große Rolle. Es gibt viele unterschiedliche Philosophien, jede hat seine Berechtigung. Wichtig ist, dass sie zur Crew passt und individuell auf die Bedürfnisse und Begebenheiten ausgerichtet ist. Kummer und Sigi entscheiden sich für dreistündige Nachtwachen. Somit hat jedes Crewmitglied sechs Stunden zwischen seinen Schichten. Das reicht aus, wenn man sich vor und nach seiner Schicht ausruhen kann. Kummer übernimmt freiwillig die unbeliebte „Hundewache“ von 1 bis 4 Uhr nachts. Er hat kein Problem damit, wenn er müde ist, immer und überall schlafen zu können, also schreckt ihn die Uhrzeit nicht. Im Gegenteil, er mag die Wache mitten in der Nacht. Nach dem Abendessen legt er sich gegen 20 Uhr ins Bett, schläft - je nach Lage - fünf Stunden, dann schiebt er seine Wache und legt sich noch mal drei Stunden ins Bett. Wenn er aufsteht, ist das Frühstück bereits gedeckt. Seine zweite Drei-Stunden-Schicht geht von 10 bis 13 Uhr, am Nachmittag verkürzt sich die Wache auf zwei Stunden, um den Rhythmus bei drei Personen beibehalten zu können. Von 17 bis 19 Uhr muss Kummer noch mal ran, dann ruft schon wieder nach dem Abendessen die Koje. Kummer übernimmt die Wache jeweils von Sigi und übergibt sie an Roland. Schnell ist der Wachwechsel eingespielt.

Kummer steht während seiner wachfreien Zeit jederzeit für Entscheidungen oder Manöver zur Verfügung. Das Los eines Skippers, der die Verantwortung an Bord trägt. Auf vielen seiner Reisen hat Kummer immer im Salon geschlafen, nie in seiner Koje in der Kabine. Auch bei der Atlantiküberquerung war das so. Diesmal ist es anders. Mit Sigi und Roland hat er zwei erfahrene Segler an seiner Seite, die schon etliche Nachtfahrten hinter sich haben. Kummer vertraut ihnen und kann beruhigt in seiner Kabine schlafen. Die Nachtetappen sind anspruchsvoll und anstrengend. Oft segelt die Blu entlang der Küste, in einem Abstand von zwei bis drei Seemeilen, genau in dem Gebiet, in dem auch viele Fischer unterwegs sind, denen sie ausweichen muss. Bei Nacht ist es schwer zu erkennen, ob der Fischer fährt oder sich mit seinem Netz im Kreis dreht. Auch ist die Gefahr groß, in ein Schleppnetz zu rauschen, das oft bis zu 200 Meter hinter dem Boot durchs Wasser gezogen wird. Aber der Wachplan bewährt sich. Als die Blu nach vier Tagen und Nächten in Porto bei Regen einläuft, hat niemand Schlafmangel. Im Gegenteil: die Crew ist topfit.

Die Blu nimmt Kurs auf die Douro-Marina am südlichen Ufer des gleichnamigen Flusses. Die Einfahrt zur Marina über den Douro ist wunderschön und die Altstadt von Porto fußläufig zu erreichen. Kummer ist froh, den ersten Teil der Reise erfolgreich bewältigt zu haben. Die Biskaya hat sich von ihrer eher harmlosen Seite gezeigt. Jetzt hofft er auf die portugiesischen Passatwinde, die oft von Norden kommend entlang der Küste wehen. Die Mitarbeiter der Marina kommen der Blu in einem Dinghy entgegen, weisen Kummer den Weg und helfen geduldig, gut gelaunt und sehr freundlich beim Anlegen, obwohl es in Strömen regnet. Nach den Festmachern legt Kummer sofort das Kabel für den Landstrom. Wie die meisten Yachten läuft das Bordnetz der Lagoon 46 mit 12 Volt. Nur mit Landstrom gibt es derzeit 220 Volt auf dem Kat. Erst in der Türkei soll die Blu mit einem Inverter ausgestattet werden, der aus 12 Volt 220 macht, so dass die Blu künftig unabhängig ist von Landstrom. Auch ein Generator soll nachgerüstet werden, ebenso eine Solaranlage. Extras, die in Frankreich deutlich teurer gewesen wären. Versorgt mit 220 Volt schaltet Kummer als erstes einen 500 Watt Heizlüfter an, der das Bordnetz nicht überfordert, aber den Salon auf eine angenehme Temperatur bringt. Besonders die Nächte im Februar waren auf dem Atlantik bitterkalt und feucht. Kummer und Crew haben nicht nur auf Wache Skiunterwäsche getragen, sondern auch darin geschlafen. Wegen des starken Regens bleiben die Männer an Bord. Sie nehmen sich endlich Zeit, um ihre Mails zu checken und Nachrichten zu lesen.

Foto Roland Raidel

Die Blu in der Douro-Marina bei Porto

Corona lässt grüßen

Das Schöne am Seesegeln ist, dass man tagelang ohne Mobilfunk und Internet ist. Kummer hat zwar sein Inmarsat Satellitentelefon und eine Iridium-Go-Box dabei, mit der sich geringe Datenvolumen austauschen und Nachrichten senden lassen, aber er nutzt die Satellitenkommunikation fast nur, um Wetterdaten abzufragen. Die Telefongespräche sind ohnehin sehr teuer. Erst kurz vor Porto ist die Blu wieder dicht genug unter Land, um Netzempfang abzugreifen. In den vier Tagen auf See ist die Welt an Land ein Stück hysterischer geworden. Die Nachrichten, die Kummer aus Italien, Deutschland und Österreich erhält, drehen sich fast ausschließlich um das gleiche Thema: Corona.

Aus Tirol und Deutschland werden die ersten Infizierten gemeldet und während ein ORF-Reporter vor einem Hotel, das angeblich gesperrt sein soll, berichtet, gehen die Gäste dort im Hintergrund ein und aus. Kummer ist irritiert. Auch wenn Corona die Medien beherrscht, scheint es, als ob die Bedrohung durch das Virus immer noch nicht ernst genommen wird. Kummer glaubt immer mehr, dass sich eine Pandemie nicht mehr verhindern lässt. Er hofft, dass die Staaten gut auf Ausgangssperren vorbereitet sind.

Als junger Mann hatte er Albert Camus' „Die Pest" ebenso verschlungen wie Giovanni Boccaccios „Decameron". In beiden Werken geht es um die Seuche und deren Auswirkungen. Die jetzige Situation erinnert ihn sehr an die Lage im Mittelalter. Seine Sorge gilt vor allem seinen Eltern, die über achtzig Jahre alt sind und unter Vorerkrankungen leiden. Damit zählen sie zur absoluten Risikogruppe, von der in diesen Tagen immer mehr die Rede ist. Dann muss er an seine Tochter Francesca denken, die als Praktikantin in Innsbruck an der Vorbereitung einer analogen Mars-Feldsimulation des Österreichischen Weltraumforums mitarbeitet, bei der Experimente und Verfahren zukünftiger bemannter Marsmissionen in der israelischen Negev Wüste getestet werden. Das Szenario, irgendwann mal auf dem Mars zu siedeln, wenn die Erde unbewohnbar sein sollte, erscheint ihm in Anbetracht der drohenden Pandemie plötzlich sehr viel realistischer als noch vor einer Woche. In der Nacht zum 25. Februar schreibt er an seine Tochter:

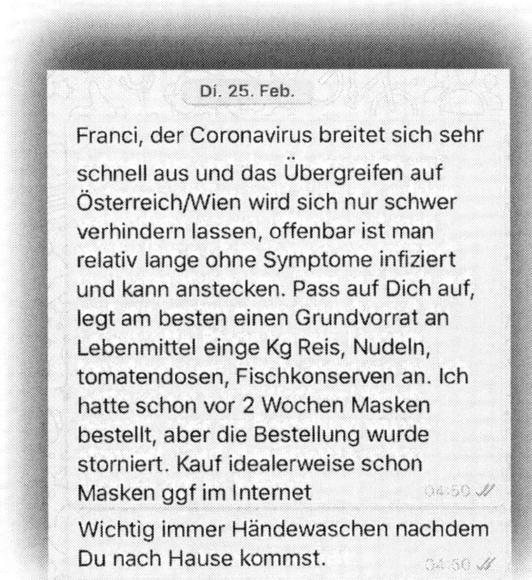

Die gleiche Nachricht sendet Kummer auch an Freunde, die die ihn aber oft nicht ernst nehmen. Sie sagen, er solle mal nicht übertreiben. Auch wenn Kummer sicher ist, dass das Coronavirus zu einer Herausforderung für das Leben in Österreich und Deutschland werden wird, glaubt er nicht daran, dass es den Überführungstörn irgendwie beeinflussen könnte. Er ist sich sicher, dass die Politik schnell Maßnahmen ergreifen wird, um das Problem, ähnlich wie in China, regional einzugrenzen. Er rechnet damit, dass Corona in ein bis zwei Monaten bereits wieder Geschichte ist. Trotzdem ruft er seine Tochter Francesca an, um seinen Nachrichten, die er ihr in der Nacht geschickt hatte, noch einmal Nachdruck zu verleihen. Sie sagt ihm, dass sie am Freitag, also in drei Tagen, mit dem Zug von Innsbruck zurück nach Hause fahren wird. Aber sie verspricht aufzupassen. Kummer kennt seine Tochter gut genug, um die Zwischentöne zu deuten. Sie glaubt, dass er mal wieder ein wenig übervorsichtig ist. Typisch Vater eben.

In Porto bekommt die Crew Zuwachs von Kummers Familie: Von links: Roland, Kummers Sohn Lucas, Sebastian Kummer und Sigi.

Familienbande

Portugal gilt als coronafrei. Am Nachmittag des 25. Februar hat der Regen nachgelassen, das Boot ist aufgeklart, also fährt Kummer mit seinen Freunden unbeschwert zu einem Baumarkt, um fehlendes Werkzeug, Kleber und ein Multimeter zu kaufen. Erst jetzt, nach ein paar Tagen auf See, wissen sie, was alles noch fehlt. Natürlich machen sie auch wieder Halt bei einem Supermarkt, um die Bestände aufzustocken. Auch wenn sie bislang kaum etwas verbraucht haben. Schließlich wurde ihr Angebot durch frischen Fisch bereichert. Aber Portugal ist deutlich günstiger als Frankreich und Spanien - und so fällt auch dieser Einkauf größer aus als geplant. Natürlich darf auch der obligatorische Rum nicht auf der Einkaufsliste fehlen

Am Abend wächst die Crew. Kummers Frau Alessandra ist zusammen mit Sohn Lucas für eine Stippvisite nach Porto geflogen. Ein paar Tage wollen sie auf der Blu bleiben, das neue Schiff kennenlernen. Zu fünft machen sie einen Stadtbummel durch Porto, finden in der Nähe der Marina ein schönes Restaurant. Wie sollte es auch anders sein an der Küste: Es gibt Fisch. Es ist ein unbeschwerter Abend, voller Vorfreude auf die kommenden Tage.

Am nächsten Morgen steht noch ein Pflichttermin auf dem Programm. Um 10 Uhr kommt ein Mechaniker für den ersten Motorservice an Bord, der nach 50 Motorstunden gemacht werden muss. Die Arbeiten sind schnell und gut erledigt und so geht es bereits um 11.30 Uhr bei herrlichem Sonnenschein und 17 Grad weiter in Richtung Lissabon. Der Wind weht nur schwach, trotzdem steht auf dem Atlantik noch eine hohe, unangenehme Welle. Die Blu tanzt auf dem weiten Meer wie eine vom Strand abgetriebene Luftmatratze. Welle rauf, Welle runter. Roland hat einen weiteren Seeberg auf der Karte ausgemacht. Aufgeregt präpariert er bereits die Angel, Sigi rollt mit den Augen. Aber was soll's? An schönes Segeln ist eh nicht zu denken. Und so steuert Kummer das nächste Angelrevier an. Rolands Spürnase erweist sich wieder mal als goldrichtig. Schon nach kurzer Zeit liegen fünf Fische an Deck, allerdings nur kleine Speisefische. Roland grummelt. Er möchte unbedingt einen „little tuna", also einen kleinen Thunfisch, fangen. Alessandra kann dem Tag auf See nur wenig abgewinnen. Trotz Sonne ist es auf dem Meer kalt, dazu die andauernde Schaukelei auf den Wogen. Alessandra ist eine erfahrene Seglerin, seit 22 Jahren begleitet sie ihren Mann auf seinen Reisen. Doch ein Überführungstörn wie dieser oder auch eine Atlantikpassage sind nicht ihr Ding. Sie mag es mehr, mit dem Boot Land und Leute zu erkunden. Wie zur Versöhnung mit dem Meer kommt eine Delfinschule auf die Blu zu und begleitet sie eine Weile.

Die Überfahrt von Porto nach Lissabon ist einigermaßen entspannt, auch wenn einige Stunden wieder die Motoren laufen müssen und die Welle unangenehm von der Seite kommt. Später kann Kummer aber erstmals den Gennaker setzen, den er extra für diese Reise gekauft hat. Durch die rechtzeitige Abfahrt in Porto schafft es die Blu, direkt vor der Tieffront, die von Nordwesten über das offene Meer kommt, mit leichtem, aber gutem „Gennakerwind" zu segeln. Zudem gestaltet sich die Nachtwache mit vier Personen als noch angenehmer. Alessandra kann durchschlafen. Zwischen den Wachen liegen jetzt siebeneinhalb Stunden. Lucas, der jüngste an Bord, bekommt die Hundewache aufgebrummt, Kummer übernimmt die Schicht von 4 bis 6.30 Uhr. Aber am nächsten Tag steht ja bereits der nächste Landaufenthalt an. In Cascais, einem schönen Fischerort vor den Toren von Lissabon.

In der gut geschützten Marina in Cascais legt die Blu direkt am Check-in-Steg an, dann, als es bereits dunkel ist, geht es zur zugewiesenen Box. Doch das Anlegemanöver erweist sich als komplizierter als gedacht. Schwell steht in die Marina, die Sicht von der Flybridge hoch über dem Wasser ist in engen Marinas nach achtern relativ schlecht. Hinzu kommt, dass die neue Konstruktion der Davits mit dem daran baumelnden Dinghy zusätzlich die Sicht versperrt. Kummer verschätzt sich beim Anlegen. Glücklicherweise ist sein Sohn Lucas mit dem

„laufenden Fender" in der Hand schnell genug, um Schlimmeres zu verhindern. Gerade noch rechtzeitig steckt er den Puffer zwischen die Blu und die benachbarte Yacht. Es bleibt bei einer kleinen Schramme im Gelcoat. Mit einem Manöverschluck beendet die Crew die erfolgreiche zweite Etappe.

Am nächsten Tag ist keine Eile geboten. Das Tiefdruckgebiet mit Starkwind will Kummer abwarten. Sein Sohn Lucas hat am frühen Morgen Alessandra zum Flughafen gebracht. Kummers Frau ist nach der gestrigen Schaukelpartie die Lust auf den Atlantik vergangen. Und so wird aus dem kleinen Familienurlaub wieder ein Männertrip. Anschließend will Lucas noch einen Freund in Lissabon besuchen. Obwohl Kummer Lissabon liebt, erledigt er lieber noch einige Besorgungen. Und so schlendert der Rest der Crew durch Cascais.

Cascais, vor der Toren von Lissabon

Cascais ist ein wunderschöner Ort mit einer eindrucksvollen Festung, einigen prunkvollen Villen und wunderschönen Aussichten aufs Meer. Bei frühlingshaften 21 Grad genießen die Segler den Stadtbummel durch die Altstadt. Als sie den ersten Supermarkt passieren, können sie nicht anders, als die Bestände an Bord aufzustocken. Zu verlockend ist das Angebot. Auch der obligatorische Stopp beim Bootsausrüster darf natürlich nicht fehlen. Roland verliert sich in der Angelabteilung und rüstet auf. Auf seiner persönlichen To-do-Liste steht schließlich immer noch das Fangen eines Thunfischs. Zurück auf der Lagoon widmet Kummer sich seiner Arbeit für die Universität. Erst am späteren Nachmittag heißt es wieder „Leinen los".

Gerne wäre die Crew länger in Cascais geblieben, aber das günstige Wetterfenster ist ein Geschenk. Es belohnt Kummer und Konsorten mit einem fantastischen Halbwindkurs. Die Blu segelt entlang der Algarve in Richtung Faro, wo auch Lucas die Crew bereits wieder verlassen wird. Er muss zurück an die Universität, sofern der Lehrbetrieb coronabedingt nicht ohnehin eingestellt wird. Kummers Einschätzung der Lage bezüglich einer weltweiten Pandemie scheint sich immer mehr zu bestätigen, auch wenn seine Vorstellungen bei weitem nicht die Dimensionen erahnen, in die die Welt abdriften wird.

Bei zwölf bis achtzehn Knoten Wind schneidet die Lagoon mit komfortablen 7,5 Knoten durch den Atlantik, bis zum Cabo de São Vicente, der Südwestspitze Europas. Das Cabo de São Vicente hat Kummer bereits mit seinen Eltern vor dreißig Jahren und später mit seiner Frau und den beiden Zwillingen bei einer Algarve-Reise vor zwölf Jahren von Land aus besucht. Aber von See aus ist die Landschaft noch spektakulärer. Nach Rundung des Kaps ändert die Blu den Kurs von Süd auf Ost. Mit achterlichem Wind saust sie ihrem Ziel entgegen. Am späten Nachmittag läuft die Blu in der Marina Vilamoura ein.

Nach dem Aufklaren der Yacht macht die Crew sich landfein, um in einem der schönen Fischrestaurants essen zu gehen. Auch die Zeit in Vilamoura vergeht wie im Flug. Am Tag nach der Ankunft mietet die Crew einen Mietwagen und erkundet die Algarve bis nach Lagos. Auf dem Rückweg steht noch mal ein ganz besonderer Punkt auf der Tagesordnung: Einkaufen!

Wieder ist es diese innere Stimme, die Kummer sagt, nicht am Proviant zu sparen. In einem Nebensatz erwähnt sie beiläufig auch noch mal die günstigen Preise in Portugal. Am 2. März fliegt Lucas um 6:05 von Faro über Lissabon zurück nach Wien. Kummer bringt ihn in der Nacht mit dem Mietwagen zum Flughafen. Nach der Rückkehr legt er sich noch einmal ins Bett und lässt sich vom Frühstücksduft wecken.

Für Roland ist es ein Highlight, als er später mit Kummer „mal kurz" zu einem empfohlenen Angelgeschäft fährt. Dummerweise ist der Besitzer noch nicht da, aber das Warten lohnt sich - auch wenn es eine Stunde dauert. Roland ist in seinem Element. Es wird gefachsimpelt, Erfahrungen werden ausgetauscht und Tipps zu den besten Angelspots und Techniken gegeben. Roland ist beruhigt, als der Besitzer des Ladens erklärt, dass es zu dieser Jahreszeit vor der Küste fast unmöglich sei, durch das Hinterherziehen eines Köders an der Oberfläche (englisch: trolling) Fische zu fangen. Roland ergänzt seine Ausrüstung um einige Kleinteile wie Blei und Haken zum Fischen über Grund. Eigentlich hat er zwar alles an Bord, was er braucht. Aber ein bisschen mehr kann definitiv nicht schaden, zumal Kummer auch nach Rolands Abreise nicht auf fangfrische Ware verzichten möchte. Bis zum ersten Crewwechsel in Málaga sind es nur noch vier Tage. Damit der Professor auch nach Rolands Abreise weiterhin frischen Fisch genießen kann, lässt Kummer sich zudem eine qualitativ hochwertige Angelausrüstung zusammenstellen. Der Besitzer baut ihm sogar noch einige sehr gute Riggs. Nachdem Kummer - wie üblich - freundlich verhandelt hat, bekommt er sein neues Equipment zu einem fairen Preis. Seiner neuen Karriere als Petrijünger steht nun nichts mehr im Wege. Noch ewig hätten sie in dem Laden weiter über das Fischen philosophieren können. Aber die Zeit drängt. Der Leihwagen hätte längst zurück an der Station sein sollen. Kummers Sorge, wegen ein paar Minuten Verspätung einen kompletten Tag bezahlen zu müssen, ist aber unbegründet. Die portugiesischen Mitarbeiter der Firma sind äußerst relaxt und kulant. Schließlich ist im Winter kaum etwas los.

Zurück in der Marina hat der Wind bereits ordentlich zugelegt. Zeit zum Ablegen. Sigi hat das Schiff bereits zum Auslaufen vorbereitet. Das Manöver klappt problemlos. Vielleicht sogar zu gut. Auch wenn Kummer am Steuer konzentriert ist, werden die nächsten Minuten beinahe zum Fiasko. Denn bevor es raus aufs Meer geht, muss die Blu noch ausklarieren. Langsam schiebt sich der Katamaran zwischen den Stegen entlang in Richtung des Anlegers für den Check-out, als plötzlich eine heftige Bö über das Wasser peitscht, die hinter der Abdeckung eines Hotels lauerte, und nun der Blu einen Hieb versetzt. Schlagartig wird der Bug nach backbord versetzt. Kummer fährt, wie üblich in Häfen, den Katamaran nur mit den beiden Motoren, die Ruderstellung hält er mittig. Um das Boot abzufangen, beschleunigt er mit der Maschine an Backbord. Aber der gewünschte Effekt bleibt aus. Das einzige, was sich ändert, ist die Geschwindigkeit der Blu, die nun noch schneller auf den Steg an Backbord zusteuert. Kummer überlegt nicht lange, er reagiert aus dem Bauch heraus. Er drückt den Hebel der Steuerbordmaschine nach hinten, hofft im Rückwärtsgang die Drehung des Katamarans zu forcieren. Vergeblich. Ein Zusammenstoß mit dem Steg scheint unausweichlich. Kummer befürchtet, längsseits die Steganlage zu rammen, den Rumpf der Blu der Länge nach aufzureißen. Um dem Aufprall die Wucht zu nehmen, gibt er jetzt auch mit der Backbord-Maschine volle Kraft rückwärts. Die Motoren heulen auf, Kummer ist verzweifelt. Der Wind ist schlicht stärker als die geballte Kraft der zwei Mal 57 Pferdestärken. Von der Flybridge aus ist ihm die Sicht zum Steg genommen, aber Kummer muss auch nicht sehen, was sich an der Backbordseite abspielt. Er hört Sigi schreien, der auf dem Vordeck noch versucht, mit einem Fender Schlimmeres zu verhindern. Aber er kann nicht schnell genug reagieren. In Erwartung eines kräftigen Aufpralls wirft Sigi sich auf die Knie. Vor ein paar Jahren hatte der Salzburger ein ähnliches Erlebnis. Auch damals stand er auf dem Vordeck. Die Wucht des

Aufpralls hätte ihn beinahe über die Reling katapultiert, aber es blieb bei einer Schürfwunde am Schienbein.

Und dann spürt auch Kummer den Schlag. In einem spitzen Winkel küsst der Bug der Blu den Steg. Kummer erwartet ein Bersten, zumindest ein Kratzen. Aber der Katamaran prallt wie ein Flummi von dem Steg ab. Der Skipper atmet erleichtert auf. Erst jetzt realisiert er, dass der Steg ein Schwimmsteg ist, zudem geschützt durch eine dicke Scheuerleiste. Kummer muss nicht nachdenken, er nutzt die Sekunde des Abpralls intuitiv, um mit der Backbordmaschine vorwärts Gas zu geben. Jetzt dreht sich die Blu langsam - und kommt schließlich frei.

Sofort nachdem Kummer am Check-In-Steg festgemacht hat, inspiziert er die Schäden. Der Steg hat nicht einmal eine Schramme abbekommen und auch der Bug der Blu weist abgesehen von einigen Schrammen am Gelcoat keine Schäden auf. Nomen est omen. Die Blu ist noch einmal mit einem blauen Auge davon gekommen. Nicht auszudenken, was passiert wäre, wenn der Schwimmsteg eine Betonmauer gewesen wäre. Wahrscheinlich hätte die Reise dann bereits in Portugal ihr vorläufiges Ende gefunden. Kummer ist überrascht, wie anfällig die Lagoon 46 bei Seitenwind ist, verglichen mit ihrer Vorgängerin, der 450, die Kummer in- und auswendig kennt. Schon zuvor war ihm das bei einigen Manövern unangenehm aufgefallen.

Um 14.15 Uhr sind die Formalitäten beim Auschecken endlich erledigt, jetzt kann es zurück auf den Atlantik gehen. Sogar der Wind steht gut und so setzt die Crew schon kurz nach der Hafenausfahrt Groß und Vorsegel. Um das Windfenster zu nutzen, muss der erste Angelstopp ausfallen, der Geheimtipp aus dem Angelgeschäft bleibt ungenutzt. Roland ist enttäuscht, zeigt aber Verständnis. Sigi lächelt. Das Trio kreuzt bis Höhe Faro vor dem Wind, dann legt Kummer zu einem langen Schlag um. Mit raumen Wind aus 130 Grad schießt die Blu bei zwanzig bis dreiundzwanzig Knoten Wind durch das aufgewühlte Meer. Erst gegen 22 Uhr folgt der nächste Schlag, Kummer halst auf Steuerbordbug. Der Wind hat, genau wie vorhergesagt, gedreht. Bis zum nächsten

Manöver vergehen über vier Stunden. Kummer hält Wache, als der Wind gegen 2.30 Uhr unter zehn Knoten fällt. Die Blu dümpelt nur noch durch das Wasser, die Segel fallen immer wieder ein, der Baum schlägt in den Wellen. Kummer entscheidet sich, die Segel einzuholen und die Maschine anzuwerfen. Er wählt dazu das „amerikanische“ Manöver. Die europäische Schule ist, dass das Schiff zum Segelbergen in den Wind gefahren wird. Der Vorteil ist, dass kein Druck in den Segeln steht, aber man verliert viel Zeit, weil der Skipper auf Gegenkurs gehen muss. Besonders bei viel Welle ist das Manöver eine wackelige Angelegenheit. Die Amerikaner holen die Segel dagegen auch ein, wenn der Wind direkt von achtern kommt. 0 oder 180 Grad sind beim Bergen des Groß besonders wichtig, da seitlicher Wind das Segel in die Wanten und gegen die Salinge drückt. Oft verhakt sich das Tuch in den Lazy-Leinen, die bei starkem Druck überlasten oder sogar reißen können.

Kummer hat die Blu ohne die sogenannten Lazy-Bags, oder auch Lazy-Jacks, also die Leinentücher, in die das Segel am Baum fällt, übernommen. Nur die entsprechenden Leinen sind angebracht. Die Möglichkeit, dass sich die Segellatten in ihnen verheddern, ist also groß - zumindest, wenn das Manöver unsauber gefahren wird. Kurz überlegt Kummer, ob er die Crew wecken soll. Aber er entscheidet sich dagegen. Auch ohne Hilfe klappt das Bergen des Großsegels reibungslos. Roland und Sigi bekommen nicht einmal mit, dass die Blu wieder unter Maschine läuft.

Angriff der Killerfische

Die breite Sandzunge, die sich etwa 30 Seemeilen vor der Straße von Gibraltar weit ins Meer streckt, ist ein Hotspot für Fische. Die Blu steuert unter Motor direkt auf sie zu. Schon bei Sonnenaufgang wundert sich Kummer über die vielen Frachtschiffe und Tanker, die am Horizont in dem seichten Wasser vor Anker liegen. Die enorme Anzahl kommt ihm seltsam vor. Als Logistiker weiß er, dass die Auslastung der Schifffahrt einer der besten Frühindikatoren für eine Wirtschaftskrise ist. Der „Baltic Dry Index", der die Preise für die Massengutschifffahrt abbildet, wird von vielen Börsenanalysten penibel verfolgt. Vermögensverwalter wie Black Rock, die weltweit größte Fondsgesellschaft mit einem verwalteten Vermögen von 7,4 Billionen US-Dollar, setzt gigantische Supercomputer ein, die unüberschaubare Anzahl von Indikatoren verfolgen - und für ihre Anlageentscheidungen auswerten. In Anbetracht der Frachtschiffe auf Reede hätte Kummer gut daran getan, sein Aktiendepot zu verkaufen. Er sieht die Zeichen der nahenden Katastrophe, deutet sie sogar richtig, aber reagiert nicht. Vielleicht auch deshalb, weil er einen Großteil seines Geldes in der Blu angelegt hat.

Der gepriesene Angel-Hotspot hält, was er verspricht. Roland angelt zwar nicht so schnell wie vor Frankreich, aber innerhalb der ersten zehn Minuten zieht er zwei schöne, silbrige Speisefische aus dem Wasser. Kurze Zeit später zappeln bei Sigi und Kummer schon die nächsten fünf Fische an Deck. Sie sind kleiner und sandfarben. Roland ist skeptisch. Schon oft hat er vor dem berüchtigten Petermännchen, einem der giftigsten europäischen Lebewesen, gewarnt. Petermännchen sind lang gestreckte, seitlich abgeflachte Grundfische, die 15 bis 53 Zentimeter lang werden. Ihre Augen liegen auf der Kopfoberseite, die Maulspalte ist steil. Die Rückenflosse ist zweigeteilt, die erste ist kurz und wird von fünf bis sieben

Stacheln gestützt, die zweite von über zwanzig Weichstrahlen. Die Flossenstacheln der ersten Rückenflosse und ein Stachel auf dem Kiemendeckel sind giftig. So giftig, dass ein Stich bisweilen tödlich enden kann, zumindest aber sehr starke Schmerzen hervorruft. Bei einigen Menschen bleibt es bei starken Schwellungen, andere reagieren allergisch auf das Gift, was zu Schwindel, Kopfschmerzen, Bewusstlosigkeit und - im schlimmsten Fall - zu einem Herzstillstand führen kann. Das Gift der Petermännchen ist eine Mischung aus Serotonin und Proteinen, die im menschlichen Körper eine Histamin-Ausschüttung hervorrufen. Als ambitionierter Angler kennt Roland die Gefahr, vor Jahren hat er schon einmal in Kroatien ein Petermännchen gefangen und wurde von den lokalen Fischern eindringlich auf die Gefahr hingewiesen.

Roland angelt an diesem Tag an Steuerbord, Sigi und Kummer mit der neuen Angel an Backbord. Um einen kapitalen Grundfisch an Deck zu ziehen, beschließt Roland, auf Lebendköder zu wechseln. Er fragt Kummer und Sigi, ob er dafür den kleinsten Fisch aus deren Kübel verwenden könne. Die beiden nicken. Roland fragt noch einmal, halb im Scherz, halb aus Vorsicht: „Aber ihr habt keine Petermännchen gefangen?“ Kummer und Sigi wiegeln an: „Keine Fische mit Stacheln!“ Und so greift Roland beherzt in den Eimer, um den kleinsten der Fische auf den Haken zu spießen. Plötzlich zuckt er zusammen. In seinem Blick paart sich Überraschung mit Schmerz. Der Fisch hat ihn doch tatsächlich gestochen. „Scheiße“, brüllt Roland. Seine Skepsis, bei dem Fang könnte es sich um das gefürchtete Petermännchen, war also berechtigt.

Der Stachel lässt sich glücklicherweise ohne Mühe entfernen. Um sicher zu gehen, googelt Kummer, was bei einem Stich zu tun ist. Der erste Schritt, so liest er laut vor, ist, den Stachel sofort herauszuziehen. Das haben sie bereits getan. Im zweiten Schritt soll die Wunde mit möglichst heißem Wasser gereinigt werden, um die Proteine aufzubrechen. Das soll kein Problem sein. Wegen der langen Fahrt unter Motor ist heißes Wasser aus der Leitung sofort verfügbar. Roland eilt vom Heck in die Küche, hält seine Hand unter das dampfende Wasser aus dem Hahn. Sein Gesicht ist schmerzerfüllt, vom heißen Wasser oder dem Gift. Er stellt die Temperatur so ein, dass er sie gerade noch ertragen kann, ohne Verbrennungen zu erleiden. Immer wieder zieht er seine Hand unter dem Strahl weg, um dann die Prozedur zu wiederholen. Kummer, der ewige Optimist, sagt, er denke, dass das schnelle Entfernen des Stachels und die Behandlung mit dem heißen Wasser das Schlimmste abgewendet haben. Roland ist da noch skeptisch. Kummer soll im Netz nach weiteren Artikeln suchen, die ihm helfen könnten. Sofort scrollt der Skipper über weitere Berichte, liest die Passagen vor, von denen er glaubt, sie würden Roland beruhigen. Die meisten Todesopfer wären zum Beispiel gar nicht an dem Gift gestorben, sondern seien ertrunken, weil sie im Wasser einen Schock bekommen hätten. Roland brauche sich also keine Sorgen zu machen, an Bord der Blu sei er schließlich sicher. Roland ermuntert das, verständlicherweise, nur bedingt. Vielmehr verunsichern ihn die Bilder, die er im Internet findet. Roland sieht Menschen mit angeschwollenen Gliedmaßen und Gesichtern, die aussehen wie ein prall gefüllter roter Luftballon kurz vor dem Platzen. Roland ist entsetzt.

Kummer wiegelt ab. So sei das nun mal, wenn man im Internet nach Krankheiten googelt. Man findet immer die schlimmsten Beispiele. Kummers Optimismus findet bei Roland kein Gehör. Stattdessen ruft er eine befreundete Ärztin aus Baden bei Wien an. Diese hat ihn die letzten Jahre bei seinen Auslandseinsätzen oft mit wertvollen Tipps für die Genesung in Notfällen „versorgt“. Sie muss in einer solchen Situation vom Schlimmsten ausgehen und empfiehlt sofort ein Krankenhaus aufzusuchen. Die lokalen Ärzte würden sich mit den Gifttieren der Region am besten auskennen. Kummer checkt den Weg auf dem Kartenplotter – sieben Stunden sind es bis zur nächsten Stadt. Die Option fällt also flach. Also bereitet die Ärztin die Segler auf den „worst case“ vor: Eintretende Atemnot bis hin zum Kreislaufversagen. Die Segler sind entsetzt.

Als eine erste Maßnahme soll Roland Kohletabletten, die er auf Reisen immer dabei hat, in hoher Dosierung einnehmen.

Sofort verschlingt er eine ganze Schachtel der schwarzen Kompretten. Auch soll Vitamin C helfen, sagt die Ärztin. Roland macht sich über die Schale mit den Zitrusfrüchten her. Natürlich könnten sie einen Helikopter anfordern, aber selbst Roland hält das für übertrieben.

Die Drei vereinbaren, erst einmal Ruhe zu bewahren und abzuwarten und im Falle einer drastischen Verschlechterung von Rolands Zustand weitere Maßnahmen zu ergreifen. Rolands Hand ist gerötet und angeschwollen, aber die Schmerzen sind auszuhalten. Also setzen Kummer und Sigi den Gennaker und kreuzen erneut vor dem Wind, da sie keinen tieferen Kurs als 165 Grad zum Wind segeln können. Schon bei 170 Grad wird der Katamaran deutlich langsamer. Und so läuft die Blu stabil auf die Straße von Gibraltar zu. Zeit, sich wieder um Roland zu kümmern.

Der hat mittlerweile das Tropeninstitut in Wien kontaktiert. Die Angestellten sind zwar sehr freundlich, können aber keine fundierte Auskunft geben. Sie verweisen an den Tierpark Schönbrunn, was die Crew verwundert. Aber dort, sagen die Experten. vom Tropeninstitut, kennt man sich mit Bissen und Verletzungen durch giftige Tiere am besten aus. Aber auch im Zoo kann niemand Auskunft zum Stich eines Petermännchens geben. Roland soll es doch mal bei der Vergiftungszentrale in München versuchen. Sofort wählt Roland die Nummer in Bayern und schildert dem Experten ruhig und sachlich seine Lage. Dessen erste Ferndiagnose per Telefon ist ermunternd: Er glaube nicht, sagt der Arzt, dass Roland in Lebensgefahr schwebe, dafür könne er noch viel zu ruhig seine Situation schildern. Stünde er kurz vor einem allergischen Schock, wäre das sicherlich anders. Der Mediziner erläutert noch weitere Symptome und bestätigt Roland, dass sie mit der Versorgung der Wunde bisher alles richtig gemacht haben. Weil der Stich bereits zwei Stunden her ist, vermutet der Mediziner, müsse Roland sehr wahrscheinlich nicht mehr mit einer weiteren Reaktion oder Verschlimmerung rechnen. Die guten Nachrichten des Arztes scheinen die beste Medizin für Roland zu sein. Von Minute zu Minute wird er optimistischer, und doch vergehen die nächsten zwei Stunden für ihn wie in Zeitlupe. Roland ist regelmäßig im Kampf mit der Natur und fängt gerne Fische. Nun hat sich die Natur zur Wehr gesetzt - nur verständlich für ihn. Erst nach den kritischen vier Stunden atmen die Drei erleichtert auf. Es scheint bei einer leichten Schwellung und Rötung zu bleiben. Mit einem so milden Verlauf hat Roland nicht gerechnet - nicht einmal Kapitän Kummer(los), wie er den Skipper nennt. Die Crew ist wieder mal mit einem blauen Auge davongekommen.

Unter Gennaker zur Straße von Gibraltar

Die Säulen des Herkules

In der Antike sollen an der Meerenge zwischen Mittelmeer und Atlantik die mythischen Säulen des Herkules gestanden haben. Der Sage nach markierten sie das Ende der Welt, hinter ihnen lauerte der Abgrund. Wie der griechische Dichter Pindar schrieb, brachte Herkules deshalb am Ausgang des Mittelmeeres die Warnung „Nicht mehr weiter" an. Platon glaubte, dass das versunkene Inselreich Atlantis jenseits der Säulen liegen würde. Das Motiv der Säulen des Herkules fand weite Verbreitung. Der Philosoph Francis Bacon sah darin ein Symbol für das bewusste Durchbrechen der Wissensgrenzen von Antike und Mittelalter. „Viele werden hindurchfahren und die Erkenntnisse der Wissenschaft werden sich vermehren", sagte er. Die Säulen des Herkules zieren bis heute die Wappen von Spanien, Andalusien, Melilla und Cádiz. Immer noch ist die Meerenge zwischen Europa und Afrika von geostrategischer und politischer Bedeutung. Wer die Straße von Gibraltar kontrolliert, kontrolliert den gesamten Schiffsverkehr in und aus dem Mittelmeer. An der schmalsten Stelle liegen Gibraltar und Ceuta gerade mal 15 Kilometer auseinander, die schmale Wassergrenze trennt nicht nur zwei Kontinente, sondern auch zwei Kulturen - die christliche und die muslimische Welt. Es ist den Launen der Geschichte zuzuschreiben, dass Gibraltar heute britisch ist und nicht spanisch, Ceuta aber spanisch und nicht marokkanisch. Zu Spanien kam Gibraltar mit der christlichen Rückeroberung der iberischen Halbinsel von den Mauren. Erst 1502 wurde es in das spanische Königreich eingegliedert. Britisch wurde Gibraltar nach dem spanischen Erbfolgekrieg im Jahr 1704, nachdem die Briten den Felsen belagert hatten. 1713 überließen die Spanier schließlich Gibraltar den Besetzern auf unbefristete Zeit. Eine Klausel sieht allerdings den Heimfall Gibraltars an Spanien vor, wenn die Briten einmal ihre Herrschaft über das Gebiet aufgeben sollten. Spanien verlangt das Gebiet zurück, und die Uno führt Gibraltar in einer Liste der zu entkolonisierenden Gebiete. Doch die Bewohner haben sich 1967 in einer Volksabstimmung mit überwältigender Mehrheit für den Verbleib im Vereinigten Königreich ausgesprochen. Spanien unter dem Franco-Regime war zu jener Zeit keine verlockende Alternative.

Ceuta wurde 1415 von den Portugiesen erobert, die neuen, christlichen Herren errichteten zum Zeichen ihrer Herrschaft eine Kathedrale. Nach der Eroberung Portugals durch Spanien 1580 fiel auch Ceuta an Madrid. Marokko fordert bis heute die Herrschaft über Ceuta für sich. Die Bevölkerung ist spanisch-arabisch gemischt, von spanischer Seite allerdings wird stets der spanische Charakter dieses Gebietes unterstrichen. Die Bevölkerung scheint mit dem gegenwärtigen Status zufrieden zu sein, eine Volksbefragung gab es aber nie.

Gegen 18.40 Uhr bereitet Kummer die Blu wieder auf eine Halse vor. Es soll das letzte Manöver auf dem Atlantik sein. Unter Gennaker schießt der Katamaran auf die Säulen des Herkules zu, die beiden Gebirgszüge links und rechts der Meerenge, die ihr einen majestätischen Rahmen verleihen. Kummer wird später in seine privaten Notizen schreiben, dass die kommenden eineinhalb Stunden zu den schönsten seines Seglerlebens gehören. Die Sonne nähert sich im Westen glutrot dem Horizont und malt die Kulisse an Land in warmen Farbtönen an. Fast lautlos gleitet die Blu bei fantastischem Wind unter Gennaker durch den kristallklaren Ozean. Raumschots und mit dem Strom fliegt sie mit zu elf Knoten auf die Meerenge zu. Selbst Roland vergisst in Anbetracht dieses unglaublichen Szenarios seine Verletzung. Zusammen mit Kummer und Sigi sitzt er im Sonnenuntergang hoch oben auf der Flybridge und bestaunt die Szenerie. Erst kurz vor dem Verkehrstrennungsgebiet in der Straße von Gibraltar legt Kummer vor dem Wind noch einmal auf den anderen Rumpf um. Der Wind hat mittlerweile etwas abgeflaut, aber Kummers Ehrgeiz ist es, bis vor die Marina Algeciras zu segeln. Es gibt eben Momente, die man für Geld nicht kaufen kann.

Die Einfahrt zu der Marina bildet ein längerer Kanal, der Hafen ist dadurch sehr gut gegen Wind und Welle geschützt.

Aber sowohl bei der Marina an Steuerbord wie der an Backbord ist niemand zu sehen. Kummer hatte die Blu per Telefon angekündigt und die freundliche Dame an der Rezeption ihm einen Platz nach dem Check-In zugesichert. Nur ein paar Spanier winken der Crew zu, offensichtlich haben sie aber keine offizielle Funktion. Also bugsiert Kummer den Katamaran an eine freie Stelle, genau zwischen einem Seenotrettungskreuzer und einem Ausflugsschiff. Wenige Minuten später ist die Blu an der Pier sicher vertäut, die nächste Etappe geschafft.

Allerdings liegt der Katamaran an einer Kaimauer, keinem Schwimmsteg. Was also tun bei Tidenhub? Die Spanier um sie herum haben eine einfache Antwort: Ankerwache und ständig die Festmacher anpassen. Kummer ist nicht begeistert. Die Etappe war trotz des versöhnlichen Abschlusses vor den Säulen des Herkules alles andere als leicht. Immerhin hatten sie einen medizinischen Notfall an Bord gehabt. Außerdem nervt der Generator des Seenotkreuzers, der die ganze Nacht läuft. Noch einmal checkt Kummer die Seekarte mit den Häfen. Erst jetzt fällt ihm auf, dass der Hafen, mit dem er telefoniert hat, auf der anderen Seite der Bucht beim Ort La Linea de la Concepcion liegt. Auch wenn die Crew erschöpft ist, es hilft nichts, sie müssen wieder ablegen.

Allerdings gibt es ein Problem. Der Wind ist auflandig, drückt die Blu gegen die Kaimauer. Erschwerend kommt hinzu, dass die Lagoon von den beiden großen Schiffen eingekesselt ist. Sowohl nach vorne wie nach hinten sind nur wenige Meter Platz. Im Kopf geht Kummer das Manöver durch. Bei etwas mehr Raum wäre es problemlos. Er würde eine Achterspring setzen, den Katamaran hinten gut abfedern und den Bug so weit es geht mit den Maschinen rausdrehen bis er nach vorne freie Fahrt hat. Dann müsste nur noch die Achterleine gelöst werden. Fertig. Aber hier liegt das Problem, der Kai ist u-förmig und das Ausflugsschiff achtern sehr breit. Kummer hofft, dass der Platz ausreicht und er in der Lücke drehen kann. Sigi soll achtern mit dem großen Fender zunächst die Blu gegen den Kai schützen und dann, wenn nötig, gegen das Ausflugsschiff. Roland ist vorne, bildet Auge und Ohr für

Kummer, der von der Flybridge wieder mal kaum etwas sehen kann. Wie besprochen setzt Kummer zu dem geplanten Manöver an, aber die Blu kommt dem Ausflugsschiff dabei gefährlich nahe, immerhin hat auch sie eine Breite von knapp acht Metern. Adrenalin pumpt durch Kummers Venen. Er ist angespannt, aber hochkonzentriert. Sein Kopf rattert wie ein Computer, verarbeitet alle Informationen. Die Zurufe von Sigi und Roland, Windstärke und -richtung, seine Erfahrungswerte. Dazu kommt das Bauchgefühl. Und das sagt ihm, dass er die Blu nicht weiter drehen darf, will er einen Zusammenstoß vermeiden. Kummer brüllt: „Leinen los!“. Sein Plan ist es, kurz nach vorne fahren und dann den Kat mit beiden Motoren zu drehen. Aber die Blu reagiert bei dem Seitenwind zu behäbig, Kummer kommt nicht frei. Es gibt immer noch die Alternative, das Boot zurück gegen die Kaimauer treiben zu lassen, schießt es ihm durch den Kopf, auch wenn der Winkel jetzt nicht mehr so gut ist. Kummer entscheidet sich aber dagegen. Stattdessen legt er den Rückwärtsgang ein, kommt dem Ausflugsboot immer näher, Sigi signalisiert ihm den Abstand, der immer knapper wird, den Fender in der Hand. Kummer versucht die Blu erneut zu drehen, kommt dabei aber dem dahinter liegenden Schiff zu nahe. In letzter Sekunde kann Sigi einen Zusammenstoß abfendern. Kummer sieht, dass der Bug der Blu jetzt freikommt. Er gibt Gas. Jetzt vorwärts. „Nur keine Bö“, hofft Kummer. Sein Wunsch wird erhört. Die Blu kommt frei, der Adrenalinspiegel im Blut sinkt. Ein leichtes Hochgefühl der Befreiung stellt sich ein. Kummer ermahnt sich, jetzt nicht leichtsinnig zu werden, denn noch muss er den Kat in der Dunkelheit durch die schmale Einfahrt bugsieren, in der nicht nur viele Frachtschiffe auf Reede liegen, es herrscht auch um 22 Uhr noch reger Schiffsverkehr. Langsam tastet sich die Blu unter Motor durch die Nacht. Diesmal wird die Crew am Hafen wirklich erwartet. Der Check-In klappt problemlos, doch die zugewiesene Box ist nur mit großer Mühe zu erreichen. Wieder bläst der Wind von der Seite, Kummer muss den Kat durch enge Reihen mit Booten bugsieren. Den ersten Anlegeversuch bricht er ab, der zweite sitzt. Aber die Finger, die den Liegeplatz begrenzen, sind sehr niedrig und damit alles andere als optimal. Ein Fender wird über den Finger gedrückt, zurück bleibt eine Schramme, die allerdings leicht heraus zu polieren ist. Die Crew vertäut die Blu sorgfältig mit Vor- und Achterleinen sowie vier Springs. Es ist weit nach Mitternacht, als die Blu endlich sicher im Hafen liegt. Die Stimmung an Bord ist etwas angespannt. Doch nach dem verdienten Anlegebier und einem Rum legen sich alle Drei, erschöpft aber glücklich, in die Kojen. Für den nächsten Tag ist Sturm angesagt. Die Crew kümmert das wenig. Sie hat einen Landausflug nach Gibraltar geplant.

Traum eines jeden Seglers: der Leuchtturm von Gibraltar

Crew-Wechsel

Den Vormittag widmet Kummer der Uni. In seinem Postfach ist einiges aufgelaufen. Auch Roland ist am Rotieren. Eigentlich wollte er bis Sizilien an Bord bleiben. Aber er kann nach Flügen suchen wie er will, er findet keine passende Verbindung nach Wien. Nur mit mehrmaligem Umsteigen würde er wieder nach Hause kommen. Doch Roland schätzt die Corona-Lage bereits als kritisch ein. Er will nicht riskieren, an einem geschlossenen Flughafen umgeben von infizierten Personen in Italien festzusitzen. Deshalb checkt er Flüge von Málaga, was seine Reise allerdings um einige Tage verkürzt. Und tatsächlich, die Route Málaga - Wien wird direkt bedient. In Málaga steht ohnehin der erste Crewwechsel an. Sigi wird von Bord gehen, um später auf Sizilien für die Etappe nach Göcek wieder zuzusteigen. Neu an Bord kommen Alexander und Stephan, zwei alte Freunde von Kummer. So ist es zumindest geplant. Wenn Roland also auch in Málaga die Blu verlässt, ist das kein Beinbruch. Die Besatzung wäre immer noch zu dritt.

Doch unverhofft kommt oft. Kaum hat Roland seinen Flug gebucht, meldet sich Stephan mit einer schlechten Nachricht. Er muss den Törn absagen. Ein wichtiger Immobiliendeal duldet keine Abwesenheit. Kummer hat dafür Verständnis, auch wenn es ihn und die Crew so kurzfristig vor ein kleines Problem stellt - gerade, wenn jetzt auch noch Roland von Bord geht. Aber wozu gibt es die sozialen Medien? Kummer schreibt ein paar Zeilen, teilt sie unter Bekannten, von denen er sich vorstellen kann, dass sie Lust auf das Abenteuer hätten. Und obendrein die Zeit dazu. Es dauert nicht lange und Thomas, den Kummer über Freunde zwar nur vom Hören kennt, sagt spontan zu. Kummer ist erleichtert.

Natürlich hätten er und Alexander die nächste Passage nach Sizilien auch alleine bewältigen können, aber zu dritt ist das Segeln auf längeren Tages- und vor allem Nachtetappen deutlich angenehmer. Thomas ist, wie er sich vorstellt, ein erfahrener Segler. Mit seinem 42-Fuß-Katamaran hat er bereits den Atlantik gerundet. Von Europa in die Karibik und von dort zurück über die nördliche Passage, die deutlich anspruchsvoller ist als die Barfußroute gen Westen. Thomas hatte mit Wind und Wetter zu kämpfen, aber sich bravurös geschlagen. Ohne Zweifel ist er eine Bereicherung für die Crew.

Am Mittag klappt Kummer sein Laptop zu. Zeit für Sightseeing, Sigi und Roland sind längst vorausgegangen. Von der spanischen Marina ist Gibraltar nur einen Fußmarsch entfernt. Kummer macht sich auf die Socken, passiert den Grenzübergang und gönnt sich dann einen Bus, der ihn zu einem Geschäft für Satellitenkommunikation bringen soll. Kummer hat festgestellt, dass die Iridium-Go-Box launisch ist und dem Skipper den Dienst verweigert. Bislang war das kein großes Problem, hatte die Blu doch maximal zwei Tage lang keinen Mobilfunkempfang. Aber was nützt der teure Krempel, wenn er nicht richtig funktioniert? Zumal die Satellitenkommunikation elementar für die Sicherheit an Bord sein kann.

Dummerweise erweist sich auch das allwissende Google als fehlbar. Zielsicher führt die Karten-App Kummer in die Irre. Der Shop ist nicht da, wo er sein soll. Also ruft Kummer den Besitzer an. Immerhin stimmt die Nummer, die Google ausspuckt. Aber der Ladeninhaber ist die nächste Enttäuschung. Heute sei niemand im Geschäft, sagt er. Morgen auch nicht. Frustriert beschließt Kummer, die Lösung des Problems auf Málaga zu verschieben. Vielleicht hat er da mehr Erfolg. Und so schlendert er zu dem markanten Leuchtturm, genießt die Aussicht auf die Bucht und den bekannten Affenfelsen. Die Bewegung tut ihm gut. Am Leuchtturm trifft er auf Sigi, zusammen fahren sie mit dem Bus zurück in die Altstadt von Gibraltar, wo Roland bereits auf sie wartet. Zu Fuß überqueren sie wieder die Grenze nach Spanien.

Am 5. März, es ist ein Donnerstag, sticht die Blu wieder in See. Das Ziel ist das nur einen Tagestrip an der spanischen Küste entfernte Málaga. Aber zunächst liegt noch die Tankstelle auf dem Weg. Wegen der unerwartet vielen Motorstunden will

Kummer Diesel bunkern. Und es gibt noch einen Grund für den Tankstopp. In Gibraltar gibt es den günstigsten Diesel im westlichen Mittelmeer: 80 Cent pro Liter.

Die Windvorhersage ist perfekt. Der Wind weht konstant mit 16-18 Knoten aus westlichen Richtungen. Allerdings gilt das noch nicht für das erste Stück unterhalb des Affenfelsens, der die Winde stark beeinflusst und verwirbelt. Kummer setzt für die Fahrt entlang der Halbinsel nur die Fock, um nicht unangenehm von Fallböen überrascht zu werden, aber je mehr die Blu sich vom Felsen mit den Affen entfernt, desto besser und gleichmäßiger wird der Wind.

Nach eineinhalb Seemeilen dreht er auf die vorhergesagte Richtung. Kummer setzt den Gennaker. Aber schon nach zwanzig Minuten nimmt der wahre Wind immer weiter zu, erreicht 26 Knoten. Da die Blu raumschots segelt, und auch noch weiter abfallen kann, übersteigt der scheinbare Wind zwar noch nicht die 20-Knoten-Marke, trotzdem wundert sich Kummer, warum der Wind, wider der Vorhersage, so stark zulegt. Soll er weiter abwarten oder reffen? Eine alte Seglerweisheit ist da recht eindeutig:

Denkst Du das erste Mal ans Reffen, dann tu es sofort.

Und so bleibt Kummer keine andere Wahl: Der Gennaker muss runter. Sigi tänzelt auf dem Vordeck, um die 120 Quadratmeter Tuch im Bergeschlauch zu sichern. Doch der Wind dreht immer weiter auf, pustet mit voller Kraft das dünne Segel immer wieder zu einem Ballon auf. Mehrmals geht Sigi, der den Schlauch nicht loslässt, in die Luft. Er schafft es nicht alleine, Roland muss ihm helfen. Gerade ist der Gennaker in der Luke verstaut, brist der Wind ohne Vorwarnung auf 38 Knoten auf. Das entspricht satten acht Windstärken. Die Lagoon läuft jetzt nur mit dem Vorsegel raumschots acht bis neun Knoten. Kummer versucht in den Böen so tief wie möglich zu fahren, um Schiff und Segel zu schonen, denn je weiter der Wind achterlich kommt, um so mehr reduziert sich der scheinbare Wind. Als sich das Wetter einigermaßen stabilisiert hat, ruft er bei der Marina Benalmadena an, die etwa 15 Seemeilen vor Málaga liegt, und erkundigt sich nach einem freien Platz. Der Stadthafen von Málaga ist für Sportboote nur wenig geeignet, schon gar nicht für Katamarane.

Kummer ist überrascht. Selbst in der absoluten Vorsaison muss man anscheinend immer bei der Marina anrufen, wenn man einen Liegeplatz reservieren möchte. Besser noch, bereits einige Tage im voraus - zumindest mit einem 46-Fuß-Katamaran. Kummer ist baff, als die Dame am anderen Ende der Leitung ihm erklärt, dass es keinen Platz für die Blu gibt. Kurz ist Kummer sprachlos, zumal es an der Küste im Grunde keine Ankerplätze gibt. Er versucht es mit Charme, aber alle Süßholzraspelei verfängt nicht. Der Kat ist schlicht zu breit, nur für Monohulls gäbe es noch einige wenige Plätze, sagt die Dame. Aber sie hat einen guten Tipp parat. Kummer solle es doch mal in der Marina Fuengirola versuchen. Der Skipper muss zunächst auf die Karte schauen, ehe er den kleinen Stadthafen etwa 25 Seemeilen vor Málaga entdeckt. Zu seinem Entzücken liegt er sogar in der Nähe des Flughafens. Nach einem Anruf beim Hafenamt strahlt Kummer. Nicht nur sind die Liegeplatzgebühren günstig, auch dürfen sie mit der Blu einlaufen und zwei Tage am Gästekai liegen bleiben.

Der Hafen erweist sich als absoluter Glücksgriff. Er ist durch eine riesige Mole vor See und Winden geschützt und die Blu liegt zudem ablandig, so dass der Wind sie vom Kai wegtreibt und die Fender kaum belastet. Das Personal ist sehr freundlich, Kummer bezahlt gleich für die beiden nächsten Nächte. Wenn der Wind gut steht, will er am 7. März so früh wie möglich ablegen. Ohne Roland und Sigi, dafür mit Thomas und Alexander. Für Sigi und Roland ist damit die Reise nach 1087 Seemeilen beendet. Rund 700 davon unter Segeln.

Am Abend will das eingespielte Trio noch einmal in gemütlicher Runde Fisch essen gehen. Direkt am Hafen ist ein gut bewertetes Restaurant. Der Besitzer ist zwar da, aber kein Gast. Er bereite nur die Öffnung der Saison für morgen vor, sagt er den Seglern. Kummer spricht Italienisch, der Wirt Spanisch, aber die Verständigung klappt hervorragend. Der

Wirt empfiehlt ein anderes Restaurant. Ein unglaublich guter Tipp, auch wenn es nicht einfach zu finden ist. Vielleicht war die Verständigung dann doch nicht so gut wie geglaubt. Das Essen aber ist ein Gaumenschmaus, nur die Rechnung hat einen bitteren Nachgeschmack. Sie ist gesalzen.

Am Morgen reisen Roland und Sigi ab. Das erste Drittel der Reise hat nahezu perfekt geklappt, mal abgesehen von kleinen Problemen und natürlich der Attacke des Petermännchens. Das Wetter war milder und der Wind gnädiger als befürchtet. Nur die vielen Motorstunden ärgern Kummer und Sigi. Für Roland war das in Ordnung. So konnte er die beiden einfacher zu weiteren Angelstopps überreden. Kummer ist zufrieden mit dem Verlauf der Reise. Durch eine vorausschauende Planung hatten sie den Stürmen ausweichen oder in einem Hafen aussitzen können.

Am frühen Morgen bringt Kummer seine Freunde zum Flughafen. Dort mietet er einen Wagen und trifft sich mit einer Freundin, beide nutzen die Freizeit für einen Bummel durch Málaga. Am Nachmittag klingelt das Telefon. Es ist Thomas, das neue Crewmitglied, das kurzfristig eingesprungen ist. Er ist gerade am Flughafen angekommen. Kummer düst zum zweiten Mal an diesem Tag zum Flughafen. Und am Abend ein drittes Mal, als Alexander landet. Der Professor der Transportlogistik mutiert zum Taxifahrer. Auf dem Rückweg wollen die beiden Neuankömmlinge noch an einem Supermarkt halten. Auch wenn Kummer meint, die Verpflegung an Bord reiche für eine ganze Weltumsegelung, sagt er nichts. Vor allem ist er überrascht, wie viel Schokolade die beiden kaufen. Nervennahrung, die Kummer noch brauchen wird.

Zurück auf dem Boot bezieht Alexander kurz seine Kabine, dann geht es auch schon los zu dem Restaurant, das gestern noch geschlossen hatte. Alexander und Kummer kennen sich bereits seit 35 Jahren. Zur Feier seiner Promotion hatte Kummer seine Freunde eingeladen, mit ihm in der Karibik segeln zu gehen. Alexander war damals drei Wochen an Bord. Zusammen sind sie von Martinique bis nach St. Vincent and the Grenadines und wieder zurück gesegelt.

Als sie gegen 21.30 Uhr am Restaurant ankommen, räumt der Wirt gerade die Tische auf. Die Küche hat bereits geschlossen. Diesmal verzichtet Kummer auf eine spanisch-italienische Konversation, sie suchen lieber selbst nach einem Restaurant mit zivilen Preisen. Noch während die neue Mannschaft bei einem guten Essen beisammensitzt und sich auf die Etappe nach Italien freut, löst sich auch ein weiteres Problem. Das des nicht funktionierenden Iridium-Go-Systems. Der italienische Provider hatte Kummer gebeten, ein Foto des Geräts zu senden. Für das geübte Auge anscheinend leicht zu erkennen, hatte Kummer die alte, ungültige SIM-Karte in der Box gelassen. Und siehe da, kaum füttert Kummer das Gerät mit der gültigen Karte, da funktioniert es auch schon. Nun steht den längeren Passagen über das offene Meer ohne Mobilfunkempfang wirklich nichts mehr im Wege.

Schon in den vergangenen Tagen hatte Kummer die Wettervorhersage intensiv verfolgt. Das Bild, das die Daten zeichneten, war so diffus wie Morgennebel. Ein klarer Trend war nicht vorauszusehen, ständig wechselten die Prognosen. Auch am nächsten Morgen ist die Wetterlage noch unentschlossen. Klar ist nur, dass ein Mistral aus dem Golf von Lion die französische Küste entlang bläst. Und das heißt Sturm. Kummer will ihm ausweichen. Nur wie?

Gemeinsam entwickeln die Drei eine Strategie. Zunächst wollen sie parallel zum spanischen Festland bis Höhe Almería segeln. Egal, für welche Option sie sich dann entscheiden, der Umweg ist vertretbar. Dort angekommen wollen sie die neuesten Wetterdaten auswerten und entscheiden, wie es weitergeht. Kommt es ganz dick, werden sie eine Nacht in einer Bucht oder Marina am Festland Schutz suchen. Option zwei und drei richten sich nach Windstärke und vor allem der Richtung. Gegebenenfalls legen sie den Kurs direkt auf den Süden Sardiniens oder aber sie laufen etwas nördlicher die Balearen an. Wie auch immer. Der Crew steht ein langer Schlag bevor.

Keine Party auf Ibiza

Den ersten Morgen an Bord verbringen die Neulinge mit den anstehenden Decksarbeiten. Thomas spritzt das Salz mit Süßwasser ab, Alexander füllt die beiden Wassertanks mit jeweils 300 Liter, es wird geputzt und die Blu zur Weiterreise klar gemacht. Kummer muss derweil noch einmal zum Hafenbüro, um die Blu aus Spanien auszuchecken. Nach dem Frühstück heißt es um 8.30 Uhr dann endlich „Leinen los“. Die Sonne lacht von einem wolkenlosen Himmel, nur der Wind könnte besser sein. Zwei Stunden segelt die Blu unter Gennaker und Groß, dann dreht der Wind und lässt nach. Das Großsegel lässt Kummer stehen, startet den Motor. Bei fast keiner Welle macht der Katamaran gute Fahrt durch die ruhige See.

Das Bergen des Gennakers verläuft auch mit neuer Crew problemlos. In Málaga hatte Kummer extra noch die Leine des Bergeschlauchs verlängert. Als der Wind komplett einschläft, nimmt er auch das Groß runter. Die Blu fährt in einen weiteren atemberaubenden Sonnenuntergang auf dem Meer. Auch die Nacht bleibt ruhig, der Diesel tuckert gleichmäßig bis in den nächsten Tag. Gegen Mittag unterbricht ein lautes Zischen die Monotonie. Ein Geräusch, das Kummer schon lange vermisst hat. Die Angelleine fiert aus. Schnell, sehr schnell sogar. Sofort sprintet Thomas zur Rute, die am Heck des Bootes befestigt ist, Kummer eilt auf die Flybridge, um den Motor in Leerlauf zu bringen, damit die Blu keine Fahrt mehr macht. Je schneller das Boot fährt, um so schwieriger ist es, einen Fisch einzuholen, der um sein Leben kämpft. Nicht selten reißt dabei die Schnur. Unter Segeln ist das Manöver ein kompliziertes Unterfangen, insbesondere unter Spinnaker. Auf dem Atlantik ist Kummer einmal so lange Schlangenlinien gefahren, um den Spinnaker zum Einfallen zu bringen, bis er die Geschwindigkeit von acht Knoten auf drei reduziert hatte. Ein grenzwertiges Manöver, aber der Erfolg gab ihm Recht. So konnten seinen Mitsegler einen großen MahiMahi, einen delikaten Goldbarsch, an Bord ziehen. Diesmal, unter Motor, ist es deutlich einfacher. Die Blu verliert schnell an Fahrt, Thomas zieht den Fang Meter um Meter an das Heck der Blu. Als der Fisch das erste Mal aus dem Wasser springt, sind alle begeistert. Sie haben einen großen Fang an der Angel, einen ausgezeichneten Speisefisch. Roland wäre begeistert. Doch noch ist das Abendessen nicht gesichert, der heikelste Moment kommt noch. Das Einholen des Fangs, dann, wenn der Fisch sich noch einmal im Todeskampf gegen sein Schicksal wehrt. An Bord der Blu ist keine Gaff, ein spitzer Haken, mit dem man den Fisch aufspießt und sicher auf das Boot ziehen kann. Aber das Heck der Lagoon 46 ist perfekt, die letzte Stufe am Heck ist breit und nur etwa zwanzig Zentimeter über dem Wasserspiegel.

Dicker Fang: Thomas zieht einen Thunfisch aus dem Wasser

Kummer stellt einen Kühlbehälter bereit, dann versucht die Crew den Brocken an der Leine direkt in die Box zu bugsieren. Zu dritt kämpfen sie um ihr Abendessen, dann endlich haben sie den Thunfisch an Bord. Der Haken sitzt so fest, dass der

Fisch sich unmöglich losreißen kann. Thomas hat sich Handschuhe übergestülpt, presst den zappelnden Fisch auf das Deck, damit er nicht den Weg zurück ins Wasser findet. Dann versetzt er ihm mit einem Messer den Todesstoß. Das hört sich grausam an, aber ist, so zumindest die Lehrmeinung, definitiv der schnellere Tod als ein Ersticken an der Luft. Der Thunfisch wiegt etwa sieben Kilogramm.

Ein Viertel des Fleisches verarbeitet Thomas voller Vorfreude auf einen Gaumenschmaus direkt zu einem delikaten Fischtatar und serviert diesen der Crew zum Mittagessen. Das zweite Viertel wird Kummer am Abend in Salzkruste braten und innen noch fast roh kredenzen. Ein Festessen, das es bei einem Sternekoch kaum besser geben kann. Frische ist schließlich Trumpf und der Thunfisch ein absoluter Traum. Die andere Hälfte kommt in die Gefriertruhe. Ein Geschenk der Natur, das Kummer noch so manches Essen bescheren wird. Dann, wenn es keine Möglichkeit mehr gibt, neuen Proviant zu kaufen.

Das Fischtatar ist gerade verschlungen, als um 12.30 Uhr der Wind zulegt. Die Crew setzt Gennaker und das Großsegel im dritten Reff, damit es das Vorsegel nicht zu stark abdeckt. Die Einstellung hat sich bewährt. Die Blu macht sofort gute Fahrt. Kummer legt Kurs vor Formentera, die westliche Insel der Balearen. Sollten die Wettervorhersagen stimmen, müsste die Blu die Insel vor dem angekündigten Sturm erreichen, auch wenn sie die letzte Stunde gegen den Wind anmotoren müssen. Sowohl Kummer wie auch Thomas kennen Formentera gut. Sie wissen, dass der Ankerplatz ohne Probleme zu erreichen sein dürfte. Da die Blu von Süden kommt, dürfte auch die Welle in der Landabdeckung nicht so stark sein. Und in der Bucht selbst wird der Katamaran sehr geschützt liegen.

Die Crew segelt den Gennaker bis spät in den Abend. Es ist ein majestätischer Anblick, als der Mond aus dem Meer emporsteigt und sich hinter das Segel schiebt. Dann schläft der Wind wieder ein. Bis zwei Uhr in der Nacht läuft der Motor, dann brist der Wind wieder auf. Kummer und Alexander setzen zum Wachwechsel erneut den Gennaker. Mit sechs bis sieben Knoten gleitet der Doppelrümpfer über das dunkle Mittelmeer. Gegen 4.30 Uhr schwächt sich der Wind aber immer weiter ab. Kummer wartet noch, bis Thomas zum Wachwechsel an Deck ist. Er möchte ihn ungern vorher wecken, weil er weiß, wie wichtig Schlaf an Bord ist. Dann nehmen sie zusammen den Gennaker erneut weg und fahren mit Groß und Motor weiter. Der Wind ist launisch in dieser Nacht. Er kommt und geht, wie es ihm gerade gefällt. Die Crew hat alle Hände voll zu tun, die Segel zu setzen und zu bergen und wieder zu setzen. Langeweile kommt somit jedenfalls nicht auf. Als die Sonne im Osten aufgeht, dreht der Wind erneut und legt wieder zu. Während Kummer sich von seiner Wache erholt, setzt Thomas das Vorsegel zum Groß und stellt den Motor aus. Kummer vertraut seiner Crew, jeder Wachhabende kann selbst Entscheidungen treffen. Im Zweifel ist er natürlich jeder Zeit ansprechbar. Auch wenn er gerade schläft.

Die Blu macht mit Vor- und Großsegel gute Fahrt. Der Wind dreht weiter Richtung Norden, aus raumem Wind wird erst halber, dann ein Am-Wind-Kurs. Die Blu ist schneller durch die Nacht gekommen als gedacht. Und da der Starkwind nach Aussagen des neuesten Wetterberichts sich etwas verzögert, beschließt Kummer direkt Mallorca anzusteuern. Das hat den Vorteil, dass er etwas abfallen kann und nicht permanent Höhe bolzen muss. Für die fünfzig Extrameilen sind bester Segelwind angesagt. Auf Mallorca will Kummer die Bucht Colonia de Saint Jordi im Südosten ansteuern, die ihm für dieses Wetter sehr gut geschützt erscheint.

Bei dem neuen Kurs und der längeren Strecke ist es wichtig, dass die Blu bis 21 Uhr die Mitte zwischen Ibiza und Mallorca deutlich passiert hat und es um 22 Uhr nur noch 20 Seemeilen bis zum Ziel sind. Das freie Stück zwischen den Inseln nennt Kummer die „Todeszone", denn dort wird der angesagte Sturm mit voller Wucht wüten. Hat die Blu einmal die Abdeckung von Mallorca erreicht, dann haben sie es geschafft, dann sind sie in der „sicheren Zone". Als sie Ibiza passieren, postet Kummer an seine Freunde ein Foto mit einem Feuerzeug von Ex-FPÖ-Chef Heinz-Christian Strache. Strache war im Frühjahr über die

Ibiza-Affäre gestrauchelt, als er in illustrer Runde, ziemlich zugedröhnt, in einer Ferienvilla auf Ibiza seine Empfänglichkeit für Nettigkeiten offenbarte. Dumm nur, dass die vermeintliche russische Oligarchentochter mit dem verlockenden Angebot eine engagierte Schauspielerin war und im Hintergrund Kameras liefen. Das war's dann erst mal mit der politischen Karriere des angeblichen Saubermanns, der damals noch Österreichs Vize-Kanzler war. Als Witz hatte Kummer das Werbegeschenk von HC Strache mitgenommen, jetzt schreibt er zu dem Foto: „Ibiza müssen wir leider auslassen ;-) Ballermann, wir kommen".

Die Todeszone

Es ist ein perfekter Segeltag. Und doch ist die Crew nervös. Sollte sich der Wetterbericht zeitlich nur um eine Stunde vertan haben oder die Blu nicht die errechnete Geschwindigkeit erreicht, wird es ein unangenehmer Abend. Gegen 11 Uhr unterbricht die Monotonie an Deck wieder das Zischen der Angelschnur. Sofort sprinten Thomas und Kummer los. Thomas, wie bereits beim letzten Mal, zur Angel, Kummer auf die Flybridge. Diesmal ist das Manöver anspruchsvoller, der Katamaran fährt unter Segeln. Kummer rollt sofort das Vorsegel ein und geht unter Groß immer weiter an den Wind, bis die Blu nur noch zwei Knoten Fahrt durchs Wasser macht. Durch ein kleines Sichtfenster dicht über dem Boden kann Kummer auf das Achterdeck schauen.

Thomas grinst und streckt seine Arme auseinander. Der Fisch ist anscheinend noch größer als beim letzten Mal. Und kräftiger dazu, das merkt Thomas, als er versucht, ihn langsam zum Boot zu kurbeln. Das Tier wehrt sich, versucht abzutauchen und seitlich zu entkommen, aber die Geschwindigkeit der Blu ist gering genug. Meter um Meter holt Thomas die Schnur ein, gibt nach, zieht wieder an und bringt den Fisch immer dichter an das Heck. Erst jetzt sieht die Crew, was sie da an der Angel haben. Es ist wieder ein Thunfisch, aber ein gewaltiger. Wenn der letzte schon sieben Kilo wog, dann bringt dieser locker 15 auf die Waage.

Die Männer juchzen und jubeln und sind wie im Rausch. Schaffen sie es, den Kaventsmann an Bord zu holen, dann haben sie für die nächsten Wochen Fisch satt. Und tatsächlich gelingt ihnen das Kunststück. Nach einem kurzen, aber heftigen Kampf liegt der Thunfisch in einer Blutlache auf dem Heck. Kummer setzt wieder das Vorsegel, geht auf Kurs. Trotz des Angelerfolges dürfen sie nicht leichtsinnig werden. Die Minuten, die der Thunfisch sie gekostet hat, müssen sie wieder aufholen. Doch der Wind steht gut. Und so kehrt schon bald die kulinarische Routine wieder ein: Fischtatar zum Mittag, Thunfischsteaks am Abend.

Thomas (links) und Alexander genießen das Fischtatar

Segler kennen das: Vor dem Sturm gibt es oft eine Flaute. Und so wundern sich die Drei auch nicht, als der Wind gegen 14.30 Uhr etwas nachlässt. Zur Sicherheit entscheidet Kummer, den Motor mitlaufen zu lassen, um die „Todeszone" rechtzeitig zu passieren und in die „sichere Zone" einzulaufen. Eine exakte Wetterprognose ist auch im Jahr 2020 noch schwierig, allein die vier vorherrschenden Wettermodelle variieren bisweilen enorm. Diesmal sind sie sich aber alle einig. Der Sturm ist im Anmarsch. Und es wird heftig werden. Die Frage ist nur: wann? Auch wenn der kapitale Fischfang die Stimmung an Bord belebt hat, ist doch eine leichte Anspannung zu spüren. Erst gegen 20 Uhr, als die Thunfischsteaks gerade verputzt sind, löst sich die spürbare Nervosität. Die Blu erreicht langsam aber sicher die „sichere Zone" der mallorquinischen Landabdeckung - und das sogar zwei Stunden vor der errechneten Deadline. Da Kummer voll im Wach-Schlaf-Rhythmus der vergangenen Tage ist, und die Anspannung der Müdigkeit weicht, legt er sich ins Bett, um ein wenig zu schlafen. Gegen 22 Uhr weckt ihn sein Handy. Sein guter Freund Andrea aus Italien, der Kummer zusammen mit seiner Frau auf dem Rückweg von Rhodos nach Kroatien begleiten will, ruft an und überbringt die schlechte Nachricht: „Italien macht die Grenzen dicht! Und das bereits ab morgen." Kummer ist sofort hellwach. Er kannte die Berichte aus den Medien, wusste um die dramatische Situation im Norden des Landes. Er hatte von den regionalen Lockdowns gehört, den Reisebeschränkungen, den vielen Verboten und Schließungen, den Appellen an die Norditaliener, zu Hause zu. bleiben. Dass der italienische Premierminister Giuseppe Conte aber jetzt so schnell die Maßnahmen auf ganz Italien ausdehnt, überrascht Kummer. Ab morgen ist der ganze Stiefel bis mindestens zum 3. April eine „rote Zone" und damit tabu für ihn und seine Mannschaft. In Italien darf er nicht mehr einreisen. Der nächste Crewwechsel auf Sizilien ist damit unmöglich geworden. Das heißt, in Italien kann niemand mehr an Bord kommen. Und im Umkehrschluss: Auch niemand das Boot verlassen. Schockiert von den Nachrichten, die sein Freund ihm gerade überbracht hat, geht Kummer auf die Flybridge. Auch Thomas und Alexander haben die neueste Entwicklung bereits vernommen. Auf allen Kanälen läuft die Ansprache des Ministerpräsidenten als Eilmeldung. Fassungslos schauen sich die Drei an. Und jetzt? Der Sturm, der sich ihnen mit hohen Windgeschwindigkeiten nähert, ist fast vergessen. Sie befinden sich bereits in einem Orkan - und der trägt den Namen Corona.

Kummer sagt, die beste Möglichkeit wäre es wahrscheinlich, die beiden würden die Blu morgen bereits verlassen und von Mallorca aus zurückfliegen. Ansonsten müssten sie mindestens bis Griechenland an Bord bleiben. Kummer ist sich sicher, dass die Flüge das geringste Problem sein werden. In Spanien gibt es noch keinerlei Einschränkungen. „Checkt das doch mal", sagt er, geht wieder in seine Kabine legt sich wieder hin. Thomas und Alexander sollen ihn wecken, wenn sie zwei Seemeilen vor der Bucht auf Mallorca sind. Die beiden bleiben allein zurück an Deck, den Sturm im Nacken und einer schwierigen Entscheidung im Kopf.

Aufgrund der guten Geschwindigkeit kommt die Blu wie geplant ein bis zwei Stunden vor dem Sturm an der geschützten Südwestküste von Mallorca an. Als Kummer geweckt wird, ist er überrascht, dass Thomas und Alexander sagen, dass sie ganz zum Schluss noch einen Zipfel des Sturms mitbekommen hätten. Kummer muss tief geschlafen haben - und das trotz der Hiobsbotschaft. Als die Blu in die Bucht auf Mallorca mitten in der Nacht einläuft, heult der Wind in den Wanten. „Just in time“ hat der Katamaran sicher und ohne Probleme sein Ziel erreicht. Der Logistikprofessor ist zufrieden mit seiner navigatorischen Leistung. Ganz anders als mit der Entwicklung an Land.

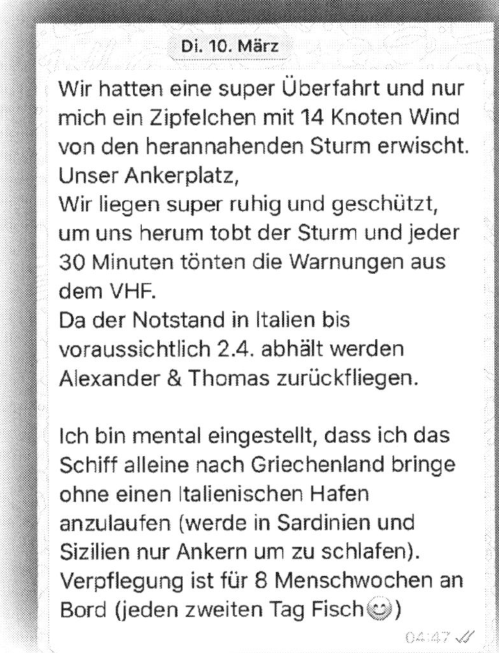

Die Bucht von Colonia de Sant Jordi ist zwar groß, aber vor der Marina ist die See gesprenkelt mit Tonnen. Ein Wirrwarr aus Mooring- und Fahrwassertonnen sowie großen gelben Tonnen. Gelb heißt Gefahr, obwohl Kummer nicht erkennen kann, welche Gefahr dort lauern soll. Auf der Seekarte ist jedenfalls nichts zu sehen, aber zur Sicherheit entscheidet er sich für eine gewisse Distanz zu den gelben Warnmarken, zumal die Blu auch seewärts auf drei Meter Tiefe mit genügend Kette sicher und ruhig liegen kann. Um 1.30 Uhr fällt der Anker. Die Blu hat Mallorca sicher erreicht.

Thomas und Alexander haben sich entschieden. Lange haben sie diskutiert, was sie machen sollen. Bleiben oder fliegen? Gute und günstige Flüge zurück in die Heimat gibt es, gleich am nächsten Mittag. Doch sie haben ein schlechtes Gefühl gegenüber Kummer. Es fühlt sich ein bisschen an wie Verrat, wenn sie den Professor alleine an Bord zurück lassen. Das bedrückt sie. Aber andererseits müssen sie zurück zu Familie und Job. Sie diskutieren bis spät in die Nacht, wägen ab, machen sich Gedanken. Kummer wiegelt ab. Er hat den weiteren Verlauf der Reise schon im Kopf geplant. Von Mallorca will er nach Italien segeln, ohne einen Hafen anzulaufen, vor Sardinien und Sizilien (je nach Windlage im Norden oder Süden) ankern, um sich auszuruhen. Und von dort geht es dann nach Griechenland, wo er wieder einchecken kann. Über die Verpflegung muss er sich jedenfalls keine Sorgen machen. Für mindestens acht Wochen hat er genug Proviant an Bord. Und jeden zweiten Tag wird es Fisch geben. „Alles kein Problem", sagt Kummer in seinem grenzenlosen Optimismus und lacht. Die beiden lassen sich überzeugen und buchen ihre Flüge. Dann gehen sie um 2.30 Uhr ins Bett.

Trotz der schlechten Nachrichten und der plötzlichen Planänderung schläft Kummer wieder wie ein Stein. Um die Blu herum tobt mittlerweile der angesagte Sturm und alle 30 Minuten tönen die Sturmwarnungen aus dem VHF Kanal 16. Am nächsten Morgen checkt Kummer, wie immer, wenn er Netzzugang hat, die Nachrichten. Er liest, dass Österreich keine Einreise aus Italien mehr zulässt. Das bestärkt ihn in der Entscheidung, dass Alexander und Thomas von Bord gehen und nach Hause fliegen. Insbesondere Alexander fällt es schwer, die Blu und seinen langjährigen Freund zu verlassen. Für den Manager aus Berlin fühlt es sich an, als würde er Kummer im Stich lassen. Aber der sieht das anders. Als Skipper trage er die Verantwortung für die Crew. Kummer möchte nicht das Risiko eingehen, dass seine Freunde für längere Zeit auf der Blu „gefangen“ sind. Das würde ihn mehr belasten, als die Reise alleine fortzusetzen. Er will beiden. das Gefühl geben, das Richtige zu machen. Auf die Idee, die Blu in eine Marina zu bringen und ebenfalls nach Hause zu fliegen, kommt Kummer nicht. Er denkt nicht einmal daran. Die neue Herausforderung sieht er sportlich. Einem Abenteuer war Kummer noch nie abgeneigt.

Der Wetterbericht sagt zwar nach dem Sturm noch eine relativ unangenehme Welle vorher. Aber der Wind weht die nächsten Tage aus Westen, perfekt für die Fahrt gen Osten. Aber er muss sich beeilen auf seiner Fahrt nach Italien. Das nächste Sturmtief braut sich bereits zusammen. Die Stimmung beim letzten gemeinsamen Frühstück ist gut. Auch wenn es für Alexander etwas vom letzten Abendmahl hat. Immer noch hadert er insgeheim damit, seinen Skipper auf dem Boot allein zu lassen. Bevor es zum Flughafen geht, nehmen die beiden noch eine Dusche. Kummer ermahnt die beiden, nicht verschwenderisch mit dem Wasser umzugehen. Halb im Scherz, halb ernst. „Wer weiß, wie lange ich das Wasser noch brauchen werde“, lacht er. Noch ahnt er nicht, dass ihm das Lachen bald vergehen wird.

Kurz nach dem Frühstück kommen mit einem Dinghy zwei Polizisten und der Hafenmeister an Bord, um die Crew zu kontrollieren. Alle Papiere sind in Ordnung. Kummer erklärt ihnen, woher sie kommen und wohin er will. Die Beamten nicken anerkennend und wünschen eine gute Weiterreise. Noch bevor sie verschwinden, fragt Kummer, was es mit den großen gelben Tonnen in der Bucht auf sich hat. Die Antwort beruhigt ihn. Die vielen Tonnen warnen nicht vor einer Gefahr, es sind Mooringbojen für Luxusyachten.

Um 9.30 Uhr setzt Kummer Alexander und Thomas an der Tankstelle der Marina ab. Diesel braucht Kummer nicht, seit

Gibraltar sind sie kaum unter Motor gelaufen, die Tanks sind noch gut gefüllt. Kein Problem also damit bis nach Griechenland zu kommen. Kurz überlegt Kummer, die Wassertanks zu füllen, aber er zögert. Zum einen weiß er nicht, wie die Wasserqualität ist, zum anderen würde er dann die Tankstelle unnötig lange blockieren. Das nächste Boot wartet bereits. Alexander und Thomas springen an der Tankstelle nur schnell mit ihrem Gepäck von Bord. Von Colonia de Sant Jordi wollen sie ein Taxi zum Flughafen nehmen. Noch sind sie früh dran, aber sie wissen nicht, ob es einfach ist, in der Vorsaison ein Taxi zu finden. Sie wollen bei ihrer Abreise lieber nichts riskieren. Die beiden sind traurig, die Reise vorzeitig beenden zu müssen. Natürlich haben sie keine Ahnung davon, dass es die richtige Entscheidung ist - und was Kummer die nächsten Wochen erwartet. Alexander und Thomas erreichen mühelos ihre Flieger nach Wien und Berlin. Da ist Kummer bereits auf dem Weg nach Italien.

Foto Thomas Rossmann

Die Blu verlässt die Bucht von Colonia de Sant Jordi

Teil 2
Im Auge des Sturms

„In 20 Jahren wirst Du die Dinge, die du nicht getan hast, mehr bedauern, als deine Taten. Also, mach die Leinen los, verlasse den sicheren Hafen. Fang den Wind in deinen Segeln, erforsche, träume, entdecke"

Mark Twain

Foto Thomas Rossmann

Plötzlich alleine an Bord: Kummer bei der Abreise von Mallorca

Es ist der 10. März, ein Dienstag, als Kummer plötzlich allein auf der Blu ist. Ein Gefühl der Wehmut überfällt ihn, als er die Bucht bei Mallorca verlässt, kaum hat er seine Freunde an der Tankstelle abgesetzt. Wie immer ist er aber auch voller Optimismus und Vorfreude auf die neue Herausforderung. Er freut sich sogar auf die kommenden Tage. Ein Abenteuer auf See hat er sich noch nie entgehen lassen. Aber er weiß auch, dass Einhandsegeln - oder Solosegeln - über lange Strecken extrem anstrengend ist, zumal er einige Nachtpassagen vor sich hat. Bislang waren die Nachtwachen problemlos verlaufen, mit drei erfahrenen Seglern gab es auch keinen Schlafmangel.

Kummer ist schon oft alleine gesegelt. Vor allem, wenn er sein altes Stahlschiff, die Nausikaa, nach dem Familienurlaub wieder ins Winterlager gebracht hat. Meist war er mit der Familie in eine Richtung gesegelt, hat die Nausikaa am Zielort zwei Wochen in einer Marina liegen lassen und ist mit der Familie zurückgeflogen. Zu Hause hatte er dann die Dinge, die er nicht aus dem „Boatoffice" erledigen konnte, abgearbeitet und ist dann oft alleine, manchmal mit Freunden, wieder zum Schiff geflogen und hat es möglichst schnell wieder zurück ins Winterlager gebracht. Allerdings ist Kummer da nie die Nächte durchgesegelt. Er ahnt, was auf ihn zukommt. Einhandsegeln hat ihn immer fasziniert. Schon als Jugendlicher hat er die Bücher von Soloseglern verschlungen, zuletzt das der Britin Ellen MacArthur über ihre Erfahrungen bei der Vendée Globe.

Der Begriff „Einhandsegeln" ist ein wenig irreführend. Natürlich segeln die Segler nicht nur mit einer Hand. Vielmehr stammt der Begriff von der einstigen Seefahrernation schlechthin, den Briten. „Hand" heißt übersetzt so etwas wie Crew, „Einhand" bedeutet dementsprechend, das nur eine Person an Bord ist. Beim Einhandsegeln kommt der wohl wichtigsten Bordregel eine besondere Bedeutung zu: „Eine Hand für das Schiff, eine Hand für den Menschen". Soll heißen: Sicherheit geht vor. Kommt es zu einem Unfall - oder gar einem „Mann über Bord" - dann ist niemand da, der helfen kann. Die erste Weltumseglung eines Einhandseglers machte der US-Amerikaner Joshua Slocum, der mit seinem Schiff „Spray" 1895 bis 1898 die Welt alleine umsegelte. Wenn man sich die damalige Schiffstechnik und auch Navigationshilfen vorstellt, dann war das eine unvorstellbare Leistung. Kummer beeindrucken die alten Heldengeschichten. Heute nutzen viele Einhandsegler auf den Weiten der Ozeane eine Windsteuerung, die das Boot auf einem bestimmten Winkel zum Wind hält. Bei konstant wehenden Winden ist das die einfachste und sicherste Methode, um auf Kurs zu bleiben. Dadurch können Einhandsegler auch halbwegs beruhigt schlafen gehen. Auch wenn bei Nacht auf den Meeren unzählige Gefahren lauern: Fischernetze, über Bord gegangene Container von Frachtschiffen, treibende Baumstämme und sogar schlafende Wale. Diesen Risiken ist aber auch ein Wachgänger meist hilflos ausgeliefert. Wenn er sie überhaupt sieht, dann meistens zu spät, um noch rechtzeitig zu reagieren. Auf den Ozeanen muss die kommerzielle Seefahrt, beispielsweise Containerschiffe oder Tanker, mit einem sogenannten AIS ausgestattet sein. AIS steht für Automatisches Identifikationssystem, es bezeichnet ein Funksystem, das durch den Austausch von Navigations- und anderen Schiffsdaten die Sicherheit des Schiffsverkehrs verbessert. Seit Dezember 2000 ist es von der Internationalen Seeschifffahrt-Organisation (IMO) als verbindlicher Standard vorgeschrieben. Auf der elektronischen Seekarte, dem Kartenplotter, werden alle Schiffe in einem bestimmten Radius wie bei einem Computerspiel in Form eines länglichen Dreiecks angezeigt. Die Spitze zeigt in Fahrtrichtung. Über Knopfdruck erfährt der Segler den Kurs des Schiffes, die Geschwindigkeit, dazu den Namen und auf Wunsch auch andere Details. Das wichtigste aber ist, dass der Computer errechnet, ob das jeweilige Schiff auf Kollisionskurs liegt. Über entsprechende Alarme wird der Skipper auf mögliche Gefahren hingewiesen.

Allerdings erkennt das AIS nicht alle Schiffe. Sportboote sind beispielsweise nicht verpflichtet, ein AIS zu führen. Und illegale Fischer schalten es natürlich aus. Und so kann es nach wie vor bei Nacht zu Begegnungen der dritten Art auf dem Meer kommen. Wie im Januar 2018, als Kummer zusammen mit seinen Kindern auf dem Weg von Grand Canaria zu den Kapverden war. Mitten in der Nacht weckte Lucas, der Wache führte, seinen Vater. Er hatte ein merkwürdiges weißes Licht auf dem Wasser entdeckt, konnte sich aber keinen Reim darauf machen. Auf dem Kartenplotter waren sie das einzige Boot weit und breit auf dem Atlantik, das unter voller Besegelung und mit acht Knoten Fahrt auf den weißen Fleck am Horizont zuraste. Lucas funkte über Kanal 16, fragte nach einem Boot auf der besagten Position, doch das Funkgerät blieb still. Auch Kummer konnte das Licht nicht zuordnen, vorsorglich sollte Lucas in einem guten Abstand den weißen Ball umfahren. Kummer, müde von seiner Nachtschicht, legte sich wieder hin. Erst am nächsten Morgen klärte Lucas ihn auf, was sie da in der Nacht gesehen hatten. Es war ein Segelboot, das nur mit der Genua auf ihrem Kurs segelte, deutlich langsamer als sie. Zwei Tage später, Kummer und sein Sohn ankerten längst in der Bucht von Sal auf den Kapverden, traf ein Seglerpaar dort ein. Wie sich herausstellte, war es das Boot, das sie in der Nacht überholt hatten. Die beiden hatten sich gewundert, dass Kummers AIS-Signal, bevor sie sich schlafen gelegt hatten, weit hinter ihnen war, und nach der Mütze voller Schlaf bereits weit vor ihnen. Zwar hatte die Yacht einen AIS-Empfänger, aber keinen Sender. Somit konnten sie Kummer sehen, er sie aber nicht. Sie hätten also leicht eine Gefahrenquelle sein können, wenn auf beiden Schiffen lediglich auf die Technik vertraut worden wäre.

Besonders Regattasegler segeln in der Nacht daher in einem 15-minütigen Schlaf-Wach-Rhythmus. Einerseits um mögliche Gefahren frühzeitig zu erkennen, andererseits um die Segel immer perfekt auf Wind und Welle einzustellen. Schon ein kleiner Winddreher kostet Speed. Fahrtensegler sind da gelassener. Sie stellen den Autopiloten auf Windsteuerung, trimmen die Segel und lassen das Schiff in einem bestimmten Winkel zum Wind fahren. Dreht der Wind, ändert sich auch der Kurs. Doch mitten auf den Ozeanen kommt das nicht so häufig vor. Und eine kleine Kursänderung fällt nicht weiter ins Gewicht. Wenn sie etwas haben, dann ist das schließlich Zeit.

Anders als bei Regatten, wo nach vielen tausend Meilen schon mal ein paar Minuten über Sieg und Niederlage entscheiden können. Hinzu kommt, dass Regattasegler oft am Limit segeln, sie müssen aufpassen, dass es an Bord keine Schäden gibt und dass der Trimm immer stimmt.

Im Mittelmeer ist Solosegeln eher ungewöhnlich. Und auch gefährlicher als auf dem Ozean, besonders in Landnähe. Die Schifffahrtsrouten sind stark frequentiert, viel kleine Fischerboote fahren bis weit auf das Meer hinaus und dann ist da noch der Yachttourismus. Manche Passagen, wie in Griechenland, erinnern zudem an Slalomläufe um die vielen kleinen Inseln. Deshalb entscheidet sich Kummer bei seinen Soloetappen für den Regattamodus. 15 Minuten schlafen, 15 Minuten wachen, dabei den Wind, die Segel und die See inspizieren. Das Weckerklingeln im Viertelstundentakt wird sein nächtlicher Begleiter. Auch wenn Kummer vermutet, dass es aufgrund der Ausgangssperre in Italien deutlich ruhiger auf dem Meer sein wird als in normalen Zeiten. In der Tat sieht er viel weniger Netze und Fischer als in den Jahren zuvor. Auf Mallorca plant er seine Abfahrt und die Geschwindigkeit so, dass er morgens in Sardinien ankommen wird. Für die Fahrt von Sardinien nach Vulcano, eine der Äolischen Inseln vor der Küste Italiens, wählt er einen Kurs, der möglichst weit von der sizilianischen Küste entfernt ist. Seine Rechnung geht auf, nur einmal wird er nachts in eine kritische Situation kommen.

Viel unberechenbarer als sein Einhand-Trip in Richtung Griechenland scheint Kummer die Entwicklung an Land. Die Nachrichten über das Coronavirus überschlagen sich. Zahlen, Daten, Horrorgeschichten prasseln auf ihn ein. Doch was ist Fakt, was Fiktion? Kummer weiß nur eines: Der sicherste Platz ist derzeit definitiv allein auf seinem Boot. Es wäre falsch zu sagen, Kummer würde sich keine Gedanken über die nächsten Wochen machen. Aber hat er Griechenland einmal erreicht, dann ist das Schlimmste geschafft. Er kann sich aber nicht vorstellen, dass man ihn – entgegen dem internationalen Seerecht – in keinen Hafen einlaufen lassen wird und noch nicht einmal erlaubt, in sicheren Buchten zu ankern.

Kurz nachdem Kummer den Anker auf Mallorca gelichtet und den Kurs entlang der Südküste Richtung Punta Salius gesetzt hat, schickt er eine Nachricht an seine Familie.

Auch überlegt er, wie er in Anbetracht der neuen Situation mit seinem Arbeitgeber, der Wirtschaftsuniversität in Wien, verfährt. Er weiß, dass er sich auf sein Team verlassen kann. Sowohl die wissenschaftlichen Mitarbeiter also auch das Team im Sekretariat, arbeiten perfekt. Die Kommunikation klappt problemlos. Eine Erfahrung, die er in den vergangenen Jahren gewonnen hatte, als er auf den Weltmeeren unterwegs war und den Kontakt sowie die Institutsleitung über Internet und Satellitentelefon aufrecht erhalten konnte. Noch bevor es eine Anweisung des Rektorats gibt, sendet Kummer von seinem Homeoffice „Blu“ um 12.23 Uhr eine Nachricht an sein Team, nachdem er Punta Salius im Südosten der Insel umrundet hat und die Küste im Kielwasser langsam kleiner wird: „Offenbar stoppt die Regierung den Universitäts- und Schulbetrieb. Ich würde vorschlagen, dass wir alle Veranstaltungen als Long-Distance-Kurse anbieten. Es kann nicht sein, dass Studierende länger brauchen, wegen des Virus' der für Sie ohnehin nicht gefährlich ist - zumindest so die offizielle Version. Selbst wenn er gefährlich ist, ist es ein Gebot der Stunde, den Studierenden zu ermöglichen, die Kurse zu machen."

Das Institut für Transportwirtschaft ist Anfang März 2020 hervorragend aufgestellt und Kummer ist sich sicher, dass eine komplette Umstellung auf Distanzlehre gut zu schaffen ist. Nicht zuletzt, weil es den Schritt Richtung Online-Seminare bereits gegangen ist. Die Vorlesung „Beschaffung, Produktion, Logistik" hat das Institut als ein „Blended Learning" angeboten, eine Kombination aus Unterricht im Hörsaal und Webinar. Kummer weiß daher, wie aufwändig die Umstellung auf Onlinekurse ist, aber er weiß auch, dass es zu schaffen ist. Deswegen versucht er, sein Team so früh wie möglich auf die Umstrukturierung vorzubereiten. Da Kummer ein Verfechter der Freiheit der Forschung und der Lehre ist, ist seine Mail nicht als Anweisung formuliert, sondern als Vorschlag. Sein ambitioniertes Ziel ist es, dass sein Institut eines der ersten Institute sein wird, dass alle Veranstaltungen umstellt und auch die nicht ganz einfache Frage der Onlineprüfungen löst.

Bezüglich seiner Professur in China ist Kummer bewusst, dass er für längere Zeit nicht ins Reich der Mitte reisen wird. Die Jilin-Universität ist seit dem chinesischen Neujahr geschlossen. Trotzdem ist Kummer ständig mit den Kollegen in China in Kontakt und veröffentlicht Ende März einen wissenschaftlichen Beitrag, dem er auf der Blu den letzten Schliff gibt. Sein Mitarbeiter David Herold kümmert sich um die Veröffentlichungen. In China ist das Onlinearbeiten noch einfacher und der Forschungsbetrieb geht – entgegen den Verlautbarungen der Regierung – ohne Einschränkungen weiter. Auch in der später folgenden Ausgangssperre.

Natürlich denkt Kummer auch an seine Kinder, als er am 10. März die Segel setzt. Die Zwillinge Francesca und Lucas sind zwanzig Jahre alt. Ihren 21. Geburtstag werden sie in der Quarantäne feiern, sofern von einer Feier unter den neuen Umständen überhaupt die Rede sein kann. Der Vater ist zu Recht stolz auf seine beiden Kinder. Auch hier ist Kummer ohne Sorgen. Beide haben ein gutes Selbstvertrauen und wissen, dass es wichtig ist, ihren eigenen Weg zu gehen.

Sein Sohn Lucas studiert internationale Betriebswirtschaft an der Wirtschaftsuni in Wien. Noch diesen Sommer will er mit dem Bachelor abschließen, um dann an der Università Commerciale Luigi Bocconi in Mailand seinen Master in „International Management“ nachzulegen. Die private Wirtschaftsuni gilt als eine der zehn besten Business Schools in Europas. Zwischenzeitlich lebte er bereits ein Semester in Kopenhagen.

Francesca, Kummers Tochter, studiert Psychologie und Astronomie. Der Professor hat zwar ein gewisses mathematisches Verständnis, als seine Tochter mit ihm jedoch ihre Unterlagen für den Kurs „Mathematik für Physiker“ zeigte, musste er abwinken. Das war dann doch zu hohe Mathematik. Um so mehr weiß er zu würdigen, was seine Tochter im Studium leistet. Aber er macht sich Sorgen darüber, dass seine Tochter nicht mehr in der elterlichen Wohnung wohnt. Kummer befürchtet, sie könne sich in der neuen Umgebung einsam fühlen. Besonders, da durch die Coronakrise der Austausch mit anderen Studierenden fehlt und die Möglichkeiten auszugehen, nicht gegeben sind.

Kummer wird aus seinen Gedanken gerissen, als die grüne Küste von Mallorca immer kleiner am Horizont wird. Weil wieder mal wenig Wind ist, läuft der Diesel. Und dann sieht er sie, die Delfine, die wohl seine Aufmerksamkeit erregt hatten. Auch wenn die Begegnung nur von kurzer Dauer ist, freut sich Kummer. Der Aberglaube der Seeleute besagt, dass Delfine ein Glücksbringer sind. Nur kurz kommen sie der Blu nahe, wollen aber nicht mit ihr spielen. Sie sind auf der Jagd. Und genauso schnell wie die Meeressäuger gekommen sind, sind sie auch wieder in den Weiten des Mittelmeeres verschwunden.

Viva Italia

In der Windabdeckung von Mallorca, die Kummer beim Sturm während der nächtlichen Ankunft gute Dienste erwiesen hat, weht am ersten Morgen seines Solo-Abenteuers kaum ein Lüftchen. Als er das Kap Salines passiert, ändert er den Kurs Richtung Sardinien, wobei eine unangenehme Welle genau gegen an steht. Das Meer ist immer noch aufgewühlt. Aber es nützt nichts, Kummer muss das vorhergesagte Windfenster mit Westwind erreichen. Mit Motor stampft er gegen die Welle an.

Der angesagte Wind kommt schon nach zwei Stunden und soll auch die meiste Zeit plus/minus zehn bis fünfzehn Grad aus West kommen. Da er nach Osten muss, ist es ein Kurs „platt" vor dem Wind. Mit Groß- und Vorsegel oder Gennaker kann Kummer aber Kurse zwischen 160 und 180 Grad nicht fahren. Das geht nur mit einem Spinnaker. Kummer hat zwar zwei Spinnaker (155 und 180 qm) extra für die Reise gekauft - und auch alle Schoten und Rollen dabei. Aber die Lagoon 46 hat vorne an den Rümpfen keine Ösen für Spinnakerrollen. Dazu muss man wissen, dass man auf Katamaranen den Spinnaker mit vier Schoten fährt, zwei auf jeder Seite, jeweils einen Niederholer vorn und eine Achterschot. Also bleibt Kummer nichts anderes übrig, als vor dem Wind zu kreuzen.

Mit Groß und Fock geht es zunächst bei 22 Knoten Wind gut voran, allerdings lässt der Wind in der ersten Nacht nach. Die Blu wird immer langsamer. Kummer muss befürchten, dass er das günstige Wetterfenster nach Messina und dann über das Ionische Meer nach Griechenland verpassen könnte. So entscheidet er sich um 3.30 Uhr, mitten in der Nacht, den Gennaker zu setzten. Das hat er zwar schon öfter gemacht, allerdings mit Crew, diesmal ist er allein an Bord. Und jetzt soll die Premiere also ausgerechnet in rabenschwarzer Nacht stattfinden. Viele Segler scheuen die großen Tücher bei Nachtfahrten, Kummer kann die Bedenken diesbezüglich nicht teilen. Da die Lagoon eine kräftige Deckslampe am Mast hat, die das Vorschiff wie ein Fußballstadion bei Nacht ausleuchtet, ist es im Grunde nichts anderes als tagsüber. Er muss sich nur konzentrieren.

Da er mit der Kombination Reff 3 im Großsegel plus Gennaker sehr gute Erfahrungen gemacht hat, wählt er diese Kombination. Auch wenn das für den Skipper eine Menge an Arbeit bedeutet. Erst muss Kummer das Groß reffen, dann den Gennaker setzen. Schritt für Schritt geht er das Manöver in Gedanken durch, überlegt, wo was passieren kann, um auf eventuelle Probleme vorbereitet zu sein. Das Manöver hat er schon oft durchgeführt, aber eben noch nie alleine. Und alleine kann er entweder auf dem Vorschiff sein oder auf der Flybridge - und nicht an beiden Positionen zugleich.

Kummer entscheidet sich dafür, dass er den Gennaker, der sich im Bergeschlauch befindet, direkt aus dem Vorpiek hochzieht. Also löst er zunächst das Gennakerfall, geht zum Bug und befestigt es in der Nähe des Vorpieks. Als nächstes öffnet er die Luke, kramt nach dem Top des Bergeschlauchs und schäkelt das Fall an. Jetzt muss er vorsichtig das Fall und damit auch den Bergeschlauch samt Gennaker von der Flybridge aus in den Mast ziehen. Über die seitliche Treppe ist er schnell vom Bug auf der Flybridge. Mit der Elektrowinsch zieht er das Segel zunächst nur ein paar Meter in den nächtlichen Himmel, dann eilt er wieder zum Bug, um zu sehen, ob der Schlauch sich irgendwo verhakt oder verdreht. Der kritischste Moment bei dem Manöver ist, wenn der Schlauch ganz aus dem Vorpiek kommt. Zum einen hat der Bergeschlauch unten einen Kunststoffring, der sich am Rahmen des Vorpiekluks verhaken kann, zum anderen ragen aus dem Schlauch Teile des dünnen Tuchs und die Schoten wie Tentakel bei einer Qualle heraus, die sich leicht an einer scharfen Stelle, oder einem Splint an der Reling verheddern und reißen können. Gefühl und ein gutes Timing sind daher notwendig. Besonders mit einer elektrischen Winsch, die die Kraft von zehn Bodybuildern hat, ist die Gefahr groß, das dünne Tuch zu schreddern, sollte es sich verhaken. Kummer befestigt, bevor der Bergeschlauch komplett durchgesetzt ist, die Leine auf der Klampe in der Mitte des Trampolins so, dass, wenn er den Gennaker hochzieht, alles möglichst frei von der Reling läuft. Dann hievt er vorsichtig das Unterliek des Tuchs aus dem Vorpiek, der vordersten Luke im Bug, legt es auf das Trampolin und eilt zur Flybridge, um das Fall durchzusetzen.

Kummer ist erleichtert. Alles klappt so, wie er sich das vorgestellt hat. Jetzt muss nur noch der Niederholer am Auge des Vorlieks angebracht und die Schot angeschäkelt werden. Während der ganzen Zeit ist Kummer unter Großsegel und Autopilot gesegelt, bewusst ohne Motor. Gerade beim Solosegeln ist die Gefahr, dass eine Leine in die Schraube kommt, viel größer, als der kleine Vorteil einer größeren Geschwindigkeit und damit eines geringeren scheinbaren Winds. Aber jeder Segler hat da seine eigene Philosophie. Kummer kontrolliert noch einmal alles, dann setzt er das Fall so durch, dass die Vorliekspannung dem entspricht, wie er den Gennaker segeln möchte.

Nachdem alles vorbereitet ist, muss er „nur" noch den Bergeschlauch in den Mast ziehen, dabei entfaltet sich das Segel wie ein Ballon. Das ist der zweite kritische Moment. Denn wenn der Gennaker nicht sofort richtig steht, kann er sich um das Vorstag wickeln oder in den Wanten oder Salingen verhaken. Noch einmal geht Kummer das Szenario im Kopf durch, dann atmet er tief durch und legt los. Intuitiv will er das Kommando zum Manöver geben. Er muss lächeln. Aber wer sollte es hören? Er ist ja schließlich allein an Bord. Also zieht er den Bergeschlauch möglichst schnell und gleichmäßig in die Höhe, bis zur Hälfte, die restlichen Meter übernimmt der Wind. Sobald er das Segel füllt, bläht es sich auf und der Schlauch schiebt sich automatisch gen Himmel. Kummers erstes Gennakermanöver als Soloartist klappt einwandfrei. Allerdings sind auch die Bedingungen nahezu perfekt. Der Wind weht mit 16 Knoten moderat, die achterliche Welle ist zwar um die zwei Meter hoch, aber dafür lang. Die Blu schaukelt nicht auf dem Meer, sie wiegt sich beschaulich in den Wogen. Sobald der Gennaker steht, nimmt die Blu rasant Fahrt auf, beschleunigt auf 7,5 Knoten. Glückshormone schießen durch Kummers Körper, die Anspannung weicht purer Freude. Müsste sich der Professor selbst benoten, er würde sich eine Eins geben.

Zufrieden stellt er den Autopiloten auf Windsteuerung ein, geht in den Salon und stellt sein iPhone auf den 15 Minuten Weckrhythmus. Auf den Salontisch, nur eine Armlänge entfernt, legt er das iPad, das den Kartenplotter spiegelt und ihm zeigt, ob sich andere Schiffe nähern und er auf Kurs ist. Dann legt er sich selbst ab. Er könnte auch die Sitzecke um den Tisch zu einem großen Nachtlager umgestalten, aber die Bank reicht dem Leichtgewicht vollkommen aus. Kaum liegt er, fallen Kummer auch schon die Augen zu. Jetzt sind es noch zwölf Minuten, bis der Wecker wieder ertönt. Kummer stört das nicht. Er ist wie in einem Trancezustand, wird gar nicht richtig wach. Ertönt der Alarm, zieht er sich mit der rechten Hand an der Lehne in die Waagerechte. Der erste Blick geht durch die großen Salonfenster zum Bug. Er schaut zum Gennaker, und was er sieht, gefällt ihm. Das große Segel steht gut. Dann lässt er den Blick schweifen, einmal 360 Grad. Er muss sich nicht einmal bewegen, um in jede Richtung zu spähen, überall sind Fenster wie in einem Glaspalast. Als letztes checkt er den Plotter auf seinem Tablet, informiert sich über Kurs und Geschwindigkeit, hält Ausschau nach den kleinen Dreiecken, die andere Boote darstellen. Leuchten sie grün, ist alles gut, nur wenn sie rot blinken, muss Kummer handeln. Dann ist er auf Kollisionskurs. Stehen die Segel gut im Wind, stellt er den Wecker auf die nächste Viertelstunde - und legt sich wieder hin.

Die ersten beiden Kontrollen in dieser Nacht sind in Ordnung, aber nach 45 Minuten ändert das Boot unter Windsteuerung stark den Kurs. Kummer schreckt aus dem Schlaf. Der Wind muss gedreht haben. Er geht auf die Flybridge, beobachtet einige Minuten das Wetter, um herauszufinden, ob es sich um eine permanente Winddrehung handelt. Alles spricht dafür. Kummer sieht in den herrlichen Sternenhimmel, am Firmament glitzert und blitzt es, keine Spur von einer Wolke, die die Winddrehung verursacht haben könnte. Wie es aussieht, wird Kummer in dieser Nacht neben dem Solo-Gennaker-Setzen auch noch eine weitere Einhand-Premiere feiern: Halsen! Dabei gilt das gleiche wie beim Segelsetzen. Zunächst alle Schritte mental durchgehen, alle möglichen Gefahren und Fehlerquellen analysieren, um dann sorgfältig das Manöver durchzuführen.

Zum Halsen muss Kummer zunächst den Gennaker einholen, in dem er das empfindliche Tuch in den Bergeschlauch stülpt. Dazu muss er die Schot langsam so weit fieren, dass er den Korb nach unten ziehen kann. Ist zu viel Druck auf dem Segel, ist das unmöglich. Sobald das Segel im Schlauch gesichert ist, befestigt Kummer das untere Ende am Bug, damit er nicht hin und her schlägt. Dann geht er auf die Flybridge, ändert den Kurs und fährt die Halse kontrolliert nur unter Großsegel. Dann beginnt das Prozedere am Bug von vorne. Er muss den Bergeschlauch vor dem Vorstag auf die andere Seite führen. dann tauscht er die Gennakerschot von Backbord nach Steuerbord. Wenn alles vorbereitet ist, zieht er den Schlauch wieder in den Himmel, auf dass das Segel sich entfalten kann. Jetzt noch das Segel trimmen, dann ist Zeit für die nächste Mütze Schlaf im Salon - wenn auch in homöopathischer Dosis.

Beim Solosegen ist neben den seglerischen Fähigkeiten und der genauen Planung auch die Verpflegung enorm wichtig. Auch wenn Kummer jetzt allein an Bord ist, zaubert er in der Küche, scheut keinen Aufwand am Herd. Einerseits lockert Kochen den Alltag auf, andererseits will Kummer sich gut und gesund ernähren, um die Anforderungen der kommenden Tage bei bester körperlicher Verfassung zu meistern. Am ersten Tag bereitet er sich mittags Putensteaks mit Grillkartoffeln und Tomaten zu, am Abend kommt der Evergreen „Thunfisch in Salzkruste“ auf den Tisch - ein Leibgericht von Kummer, besonders in Kombination mit einem Glas kühlen Weißwein. Am zweiten Tag isst er den angefangenen spanischen Käse und zum Abendessen deftig Chouriço de Carne, dazu gönnt er sich ein kleines Bier. Kummer hält nichts von den prüden „dry boats“ einiger britisch-amerikanischer Segelfreunde. Kummer hält es an Bord wie an Land - auch während der Fahrt. Mit

Genuss trinkt er zum Essen ein Bier oder ein Glas Wein. Seiner Meinung nach ist Alkohol in kleinen Dosen nicht ungesund. In Maßen beeinträchtigt es auch seine Navigations- und Manöverfähigkeit nicht. Davon ist er überzeugt. Doch mehr als ein Glas zum Abendessen ist auch für ihn tabu.

Achtzig Seemeilen vor Sardinien bekommt Kummer unverhofft Besuch. Ein kleiner Singvogel leistet ihm Gesellschaft auf der Blu und begleitet ihn die nächsten Stunden. Dann fliegt der blinde Passagier, wahrscheinlich froh über die Mitreisemöglichkeit mitten auf dem Meer, wieder davon. Es ist nicht das einzige Mal, dass Singvögel auf ihrem Weg von Afrika nach Europa den Katamaran für kleine oder längere Zwischenstopps nutzen. Der Aberglaube besagt, dass in Vögeln die Seelen der verstorbenen Seeleute weiter leben. Überfliegen sie ein Schiff oder rasten auf ihnen, bringt das Glück.

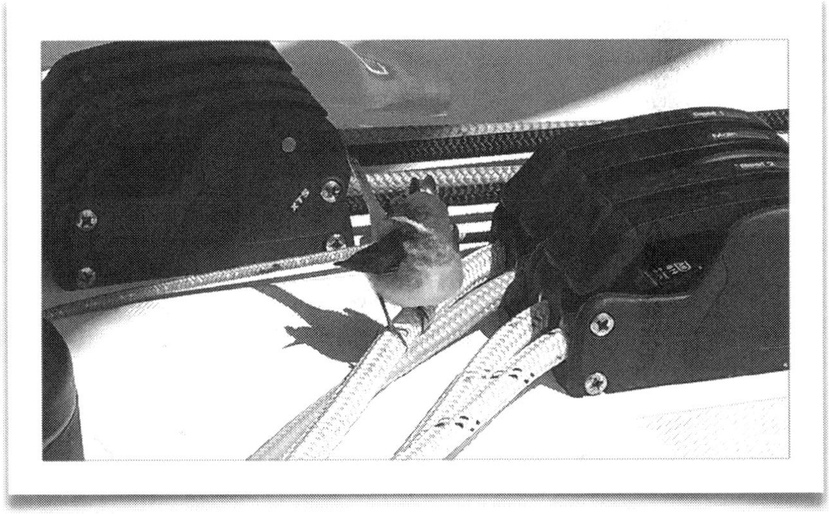

Blinder Passagier: Ein Vogel leistet Kummer Gesellschaft

Sardinien kommt immer näher. In der zweiten Nacht, etwa sechzig Seemeilen vor der Insel, reduziert Kummer die Geschwindigkeit, um nicht zu früh in die Nähe der Küste zu kommen. Er segelt nicht mehr mit Gennaker, sondern mit dem

Vorsegel. Vierzig Seemeilen vor der Küste stellt er seinen Wachrhythmus auf zehn Minuten um. Kummer ist lieber übervorsichtig, als später die Quittung für Leichtsinne zu bekommen. Im Zweifel zieht er immer die sichere Variante vor. Etwa zwanzig Seemeilen vor der Küste schläft er gar nicht mehr. Der Lohn dafür ist ein fantastischer Sonnenaufgang in allen Facetten von Rot. Kummer genießt den Moment. Die Stille, die Natur, das Alleinsein. Und dann ist da dieser Duft. Das Meer riecht plötzlich anders. Unter vollen Segeln stampft die Blu im Morgengrauen durch die Wellen. Erst scheint es, als wären da graue Wolken, die am Horizont kleben und nur darauf warten, von der Sonne aufgelöst zu werden. Aber mit jeder Minute erheben sie sich weiter aus dem Meer, nehmen Kontur und Farbe an und werden zu Stein. Sardinien!

Voraus liegen die beiden kleinen Inseln, ganz im Süden der Westküste Sardiniens: die Isola di San Pietro und Isola di San Antonio. Kummer freut sich auf die Schönheit der Inseln, von der er schon so viel gehört hat. Von dort ist es nicht mehr weit bis zur Südspitze Sardiniens, wo der Skipper bereits eine schöne und gut geschützte Bucht zum Ankern ausgemacht hat. Schade nur, denkt Kummer, dass er wegen der Ausgangssperre nicht an Land gehen kann. Ganz Italien ist eine No-go-area für den Segler, alle Häfen sind gesperrt und niemand darf einreisen. Trotzdem ist Kummer guter Dinge. Die erste Solopassage über zwei Tage und zwei Nächte hat er problemlos gemeistert.

Nur der Blick auf die Wettervorhersage trübt seine Stimmung. Mittlerweile ist Donnerstag, der 12. März, und die Wetter-App ist tiefblau: Flaute! Und dann, in den kommenden Tagen, wenn die Farbe über dem Ionischen Meer erst auf grün und dann zu gelb und rot wechselt, weht der Wind ausgerechnet aus Ost. Genau gegen an. „Schauen wir mal“, denkt Kummer. Er lässt sich nicht aus der Ruhe bringen. Er weiß, dass die Wetterberichte sich schwertun mit allen Prognosen, die weiter als drei Tage in der Zukunft liegen. Und wenn der Wind wirklich entgegen der vorherrschenden Windrichtung aus Osten weht, dann ist es eben so. Was soll er sich sorgen? Das ist ja gerade, was Segeln ausmacht, das Leben mit und in der Natur. Und die ist manchmal launisch.

Kummer genießt den Augenblick, die Fahrt entlang der Küste, vorbei an der kleinen Insel San Pietro mit dem pittoresken Hafen von Carloforte. Auch, wenn er nicht anlegen darf, ist die Fahrt durch das türkisfarbene Wasser ein Geschenk. Schon seit zwei Tagen hat er über VHF Kanal 16 die Warnung vor einem gestrandeten Schiff an der Südspitze der Isola di San Antonio gehört, also direkt auf seinem Weg. Als er an dem Frachter vorbei fährt sieht er, dass es ein altes Frachtschiff ist, dass dort offensichtlich leer gestrandet ist. Kummer fragt sich, ob es wirklich der schwere Sturm war, der das Schiff dorthin gebracht hat, oder ob nicht vielleicht die Eigentümer froh waren, das Schiff zu verlieren? Um die Küste Sardiniens liegen jedenfalls auffällig viele Wracks. Kummer schmunzelt. „Wie viele alte, gut versicherte Schiffe wohl darunter sind?"

Der Wind ist fast eingeschlafen, trotzdem setzt Kummer noch einmal den Gennaker und gleitet den ganzen Nachmittag entspannt entlang der Südküste Siziliens. Die Ankerbucht Porto Malfatano, sein Ziel für die kommende Nacht, ist nur zwanzig Seemeilen entfernt. Er hat also keine Eile und genießt das Segeln.

Als er gerade die Südspitze Sardiniens, das Cap Teulada, immer noch bei wenig Wind unter Gennaker umrundet, sieht er vom Meer kommend ein Schnellboot. Wenig später erkennt er, dass es die „Guardia Costeria", die italienische Küstenwache ist. An Deck stehen drei Polizisten, alle mit Masken. Sie fordern Kummer auf, zu stoppen, also holt er den Gennaker ein. Nachdem er ihnen auf Italienisch erklärt, dass er den Katamaran von Frankreich in die Türkei überführe und er seine Crew auf den Balearen abgesetzt habe, aufgrund der Sperre von Italien, lassen sie ihn passieren, aber nicht ohne die Warnung, sollte er an Land festmachen, dann müsse er für vierzehn Tage in Quarantäne.

Kummer ist sich nicht sicher, ob die Anordnung auch für das Ankern in der von ihm ausgewählten Bucht gilt. Zwei Wochen in Quarantäne möchte er aber nicht riskieren, also entscheidet er sich, weitere zwei Tage und zwei Nächte nach Sizilien durchzusegeln. Körperlich fühlt er sich in einer guten Verfassung. Die Nachtwachen haben ihm weniger zugesetzt, als er befürchtet hatte. Und Kummer ahnt, dass er sich beeilen muss. Vielleicht werden schon bald andere Länder dem Beispiel Italiens folgen. Vorher will er unbedingt die Blu in der Türkei abgeliefert und gegen die Lagoon 450 getauscht haben, um mit ihr wieder in die EU einzureisen. Wenn der Wind gut steht, würde er am liebsten direkt bis nach Griechenland segeln. Sicher ist sicher. Als sich die Küstenwache mit großer Bugwelle wieder entfernt, setzt Kummer den Gennaker erneut. Bis in den frühen Abend macht er einigermaßen gute Fahrt, dann schläft der Wind ein. Kummer schmeißt die Maschine an. Mit 5,5 Knoten Fahrt nimmt die Blu Kurs auf die Straße von Messina. Statt einer erholsamen Nacht vor Anker auf Sardinien, richtet sich Kummer auf weitere zehrende Nachtfahrten im 15-minütigen Schlaf-Wach-Modus ein. Aber er liebt ja Herausforderungen.

Tanz vor dem Vulkan

Am nächsten Morgen, auf dem Weg Richtung Sizilien, brist der Wind wieder auf. Das erneute Segel setzen ersetzt den Frühsport. An Langeweile leidet Kummer jedenfalls nicht. Bei zehn bis elf Knoten Wind macht die Blu mit Vorsegel und Großsegel bei fünfzig Grad zum wahren Wind gute Fahrt. Der Katamaran läuft bis zu fünfeinhalb Knoten über Grund (SOG), durchs Wasser sogar sechs. Ein leichter Strom bremst die Fahrt ein wenig. Es ist wie verhext. Gegen 14 Uhr schwächt sich der Wind erneut ab, außerdem dreht er zu Kummers Ungunsten. Zunächst segelt er mit Motorunterstützung, dann nimmt Kummer die Segel komplett weg. Wie vorhergesagt ist es den ganzen Nachmittag und die Nacht schwachwindig.

Die größte Unterstützung auf seinem Solotrip ist der Autopilot, der die fehlende Crew zumindest in Teilen ersetzt. Wenigstens was das Steuern anbelangt. Der Autopilot verfügt über unterschiedliche Modi. Beim Segeln verwendet Kummer fast immer die Windsteuerung, die das Boot auf einem bestimmten Winkel zum Wind hält. Perfekt für das sichere Segeln unter Gennaker, aber auch auf Am-Wind-Kursen. Hat Kummer die Segel einmal getrimmt, muss er sich um die Segelstellung nicht mehr kümmern. Die Kursabdrift bei potenziellen Winddrehern fällt nicht so sehr ins Gewicht. Unter Motor wählt Kummer die Funktion „Navigation", hier folgt der Autopilot einer festgelegten Route und ändert an definierten Wegpunkten entsprechend den Kurs. Ein wesentlicher Vorteil ist, dass Störung und Abdrift vom Computer ausgeglichen werden und das Schiff dadurch immer den Kurs über Grund fährt, der vorgegeben wird.

Am Sonntag, es ist der 15. März, wird Kummer wieder mal mit einem wunderschönen Sonnenaufgang bei Ustica, der ersten Äolischen Inseln belohnt. Der Name Äolische Inseln kommt vom Windgott Aeol. Dieser schenkte Odysseus einst einen Sack voller Wind, um gut nach Ithaka zurücksegeln zu können. Doch Odysseus' Crew war neugierig und vermutete in dem Sack einen Schatz. Als sie ihn öffnete, war das Unglück nicht mehr abzuwenden. Die Winde traten aus und trieben Odysseus und sein Schiff in die falsche Richtung, weg von seiner Familie.

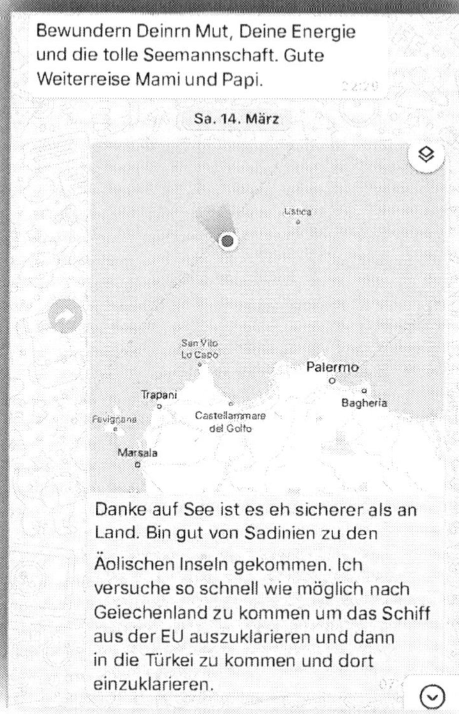

Kummer kennt die Geschichte aus der Odyssee und weiß, dass die Windbedingungen bei der Inselgruppe, die auch als Liparische Inseln bekannt sind (Lipari ist die Hauptinsel), häufig herausfordernd sind. Die Wetterberichte sind sich einig, dass ein starker Levante, also ein Ost- bis Nordostwind, in den kommenden Tagen aufziehen wird. Kummer hat auf den üblichen Meltemi aus Nord-, Nordwest- oder Westwind gebaut, der ihn problemlos zu seinem Ziel wehen würde. Er muss also schnell sein, um es noch vor der angekündigten Starkwindphase mit den ungünstigen Ostwinden über das Ionische Meer zu schaffen.

Wenn er schnell genug ist, dann kann er noch die derzeitigen Nordwinde in der Straße von Messina ausnutzen, die ihn auch mit halbem Wind über das Ionische Meer nach Griechenland bringen würden. Das wäre perfekt. Das einzige Problem: Dieses Szenario hat ziemlich viele Konjunktive. Zwischen Ibiza und Mallorca war ihm der Ritt auf der Rasierklinge perfekt gelungen. Aber da war das Zeitfenster auch überschaubar. Die vor ihm liegende Passage ist deutlich länger. Und das Risiko, dass er langsamer als erhofft ist, deutlich größer. Hinzu kommt, dass die Wetterprognosen, je länger sie in die Zukunft reichen, ungenauer werden.

Am Abend checkt Kummer erneut die vier verschiedenen Wettermodelle, die alle zwölf Stunden aktualisiert werden. Erst dann will er eine Entscheidung treffen. Bereits am Nachmittag hatte ihm eine Freundin eine Wetterwarnung geschickt. Und die scheint sich zu bewahrheiten. Die Wettermodelle haben sich einheitlich verschlechtert. Der Ostwind soll nicht nur früher einsetzen, er soll auch noch an Kraft zulegen. Der erste Teil der 350 Seemeilen von den Liparischen Inseln bis zur Peloponnes, die vor Kummer liegen, dürfte noch kein Problem sein. Doch dann wird es stürmisch. Und unangenehm. Kummer ist hin- und hergerissen. Einerseits würde er gerne eine Nacht ausschlafen und gestärkt die große Etappe in Angriff nehmen. Aber andererseits weiß er, dass die Zeit drängt. Schließlich ist für ihn in Göcek die Reise noch lange nicht beendet.

So gerne er den Sturm in einer sicheren Bucht abwarten würde, die Wetterprognose hält auch danach keine positiven Nachrichten für ihn bereit. Denn nach dem Sturm kommt die Flaute. Und nichts hasst Kummer mehr, als tagelang mit Motor fahren zu müssen, selbst wenn er genügend Treibstoff an Bord hat. Wie er sich auch entscheidet, in einen sauren Apfel wird er beißen müssen.

Gegen Mitternacht erreicht die Blu die Meerenge zwischen den Inseln Lipari und Vulcano, die in der Seekarte als „Boco di Vulcano“ bezeichnet wird - als „der Schlund des Vulkans“. Der

Schlund ist in der Tat relativ eng, wodurch ein Düseneffekt entsteht. Kummer kommt das ganz gelegen, da er immer noch segelt. Wie auf dem ganzen Weg, so ist auch hier so gut wie kein Schiffsverkehr. Nicht einmal Fischer sind unterwegs. Kummer nutzt die Gelegenheit, um seiner Familie zu schreiben: „Das Segeln ist fast gespenstisch. Keine Fischer, und was noch besser ist, keine Netze. Der Fährverkehr in der Straße von Messina soll auch nachts eingestellt sein. Habe gerade die Meerenge zwischen Lipari und Vulcano passiert."

Um 1 Uhr knackt und knistert es aus dem Funkgerät. Auf Kanal 16 warnt der italienische Wetterdienst vor einem Sturm. Kummer bekommt ein mulmiges Gefühl, geht in den Salon und ruft noch einmal die neusten Wetterdaten ab, checkt am Plotter die Entfernungen. Der vorhergesagte Wind ist wirklich grenzwertig. Hinzu kommt, dass die Prognosen nur die durchschnittliche Windstärke anzeigen. Oft sind die Böen viel stärker und selbst die durchschnittliche Geschwindigkeit ist oft höher als vorhergesagt. Kummer greift ins Bücherregal, zum Segelhandbuch „Rod Heikell: Italian Water Pilot". Er sucht die Beschreibungen zu den Liparischen Inseln. Dann findet er, worauf er gehofft hat. Auf Vulcano soll es zwei Buchten geben, die relative Sicherheit versprechen. Kummer widerstrebt es innerlich, sechs Seemeilen zurückzufahren und zwei Tage lang den Starkwind abzuwettern. Auch wird er wegen der anschließenden Flaute im Ionischen Meer wahrscheinlich noch einmal einen weiteren halben Tag einbüßen, aber alles Lamentieren hilft nichts. „Safety first", predigt Kummer immer, wenn er mit Crew segelt. Da niemand außer ihm an Bord ist, ermahnt er sich selbst zu dem wichtigsten Leitsatz, den es an Bord gibt. Als Professor in China kennt er natürlich auch die Weisheiten von Konfuzius. Und der sagt:

Wenn Du schnell sein willst, musst Du langsam gehen!

Kummer wiegt noch einmal alle Vor- und Nachteile ab, auch wenn er innerlich bereits eine Entscheidung getroffen hat. Ein Sturm mit schweren Gewittern ist definitiv keine Option.

Er will den Katamaran keiner unnötigen Gefahr aussetzen - und ganz nebenbei - sich selbst auch nicht. Auch hat er seit dem Ablegen in Frankreich eines gelernt: Nicht nur die Welt spielt angesichts Corona verrückt, sondern auch das Wetter. Die klassische Westwindlage im Mittelmeer hat er auf dieser Reise kaum erlebt. Und wer weiß, welche Überraschungen noch auf ihn warten?

Kummer geht auf Gegenkurs, stellt den Autopiloten auf Windwinkel 0 Grad ein. Die Blu dreht in den Wind, die Segel flattern. Kummer rollt das Vorsegel ein und holt das Großsegel runter. Mittlerweile laufen die Manöver wie automatisch. Kaum hat er den Kurs geändert, sind auch die letzten Zweifel an seiner Entscheidung verflogen. Kummer freut sich auf eine sichere Ankerbucht und mehr noch auf den verdienten Schlaf. Zwei Tage Pause und Relaxen werden ihm guttun. Doch sogleich ermahnt er sich wieder, sich nicht von dem Hochgefühl dazu verleiten zu lassen, seine Konzentration zu verlieren. Noch liegt die Blu nicht vor Anker. Da Wind und Schwell eher aus Westen kommen, wählt Kummer die östliche Bucht „Porto di Levante" für seinen Zwischenstopp. Im Revierführer steht, dass er zwischen dem Bojenfeld und der Kaimauer des Fähranlegers ankern soll. Kummer ist zwar nicht skeptisch, aber durchaus gespannt. Eine Stunde später, mitten in der Nacht, läuft die Blu in die Bucht ein. Der Fähranleger liegt an Backbord und ist einigermaßen gut beleuchtet. An Steuerbord sieht Kummer eine unbeleuchtete Segelyacht, die an einer Mooringboje liegt. Von der muss er sich freihalten, da sie einen deutlich geringeren Schwoikreis als er vor Anker hat. Mit Scheinwerfer und Kartenplotter tastet sich Kummer in die Mitte zwischen der Yacht und dem Fähranleger vor. Auf sechs Meter Tiefe prasselt der Anker. Beim ersten Versuch liegt die Blu gut, aber mit vierzig Meter Kette kommt sie für seinen Geschmack zu nah an die Yacht. Es nützt nichts, um gut schlafen zu können, muss Kummer das Manöver wiederholen. Er holt den Anker wieder ein, um ihn erneut zwanzig Meter weiter fallen zu lassen. Kummer fährt den Anker im Rückwärtsgang ein, die Kette spannt sich, der Anker gräbt sich in den Grund. Kummer ist zufrieden. Der Anker hält perfekt, der Abstand zu Yacht und Fähranleger scheint optimal. Er schreibt noch eine Nachricht an die Gruppe „Mit Kummer ohne Sorgen“, damit seine Familie weiß, dass es ihm gut geht. Dann geht er in seine Koje und schläft zufrieden ein.

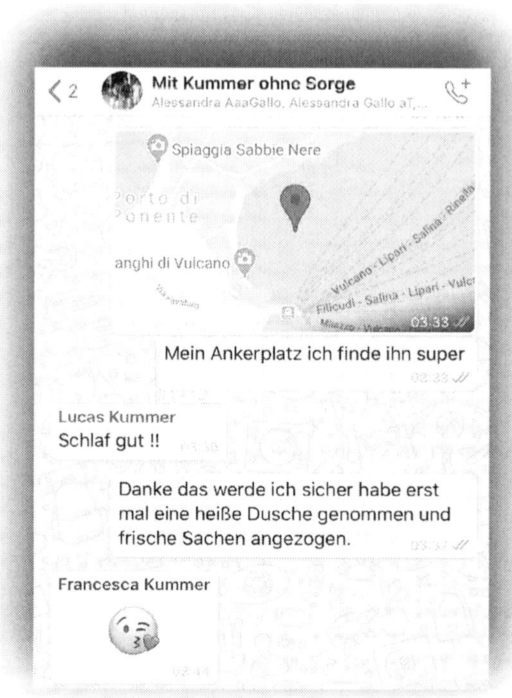

Als Kummer am nächsten Morgen aufsteht, ist er immer noch zufrieden mit seiner Entscheidung. Eine Nacht durchgängiger Schlaf hat Wunder gewirkt. Er fühlt sich viel fitter als zuvor und das Boot liegt perfekt. Es soll der erste völlig entspannte Tag auf seinem Soloabenteuer werden. Nach dem Frühstück räumt Kummer das Boot auf, die Zeit vergeht dabei wie im Flug. Dann surft er ein wenig im Internet. Das, was er da zu lesen bekommt, schockiert ihn. Jetzt hat auch Griechenland alle Häfen geschlossen. Selbst in Deutschland überschlagen sich die Ereignisse. Sein Bruder schreibt ihm, dass er das Fitnessstudio, das er in Unna betreibt, schließen muss. „Mal schauen, was noch so alles kommt“, schreibt der Bruder.

„Oh ja", denkt Kummer. Erst jetzt, wo er ein wenig zur Ruhe kommt, übermannt ihn die Müdigkeit. Am Nachmittag döst er ein wenig im Cockpit, nach dem Abendessen fällt er ermattet ins Bett.

Am nächsten Morgen steht Kummer gewohnt früh auf. Um 6.30 Uhr rasselt bereits die Ankerkette bei wunderschönem Licht in den Kasten. Kummer hat sich entschlossen, die Blu in die gegenüberliegende Bucht auf der Westseite der Insel zu bringen. Der Wind beginnt bereits zu drehen, aber noch ist er schwach, im Laufe des Tages soll er aber deutlich auffrischen. Die neue Bucht ist besser gegen Ostwind geschützt, da will er hin.

Kummer genießt die Fahrt um die Halbinsel Vulcanello mit den spektakulären Ausblicken auf die Felsen von Lipari und den Vulkan von Vulcano, dessen Schwefelschwaden man bereits von weitem sieht und riecht. Die Einfahrt der Bucht ist durch schöne Felsformationen eingerahmt. Die Blu läuft auf den langen Sandstrand zu, an dessen Rand eine Hotelanlage und Ferienhäuser liegen. Das Wasser ist so klar, dass Kummer den Boden sehen kann. Der Sand ist perfekt für den Anker. Kummer ankert fast in der Mitte der Bucht auf 3,5 Meter Tiefe und legt mindestens 35 Meter, eher 40 Meter Kette. Platz ist reichlich vorhanden - und sicher ist sicher. Auch weiß er nicht, wie stark der Wind zulegen wird. Draußen, auf dem Meer, tobt bereits der Sturm, drinnen in der sicheren Bucht, nutzt Kummer den Tag, seine Fotos und Videos zu sichten. Er entdeckt das Programm iMovie und lernt, damit Videos zu schneiden. Noch am Vormittag gibt Kummer ein Skype-Interview für die ORF-Sendung ECO. Thema ist Kummers Situation beim Törn, kombiniert mit Fachfragen zu den Herausforderungen der Logistik. Kummer lädt einige Videos in seine Dropbox, damit die Redaktion daraus einen Beitrag schneiden kann. Es wird ein sehenswerter Bericht, für den Kummer viel positives Feedback bekommt. Auch Ö1 meldet sich daraufhin. Der Radiosender fragt nach einem längeren Interview zu den Auswirkungen der Coronakrise auf den Handel. Kummer vertritt die These, dass die Versorgungslage in keiner Weise gefährdet ist und die Hamsterkäufe in Österreich und Deutschland nur ein kurzfristiges Phänomen sein werden. Ausgestrahlt wird der Beitrag ausgerechnet an dem Tag, an dem die Ausgangssperre in Österreich verkündet wird.

Seinen unverhofften Tag „Urlaub" nutzt Kummer auch dazu, sich intensiv, aber mit einem wohltuenden Abstand, über die Corona-Situation weltweit zu informieren. Und natürlich um seine Weiterreise zu planen. Er telefoniert mit Volkan, dem Stationsleiter von Pitter-Yachting in Göcek und offiziellen Eigner der Blu. Die beiden kommen überein, dass es das beste sei, Kummer würde sich um ein „Sailing Permit" kümmern, mit dem er die griechischen Gewässer passieren kann, ohne ein- und auszuklarieren. Dadurch würde er Zeit gewinnen. In der Türkei würde Volkan unterdessen einen fliegenden Wechsel organisieren. Das Pitter-Team soll die Sunce 2 an einen Ort bringen, wo sie die beiden Katamarane tauschen können, anschließend soll Kummer umgehend mit seiner neuen Crew nach Kroatien segeln. Noch ist die Einreise in die Türkei kein Problem.

Dank eines sehr guten LTE-Empfangs in der Bucht, beantragt Kummer sofort online das besagte „Sailing Permit" für Griechenland. Die Prozedur gestaltet sich komplizierter als gedacht. Die griechischen Behörden wollen alle möglichen und unmöglichen Informationen, bis hin zu den Vornamen von Kummers Eltern. Doch schon wenige Stunden später hat Kummer die erforderliche Erlaubnis zu seinem Vorhaben in der Tasche. Das Segeln in Griechenland scheint gesichert. Bereits um 20.30 Uhr legt sich Kummer ermattet, aber zufrieden in seine Koje. Mehrmals wird er in der Nacht wach. Der Sturm pfeift in den Wanten, für Kummer klingt es wie Musik. Der Anker hat sich tief eingegraben, außerdem hat er wieder viel Kette gelegt. Die Blu liegt sicher. Also döst er wieder ein.

Hallo Hellas!

Wie gewohnt weckt Kummer die aufgehende Sonne. Aus dem großen Fenster seiner Kajüte im Backbord-Rumpf macht er Fotos und postet sie an Freunde und Familie. Es sind Fotos, die neidisch machen. Wie aus einem Bilderbuchurlaub oder einem Katalog für den nächsten Sommerurlaub. Blauer Himmel und glasklares Wasser rahmen eine atemberaubende Kulisse ein. Der Text, den Kummer dazu schreibt, will aber gar nicht zu dieser Traumkulisse passen. Er zeigt vielmehr, worum in der Nacht seine Gedanken kreisten: *„Passt auf euch auf, unterschätzt das Virus nicht, die Gefahr ist real und viele Informationen werden gegeben, damit keine Panik ausbricht. China ist seit fast drei Monaten im Krisenmodus und es wird erst langsam besser. Es wird in Europa mindestens vier, eher mehr Wochen brauchen (ich rechne mit sechs Wochen).“*

Mit dieser Einschätzung wird Kummer Recht behalten, die Lockdown-Maßnahmen in Österreich und Deutschland werden ziemlich genau so lange dauern. Was er sich aber nicht vorstellen kann und völlig falsch eingeschätzt, sind die Reiserestriktionen.

Kummer frühstückt gemütlich und ruft um 7 Uhr den neuesten Wetterbericht ab. Die Straße von Messina ist ein weiterer navigatorischer und natürlich auch geschichtlicher Höhepunkt der Reise. Schon in der Antike war die Seestraße wegen der starken Strömungen berüchtigt. Am Vortag hat Kummer gesehen, dass derzeit gegen Spätnachmittag die Tide in der Straße von Messina wechselt. Ab 15.30 Uhr dreht der Strom, so dass er nach Süden läuft. Perfekt für ihn. Auch das Wetter entwickelt sich positiv. Am Vormittag ist noch Ostwind vorhergesagt, der aber langsam auf Süd drehen soll. Es sieht aus, als könne Kummer, nachdem er die Straße von Messina durchquert hat, die Segel setzen. Zumindest vorübergehend. Dann kommt die Flaute. Der Wetterprognose nach wäre eine Abfahrt in der Bucht gegen 12 Uhr perfekt. Erst motoren, dann segeln. Allerdings möchte Kummer die Motoren schonen, also überlegt er, eher aufzubrechen, um zunächst zwischen den Liparischen Inseln zu kreuzen, ehe der Strom in der Straße von Messina gegen 17 Uhr zu seinen Gunsten steht. So lichtet er am 17. März, dem Tag, an dem die österreichische Regierung die Ausgangssperre verkünden wird, um 9 Uhr bei strahlendem Sonnenschein den Anker.

Kurz nach dem „Boco di Vulcano", den Schlund, den er nun das dritte Mal passiert, setzt er Groß- und Vorsegel. Um 9.30 Uhr verstummt der Motor. Kummer hört das sanfte Plätschern an den Rümpfen, die leichten Wellen, das Rauschen des Meers. Es klingt wie Musik in seinen Ohren. Der Wind kommt, wie vorhergesagt, mit acht bis neun Knoten aus Osten. Da der Kurs in Richtung Messina 99 Grad beträgt, kommt er zur Zeit quasi direkt aus der Straße von Messina ihm entgegen. Kummer stört das nicht. Er genießt das Alleinsein an Bord, schließlich gibt es niemanden, der sich beschwert, dass der Wind zu schwach ist, oder andauernd fragt, ob und wann der Motor angestellt wird. Kummer freut sich über das beschauliche Segeln in der Sonne, während der Autopilot die Blu hoch am Wind steuert. Zwar läuft der Katamaran nur 2,8 Knoten Fahrt über Grund, aber Kummer hat ja Zeit genug. Erst gegen 16 oder gar 17 Uhr kann er die Meerenge passieren, vorher macht die Passage wegen des. starken Stroms keinen Sinn. Plötzlich sieht Kummer, wie sich ein Schiff mit hoher Geschwindigkeit nähert. Erst befürchtet er, dass es wieder die Freunde der Küstenwache sind, wie zwei Tage zuvor. Das AIS verrät ihm aber, dass das grüne Symbol auf seinem Kartenplotter die Schnellfähre von Lipari nach Vulcano ist, die mit zwanzig bis fünfundzwanzig Knoten über das Meer schwebt. Um die Blu, das einzige Boot auf dem weiten Meer, macht sie aber einen weiten Bogen. Kummer ist erleichtert. Nicht immer weichen die Schnellfähren Sportbooten aus, sondern beharren auf ihren Kurs. Diesmal ist es anders. Kummer fragt sich, was die Besatzung wohl denken mag, in Anbetracht des einzigen Segels weit und breit. Kummer macht zunächst einen kurzen Schlag entlang der Küste von Vulcano, dann legt er zu einem sogenannten „Holeschlag“ Richtung Lipari um. Als alter Regattasegler weiß er, dass vor dem „Boco di Vulcano“ mehr Wind weht - und den möchte er ausnutzen. Außerdem spekuliert er auf einen Winddreher, um dann einen langen Schlag Richtung der Küste von Sizilien segeln zu müssen. Und er behält Recht. Grad um Grad dreht der Wind. Kummer strahlt, seine Rechnung geht auf. So macht Segeln Spaß, auch wenn er unter Motor deutlich schneller wäre. Aber welcher begeisterter Segler würde nicht längeres, schönes Segeln dem stupiden Motoren vorziehen?

Rasmus, der Gott des Windes, scheint Gefallen an dem ambitionierten Segler gefunden zu haben und belohnt dessen Engagement mit einem weiteren Winddreher wider jeder Vorhersage. Eigentlich, so war es prognostiziert, sollte der Wind kontinuierlich Richtung Süden drehen. Stattdessen weht er aus Norden. Und noch etwas freut Kummer. Er erspäht zwei weitere Segel unter Land. Durch das Fernglas kann er erkennen, dass es sich ebenfalls um Katamarane handelt. Der alte Regattafuchs schmunzelt. Sofort hat er wieder den bekannten Seglerspruch im Kopf:

Ein Boot ist ein Boot, zwei Boote sind eine Regatta!

Sein Ehrgeiz ist geweckt. Eigentlich dürften die beiden Katamarane keine Chance gegen die Blu haben. Sie sind weit unter Land, also in Lee, wo der Wind deutlich geringer sein dürfte. Trotzdem scheint es, als ob sie schneller sind als Kummer. Wieder greift er zum Fernglas. Erst jetzt bemerkt er, dass die beiden Kats nur das Groß gesetzt haben. Wahrscheinlich laufen sie unter Motor, haben das Groß nur als Stützsegel gesetzt. So macht Regatta natürlich keinen Spaß. Kummer vermutet, dass es ebenfalls Überführungsfahrten sind.

Die meisten angeheuerten Skipper motoren lieber, weil das Schiff einfacher zu handhaben ist und weniger kaputt gehen kann. Da Kummer mittlerweile 4,5 Knoten Fahrt macht und weiterer Wind angesagt ist, wittert er trotz ungleicher Voraussetzungen seine Chance. Er trimmt die Segel, arbeitet an

Schoten und Traveller, kurbelt und fiert millimetergenau, bis er alles aus der Blu herausgeholt hat. Es nützt nichts, langsam aber sicher ziehen die beiden Katamarane an ihm vorbei. Kummer bedauert, dass die „Regatta“ so ein schnelles Ende findet. Aber er wird sicher nicht bei gutem Segelwind den Motor anschmeißen, zumal der Strom demnächst in die richtige Richtung dreht.

Rasmus scheint an diesem Tag launisch zu sein. Fünfzehn Seemeilen vor der Straße von Messina verliert er das Interesse an Kummer. Ihm geht die Puste aus. Kummer rollt das Vorsegel ein und setzt seine Reise grummelnd mit Großsegel und unter Motor fort. Immerhin die Windrichtung stimmt. Aber schon eine halbe Stunde später meldet sich der Windgott wieder. Es scheint, als habe er nur Luft geholt, denn jetzt pustet er immer kräftiger die Blu vor sich her. Sofort rollt Kummer wieder das Vorsegel aus, stellt die Maschine ab. Auf Backbord-Bug liegend nimmt die Lagoon 46 Fahrt auf. Aus dem Plätschern am Rumpf wird ein Gurgeln, das Kielwasser sprudelt. Die letzten zehn Seemeilen bis zur Straße von Messina läuft die Blu mehr als sieben Knoten. Kummer steht auf der Flybridge, die Straße von Messina voraus, seine weißen Haare wehen im Wind, die Nachmittagssonne wärmt das Gesicht. Segeln kann so schön sein. Selbst die Katamarane, die sich zuvor von ihm unter Motor entfernt hatten, werden wieder größer. Das Trio auf sechs Rümpfen nähert sich kontinuierlich dem Nadelöhr, als Kummer gegen 15 Uhr beobachtet, dass ein Segler vor ihm das Großsegel birgt. Mittlerweile hat es zwar weiter aufgebrist, aber Kummer wundert sich über das merkwürdige Manöver. Erst dann entdeckt er, etwa eine Seemeile voraus, eine Wasserkante. Wie mit einem Lineal gezogen teilt eine gerade Linie das Wasser. Hier hell und ruhig, da dunkel und aufgewühlt.

Kummer ist alarmiert. Als der scheinbare Wind über zwanzig Knoten geht, beschließt er zu reffen - gemäß der Seemannsregel, die er nun schon zum zweiten Mal bei diesem Törn befolgt: „Wenn du das erste Mal ans Reffen denkst, dann musst du sofort reffen“. Das Manöver ist etwas tricky. Der

Wind ist ablandig und weil Kummer mittlerweile weniger als eine Seemeile unter Land segelt, hat er nicht viel Platz für einen Aufschießer. Wie immer geht er jeden Schritt zuvor im Kopf durch, redet mit sich, als habe er eine Crew an Bord. Das hilft, die Gedanken zu ordnen. Es dem anderen Katamaran gleichzutun und die Segel komplett zu bergen, kommt für ihn aber nicht in Frage. Kummer legt Ruder bis die Nadel der Windanzeige 0 Grad anzeigt. Die Blu stampft in der unruhigen See, die Segel schlagen. Zunächst rollt er das Vorsegel ein, holt das Groß bis zum ersten Reff ein, sichert es, überprüft alles, dann geht er wieder auf Kurs und rollt das Vorsegel wieder aus. „Sicher ist sicher", denkt Kummer. 75 Prozent der Segelfläche soll reichen. Und so lässt er ein paar Meter Segel aufgerollt.

Das Manöver klappt reibungslos. Kaum wieder auf Kurs, die Windkante direkt vor ihm, zeigen die Instrumente bereits 30 Knoten scheinbaren Wind an. Da der Wind ablandig weht, steht aber keine Welle auf der See. Die Blu pflügt mit über neun Knoten durch das Meer. Zur Sicherheit verlässt Kummer die Flybridge, um im Salon einen Blick in das Bordhandbuch zu werfen. Er ist beruhigt. Intuitiv hat er alles richtig gemacht. Im Handbuch von Lagoon steht es schwarz auf weiß. Bei 26 bis 30 Knoten Wind empfiehlt der Bootsbauer das „Reff 1" im Großsegel und 75 Prozent Vorsegel. Auf der Karte sieht Kummer, dass er sich genau in der Verlängerung der Straße von Messina befindet. Er vermutet, dass der Düseneffekt zu dem starken Windanstieg geführt hat. Das heißt, je weiter östlich er kommt, um so mehr dürfte der Wind sich auch wieder abschwächen. Doch im Moment fliegt die Blu über das Wasser - und vorbei an dem ersten Katamaran unter Motor. Der zweite hat den Kurs geändert. Statt durch die Straße von Messina zu gehen, segelt er in Richtung der kalabrischen Küste.

Mit jeder Seemeile lässt die Düse nach. Doch in der Einfahrt zur Meerenge bläst der Wind immer noch konstant mit 20 Knoten. Kummer genießt die Rauschefahrt. Kurz vor der westlichen Grenze des Verkehrstrennungsgebietes fährt er eine Wende, um entlang der westlichen Seite zu segeln. Immer noch macht die Blu gute Fahrt. Der Strom saugt den Kat regelrecht in die Meerenge hinein. Der Katamaran, den Kummer überholt hat, versucht es zunächst auf der anderen Seite der Seestraße. Doch dann, als der Skipper wohl bemerkt, wie die Blu an ihm vorbeischießt, ändert auch er den Kurs, kreuzt das Verkehrstrennungsgebiet hinter einem einlaufenden Containerschiff, um Kummer zu folgen. Die Regatta kann fortgesetzt werden, wenn auch nur mit zwei Booten. Nach drei Seemeilen macht das Verkehrstrennungsgebiet einen „Knick". Kummer versucht zunächst näher zum Land zu segeln, geht immer höher an den Wind, den Katamaran unter Motor im Nacken. Doch irgendwann läuft die Blu nicht mehr, der Wind kommt fast direkt auf die Nase. Kummer muss den Kurs wechseln. Er rollt das Vorsegel ein und startet einen Motor zur Unterstützung beim Manöver.

Anders als Kielboote brauchen Katamarane eine gute Geschwindigkeit für die Wende, ansonsten bleiben die Rümpfe in der Welle hängen und das Schiff wird wieder zurück auf den alten Kurs gedrückt. Erschwerend kommt hinzu, dass Wind und Welle mittlerweile gegen den Strom stehen und sich dadurch eine unangenehme See aufgebaut hat. Wie Jürgen Prochnow als „Kaleun" in dem Film „Das Boot" bei einer Sturmfahrt steht Kummer auf der Brücke und wird gebadet. Die Gischt spritzt bis auf die Flybridge. Im März ist das Mittelmeer noch kalt und durch den starken Wind fühlt es sich an wie Eis. Kummer muss da durch. Irgendwie. Aber das Schlimmste, vermutet er, hat er bereits geschafft. Nach Messina wird die Straße wieder breiter, der Strom dadurch geringer und der Düseneffekt weniger. Kummer will versuchen, so bald es möglich ist, auf den anderen Bug zu gehen, damit die Welle eher von schräg vorne kommt. Dann kann er auch wieder segeln. Als Kummer zurückblickt, sieht er, dass der andere Katamaran aufgibt und umdreht. Für Kummer kommt das nicht in Frage. Auch wenn die Situation äußerst unangenehm ist, ist Beidrehen keine Option. Einerseits hätte er dann den Strom gegen an, andererseits wüsste er nicht einmal, wo er die Küste anlaufen könnte, um Schutz zu suchen. In der Gegend gibt es keine guten Ankerplätze und Häfen sind wegen der

Ausgangssperre für ihn tabu. Zudem vermutet Kummer, dass das Schlimmste in einer halben Stunde überstanden sein müsste. Also lautet seine Devise: Augen zu und durch.

Er erinnert sich an das Gespräch mit seinem italienischen Freund Andrea Benini, der bereits bei der Vorbereitung der Reise vor der ruppigen Straße von Messina warnte. Andrea sagte aber auch, dass die Bedingungen mit jeder Seemeile besser würden. Und er sollte Recht behalten.

Kummer motorsegelt zunächst unter Maschine und Groß Richtung Süden, lässt ein weiteres Containerschiff passieren, ehe er das Hauptsegel ausrefft, dann wechselt er auf den anderen Bug und rollt das Vorsegel aus. Auch wenn er kreuzen muss, stellt er den Motor aus. Der Strom hilft ihm immer noch, die Blu segelt knapp an den Saline Joniche vorbei. Aber der Wind wird immer schwächer, so dass Kummer gegen 18.30 Uhr den Motor wieder mitlaufen lassen muss. Die Fahrt verläuft parallel zur kalabrischen Küste bis zum Kap Spartivento. Auch wenn es mittlerweile schon spät ist, muss Kummer wach bleiben. Parallel zur Küste ist viel Verkehr. Für den Skipper ist das Risiko, dass der Autopilot ausfällt und das Schiff auf die Küste geworfen wird, zu groß. Er hofft darauf, dass, wenn er aus der Abdeckung des Festlands nach dem Kap herauskommt und das Ionische Meer erreicht, der Wind wieder besser wird. Die Hoffnung stirbt bekanntlich zuletzt. Und so ist es mittlerweile weit nach Mitternacht, als Kummer sie endgültig begraben muss. Der Wind ist fast komplett eingeschlafen.

Kummer würde es ihm gerne gleichtun. Seine Augen sind bleiern, die Gliedmaßen schwer. Die kalten Gischtduschen haben ihm die Energie aus dem Körper gesogen. Um 1.30 Uhr beschließt er, dass es keinen Sinn mehr macht, unter Großsegel zu motoren. Das Tuch schlackert kraftlos im Mast. Das Vorsegel hatte er bereits zuvor eingerollt. Kummer motort die ganze Nacht. Um kurz vor zwei Uhr beginnt sein 15-minütiger Wachrhythmus. Wie immer bei den Nachtfahrten, legt er sich auf die Bank im großzügigen Salon. Sobald der Wecker klingelt, mutiert er zum Roboter. Alles läuft wie automatisiert ab. Aufrichten, Rundumblick, Kartenplotter prüfen, Segel checken,

Wecker stellen, hinlegen. Und diesmal kann er sich sogar den Blick auf die Segel sparen. Das Tuckern des Diesels, der ruhig und gleichmäßig mit 1800 Umdrehungen die Schraube antreibt, erinnert ihn daran, dass er unter Motor läuft. Kaum befindet sich Kummer wieder in der Horizontalen, fallen ihm auch schon die Augen zu. Er ist wieder im Reich der Träume. Bis erneut der Wecker klingelt, das Spiel sich wiederholt. Immer und immer wieder. Bis die Sonne aufgeht.

Am nächsten Morgen weht ein leichter Wind mit acht bis zehn Knoten. Kummer setzt den Gennaker. Vor ihm liegt ein wunderschöner, ereignisarmer Segeltag. Die Blu wird von einem mäßigen Wind getrieben, selbst am Abend hält er an. Erst um 22 Uhr muss Kummer wegen eines Winddrehers erstmals an diesem Tag arbeiten. Er holt den Gennaker ein, setzt das Vorsegel und legt sich im Salon in seine Wachposition. Kurz nach Mitternacht wird er vom Schlagen der Segel wach. Flaute. Kummer holt die Segel ein, wirft den Diesel an. Um fünf Uhr, der Wind ist zurückgekehrt, beginnt das Spiel von vorne. Segel setzen, Motor aus.

Der ständige Segelwechsel zerrt. Kummer ist am Morgen des dritten Tages, seitdem er Vulcano verlassen hat, ausgelaugt. Von Messina zum westlichen Finger der Halbinsel Peloponnes, die Kummer südlich umrunden will, sind es etwa 300 Seemeilen über das freie Meer. Und damit ohne Mobilfunkempfang. Nur, um Wetterdaten abzurufen, nutzt er die Satellitenkommunikation. Und so bekommt er zunächst gar nicht mit, dass in Europa ein Land nach dem anderen die Grenzen schließt. Auch Griechenland.

Leichte, raume Winde sind vorhergesagt. Ein weiterer schöner Segeltag liegt vor ihm. Aber es kommt noch besser. Ab 9 Uhr frischt der Wind weiter auf, perfekt für das Segeln mit Großsegel und Gennaker. Die Blu macht zwischen sieben und acht Knoten Fahrt über Grund. Der einzige Wermutstropfen ist eine eigenartige Welle von schräg vorne, die hin und wieder gegen den Bug knallt und die Blu so erschüttert, dass der Gennaker erst einfällt und dann wieder mit einem Ruck Spannung aufnimmt. Jedes Mal ruckt und zuckt das Rigg. Aber

Kummer lässt es bei der Besegelung. Die Lagoon muss das aushalten können. Und das tut sie auch. Nicht aber das Segel. Gegen Mittag sieht Kummer, dass sich am Kopf des Gennakers mit den Verstärkungen die oberste Schicht löst. Sofort holt er das Tuch ein, um weitere Schäden zu vermeiden. Der Schaden ist zwar nicht dramatisch, ein Segelmacher kann ihn sicherlich leicht beheben. Aber Kummer will nicht sein bestes Segel riskieren, auch wenn er bedauert, dass er es für den Rest der Reise nicht mehr einsetzen kann. Anstelle von sieben Knoten läuft der Katamaran unter Großsegel und Vorsegel nur noch etwas mehr als vier Knoten. Die Selbstwendefock der Lagoon ist zwar einfach zu handhaben und erstaunlich gut am Wind. Aber bereits bei Halbwindkursen, vor allem aber auf raumen Kursen, ist die Performance des Vorsegels im Vergleich zum Gennaker mehr als dürftig.

Das beste Segel löst sich auf. Der Gennaker muss runter

In seiner Verzweiflung packt Kummer den Spinnaker aus und setzt ihn, indem er die eine Seite am Gennakerpool vorne anschlägt. Im Prinzip will er den Spinnaker so fahren wie einen Gennaker, auch wenn das Risiko, etwas zu beschädigen, nicht gerade klein ist. Aber er hat ja noch einen zweiten Spinnaker in der Segelkammer. Kummer bekommt das ballonartige Segel gut gesetzt, aber der Spinnaker steht mehr schlecht als recht, was auch daran liegen könnte, dass der Wind immer weiter eingeschlafen ist. Nach fünf Minuten und vielen Mühen gibt er auf. Der Spinnaker muss wieder runter. Unter Motor und Groß setzt Kummer die Fahrt fort. Als am späten Nachmittag der Wind auffrischt, rollt Kummer sofort das Vorsegel wieder aus. Ohne Motor und mäßigem Tempo geht es durch die Nacht im 15-minütigen Wachrhythmus Richtung Peloponnes. Hallo, Hellas!

Während Kummer ohne Handyempfang das Ionische Meer quert, läuft in der Sendung ECO in ORF 2 ein Bericht über die Corona-Krise. Thema ist auch Sebastian Kummer, der Wirtschaftsprofessor aus Wien auf seiner Fahrt in die Türkei. Das Interview hatte Kummer bereits gegeben, als er in Italien vor Anker lag, dazu hatte er selbst gedrehtes Videomaterial zur Verfügung gestellt, das die Redaktion zu einem spannenden Beitrag geschnitten hat. Erst als die Blu sich der Peloponnes nähert und Kummer wieder Handyempfang hat, will sein Mobiltelefon gar nicht mehr aufhören, Töne von sich zu geben. Dutzende Nachrichten sind eingegangen. Über WhatsApp, Facebook und natürlich Mail, fast alle Reaktionen auf den Fernsehbeitrag sind positiv. Kummer, erschöpft von den Nachtwachen, freut sich über das Feedback. Und vergisst darüber, die Nachrichtenlage zu checken.

Noch geht er davon aus, problemlos durch Griechenland in die Türkei segeln zu können und dass die Crew, die zusammen mit ihm von der Türkei nach Kroatien auf der Sunce 2 segeln will, bereits in den Startlöchern steht. In Göcek, so der Plan, kommt die Tochter einer Schulfreundin an Bord, auf Rhodos will Kummer dann seine Tochter Francesca und deren Freund aufgabeln. Andrea, sein italienischer Freund, und dessen Frau Roberta wollten auch auf Rhodos dazu stoßen, doch aufgrund der neuesten Entwicklungen in Italien dürfte das wohl kaum noch möglich sein.

Erst kurz bevor Griechenland in Sicht kommt, realisiert Kummer, dass all seine Pläne Makulatur sind. Während er über das Ionische Meer segelte, fernab jeder Küste, hat die Regierung in Athen am 18. März drastische Maßnahmen im Kampf gegen Corona getroffen. So wird mit sofortiger Wirkung Yachten untersagt, griechische Häfen und Marinas anzulaufen oder zu verlassen. Kummer hofft, dass die Regelung ihn nicht direkt betrifft, schließlich hatte er vor seiner Abreise aus Italien noch das „Sailing Permit“ für Griechenland erhalten und will ohnehin nicht einklarieren.

Doch nicht nur Griechenland schottet sich ab, auch die Türkei. In der Nacht zum 19. März hat das türkische Innenministerium die Schließung der Grenze zu Griechenland und Bulgarien angeordnet. Die Anordnung erfolgte nach einer Krisensitzung zur Pandemie unter Leitung von Präsident Recep Tayyip Erdogan. Kummer liest die Meldungen beinahe emotionslos. Er hat es irgendwie kommen sehen, also ist er wenig überrascht. Innerlich stellt er sich bereits darauf ein, die Sunce 2 alleine in die Adria zu überführen. Er nimmt die neue Entwicklung gelassen. Was bleibt ihm auch anderes übrig? Da er unter türkischer Flagge segelt, geht er davon aus, dass das Einchecken kein Problem sein dürfte. Zum Glück ist auch das Seminar, das er Mitte April für die Porsche Holding halten soll, verschoben worden. So hat er für die Solo-Reise nach Kroatien den ganzen April Zeit. Das beruhigt ihn. Als Segler weiß er, dass jeder Sturm auch mal vorüberzieht. Auch wenn er bereits ahnt, dass der Virus nicht nur ein gewöhnlicher Sturm ist, sondern eher ein gigantisches Tiefdruckgebiet, mit dem Potenzial, sich um den ganzen Erdball zu spannen.

Kummer, allein auf hoher See, fernab des Chaos an Land, weit weg von Panik und Meinungsmache, versucht nach drei Tagen ohne Nachrichten, sich ein ganz eigenes Bild von der Pandemie zu machen. Mit dem kühlen Blick des Wissenschaftlers analysiert er die Situation, so gut es eben geht, mit den Quellen, die das Internet ihm bietet. Er hat die Zeit und auch die Muße, die Mosaiksteinchen an täglichen Informationen neu zusammenzusetzen. Das Bild, das sich ihm offenbart, lässt ganz andere Schlüsse zu, als das, was er in den Medien liest.

Bereits in den Interviews für das TV-Format *Eco* und den Radiosender *Ö1* hatte Kummer darauf hingewiesen, dass beispielsweise das Phänomen der Hamsterkäufe in Österreich nur ein kurzzeitiges sein werde. Kummer begründete das irrationale Verhalten der Menschen, die in Panik die Supermärkte stürmten, mit den Maßnahmen, die die Bundesregierung in Wien kurz zuvor erlassen hatte. Für Kummer, den Logistik-Professor, steht fest, dass es keinen Anlass zur Panik gibt. Er kennt nicht nur die Versorgungswege, sondern auch die Versorgungslage. Vielmehr wundert er sich über die kolportierte Deutung der Statistiken und des Zahlenmaterials. Der Professor ist entsetzt darüber, dass mit der steigenden Anzahl an dokumentierten Corona-Infektionen Politik und Meinung gemacht wird. Die Schlussfolgerung, die Gesellschaft habe weiterhin mit einem exponentiellen Wachstum der Fallzahlen zu rechnen, leuchtet ihm nicht ein, resultiert doch die steil ansteigende Kurve der Corona-Erkrankten auf der Tatsache, dass vermehrt getestet wird. Denn selbst wenn die Anzahl der Infizierten konstant bliebe, aber eben deutlich häufiger getestet würde, würde die Kurve unweigerlich durch die Decke gehen. Kummer fragt sich, warum diese einfache Herleitung in den Medien kaum Beachtung findet und stattdessen die Angst, von den Politikern geschürt, verbreitet wird. Aber Kummer kennt das Spiel: Erst dramatisieren, um sich dann als Retter feiern zu lassen.

Teil 3
Sturm der Entrüstung

„Wer sich an das Absurde gewöhnt hat,
findet sich in unserer Zeit gut zurecht.“
Eugène Ionesco

Kummer ist auf See, als sich an Land ein Sturm zusammenbraut

Die Ausläufer des Corona-Tiefs haben die Blu längst erreicht. Kummer befindet sich bereits in schwerer See, auch wenn er noch nicht wirklich realisiert hat, welch gewaltige Wellen die Pandemie schon schlägt. Es ist der 20. März, vor einem Monat ist der Professor in Frankreich gestartet, da war die Welt noch in Ordnung. Seit zehn Tagen segelt er allein an Bord, da vernahm er bereits den Donner, aber das Gewitter wähnte er weit weg. Vor zwei Tagen ist die Welt völlig aus den Fugen geraten, Kummer bekam davon nichts mit. Er war auf hoher See, fernab jeder Küste.

Während Angela Merkel die Deutschen in einer bemerkenswerten Fernsehansprache am Abend des 18. März auf „einschneidende Maßnahmen" vorbereitete, an die Bundesbürger appellierte, „das öffentliche Leben soweit es geht herunterzufahren" und ihrer Bitte Nachdruck verlieh, in dem sie warnte: „Es ist ernst. Nehmen Sie es auch ernst", da haderte Kummer mit einem defekten Gennaker. Stunden zuvor hatte Deutschland bereits bekanntgegeben, die bereits geltenden Einreisebeschränkungen zu fünf Nachbarländern auf den Luft- und Schiffsverkehr auszuweiten, Frankreich meldete am zweiten Tag der landesweiten Ausgangssperre einen weiteren Anstieg der Corona-Zahlen um mehr als fünfzig Prozent im Vergleich zum Vortrag, Großbritannien kündigte nach einem sagenhaften Schlingerkurs von Premier Boris Johnson an, die Schulen nun doch zu schließen, da genoss Kummer bei achterlichem Wind einen herrlichen Sonnenuntergang. Am Nachmittag hatte US-Präsident Donald Trump ein Gesetz aus Zeiten des Korea-Kriegs reaktiviert, um die Produktion von Ausrüstung zur Eindämmung der Krise zu beschleunigen, und die EU-Kommission in Brüssel bestätigt, dass China große Mengen an Schutzmasken und Corona-Tests nach Europa liefern wird, da arbeitete Kummer entspannt für die Universität im Cockpit. Als am Mittag die Unesco bekannt gab, dass aufgrund der Corona-Pandemie etwa die Hälfte der Schüler und Studenten auf der ganzen Welt nicht zum Unterricht gehen könnten, weil mittlerweile in 102 Staaten die Schulen und Universitäten geschlossen seien, Autobauer wie Porsche oder

BMW einen Produktionsstopp ausriefen und die Regierung in Wien ein Hilfspaket von 38 Milliarden Euro ankündigte, da wägte Kummer ab, welchen der gefangenen Fische er wohl für das Abendessen aus der Tiefkühltruhe holen sollte. Nicht einmal die weltbewegende Nachricht, dass sogar der Eurovision Sound Contest in den Niederlanden abgesagt wurde, bekam er mit. Das wäre ihm allerdings auch ziemlich egal gewesen. In den wohl turbulentesten Tagen der Corona-Krise lebte Kummer in seiner eigenen, kleinen Welt auf zwei Rümpfen.

Seit er Mallorca verlassen hatte, allein und ohne Crew, drehte sich die Welt um ihn herum immer schneller, während er gemächlich mit sechs Knoten, getrieben nur vom Wind, geradewegs auf einen Orkan zusteuerte. Kummer wusste, als er die Balearen verließ, dass er Italien nicht anlaufen durfte. Er kalkulierte das Risiko und ging es ein. Es schien ihm überschaubar. Die Blu ist ein sicheres Schiff und Kummer ein erfahrener Segler. Das einzige Risiko, das er sah, waren die Nachtfahrten. Und nicht Corona.

Kummer hoffte bei seiner Abreise auf Mallorca, hätte er Italien einmal passiert, sich ausruhen zu können von den Strapazen. Irgendwo in Griechenland. Er freute sich anfangs auf einsame Buchten, die vielen Inseln mit den kleinen Häfen und Tavernen in weiß-blau getünchten Steinhäusern. Doch je länger Kummer auf See war, um so schwieriger wurde die Lage an Land. Und so stimmte er Volkan zu, dass eine schnelle Passage der griechischen Gewässer, ohne einen Hafen anzulaufen, wohl die beste Lösung wäre, da war von einem Lockdown in Griechenland noch keine Spur.

Doch dann fielen die Schlagbäume wie Dominosteine, ein Land nach dem anderen schottete sich ab, schloss die Grenzen. Albanien machte am 9. März den Anfang, Italien folgte einen Tag später, Kroatien am Tag darauf. Spanien verhängte am 14. März eine Ausgangssperre über das ganze Land, wenig später dann Frankreich. Das Auswärtige Amt in Berlin veröffentlichte Reisewarnungen im Takt eines Depeschendienstes. Die Karte der Mittelmeeranrainerstaaten färbte sich rot. Und rot bedeutet: No entry! Gerade noch rechtzeitig hatte Kummer sich um das

„Sailing Permit" für Griechenland gekümmert. Oder war es etwa mit den neuen Bestimmungen ebenfalls erloschen? So sehr Kummer auch im Netz nach einer Antwort suchte, er konnte keine finden, die zu seinem Spezialfall passte. Aber er wollte Griechenland ja nur passieren, nicht einchecken. Und eine Alternative gab es nicht. Wo hätte er denn hinsegeln sollen? Kein Land an der Küste würde ihn mehr einlaufen lassen. Und so entschloss sich Kummer, seine Reise fortzusetzen.

Er würde nur in abgelegenen Buchten ankern, keinen Fuß auf griechischen Boden setzen. Und in der Türkei, da war er sich sicher, würde es trotz des Einreisestopps eine Lösung geben. Immerhin segelt die Blu unter der roten Fahne mit dem Halbmond, ist registriert in Göcek, dem Ziel seiner Reise. Darum würde Volkan sich schon kümmern.

In einem kleinen Steinhaus unter großen Pinien mit Blick auf die mondäne D-Marin in Göcek hat Pitter-Yachtcharter seine Vertretung. Das österreichische Unternehmen ist mit über 500 Yachten in 26 Basen weltweit einer der größten Anbieter auf dem Markt. Volkan und Judith Ceylan, ein deutsch-türkisches Ehepaar, leitet die Station in der Türkei.

Seit Mitte März, die Chartersaison steht in den Startlöchern, leben die beiden einen Albtraum. Statt mit Buchungen müssen sie sich mit Stornierungen beschäftigen. Die Sorgenfalten werden immer tiefer. Von ihrem Büro aus schauen sie direkt auf den menschenleeren Steg C, an dem ihre Charterflotte liegt. Ganz vorne, kurz vor dem Ufer, ist die Sunce 2 festgemacht, der Katamaran, den Kummer nach seiner Ankunft in die Adria bringen soll. Doch der steckt irgendwo im Niemandsland.

Die Blu soll die Sunce 2 ersetzen, das neue Aushängeschild der Basis werden. Die komfortablen Katamarane boomen im Charter. Je größer, desto gefragter. Ende März hatten Volkan und Judith mit Kummers Ankunft gerechnet. Nach dem offiziellen Behördenkram hätte die Blu dann gleich zu Beginn der neuen Saison das Angebot bereichert.

In der Charterbranche herrschte zu Jahresbeginn noch Goldgräberstimmung. Nach Jahren des Darbens hatte sich der Markt in der Türkei wieder erholt. Nach dem Putschversuch im

Jahr 2016, der darauffolgenden Verhaftungswelle, der Einschränkung der Meinungsfreiheit, den vielen inhaftierten Journalisten und Menschenrechtlern, überwarf sich Ankara mit der Europäischen Union. Der unrühmliche Flüchtlingsdeal mit Brüssel trug sein Weiteres dazu bei, dass die Touristen ausblieben. Erst 2019 war wieder ein ausgesprochen gutes Jahr. Und 2020 sollte noch besser werden.

Anfang März sind Volkan und Judith bei der „Austrian Boat Show" in Tulln. Die Wassersportwelt ist noch in Ordnung, das Interesse an Segelurlaub auf dem Mittelmeer groß. Natürlich ist Corona bereits ein Thema, aber nur am Rande. Kaum einer glaubt, dass das Virus zu einer bedrohlichen Pandemie werden wird. Mit vollen Auftragsbüchern fliegen Volkan, ein sportlicher Typ mit langen Haaren und vielen Tattoos, und seine deutsche Frau Judith zurück in die Türkei.

Es ist der 10. März, als die beiden in Istanbul umsteigen müssen. Beim Blick auf die Anzeigetafel überfällt sie eine dunkle Vorahnung. „Da waren bereits ganz viele Flüge gestrichen", sagt Judith. „Vor allem nach Italien." Premierminister Giuseppe Conte hatte am Abend zuvor die Reisefreiheit außer Kraft gesetzt und ganz Italien zum Sperrgebiet erklärt. Volkan zückt sofort sein Telefon und ruft Kummer an. Er erreicht ihn auf Mallorca. In seiner ruhigen Art versucht er dem Segler die neuesten Nachrichten schonend beizubringen, doch Kummer ist bereits im Bilde. Längst hat er sich entschieden, die Reise alleine fortzusetzen. Volkan ist einerseits beruhigt, dass die Blu weiterhin auf dem Weg nach Göcek ist, andererseits sorgt er sich um Kummer.

Volkan ist ein erfahrener Segler, hat jahrelang selbst als Skipper gearbeitet und die Welt auf dem Wasser bereist. Er kennt die Herausforderungen, die auf Kummer warten. Volkan versichert dem Professor, ihn bestmöglich zu unterstützen. Und natürlich dafür zu sorgen, dass Kummer problemlos in die Türkei einreisen kann. Noch gilt die Türkei als coronafrei, auf der Weltkarte der infizierten Länder ist sie ein weißer Fleck in einem roten Meer. Doch schon einen Tag später, am 11. März, bestätigt der türkische Gesundheitsminister den ersten Corona-Fall im Land.

Immer öfter telefonieren Volkan und Kummer in der Folge, halten sich gegenseitig auf dem Laufenden. Volkan ist noch gelassen. Seit vielen Jahren ist er im Business, hat gute Kontakte und kennt die Möglichkeiten. Mit einer guten Portion Vitamin B sollte jedes Problem zu lösen sein. Wenn nicht in Göcek, dann in Marmaris. Oder Izmir. „Mach Dir keine Sorgen", beschwört Volkan den Solo-Segler.

Kummer bleibt relaxt, er ist ohnehin so etwas wie ein Berufsoptimist. Probleme sind für ihn keine Barrieren, sondern Herausforderungen, die er lachend annimmt. Für seine Frau Alessandra ist die ständige gute Laune ihres Mannes manchmal etwas zu viel. „Das nervt mich. Wirklich!", sagt sie im Zungenschlag einer Italienerin. Und so macht sie sich nach dem Lockdown in ihrer Heimat auch mehr Sorgen um die Verwandten in Rom, als um ihren Mann auf See. Vielmehr verzweifelt sie daran, sie in diesen schweren Zeiten nicht unterstützen zu können, seit die Grenzen zwischen Österreich und Italien geschlossen sind.

Auch nachdem Volkan Kummer über den Lockdown in der Türkei informiert hat, glaubt der Professor immer noch an eine einfache Lösung. Zur Not muss er ja nicht mal in die Türkei einreisen. Es würde schon reichen, die Katamarane in einer Freihandelszone oder auf hoher See zu tauschen. Das Timing wäre sogar perfekt. Kummer rechnet damit, dass sich bis Anfang des Sommers die Lage entspannt, die Einreise nach Kroatien wieder möglich ist. Allerdings beobachtet er mit Skepsis die hohen Zustimmungswerte für vermeintlich starke Politiker. Kummer ist sich sicher, dass sie ein Interesse daran haben, die Krise möglichst lange am Köcheln zu halten, um sie für ihre politischen Ziele zu nutzen.

Absurdes Theater

Vier Tage ist es her, dass Kummer Italien verlassen hat. Nach der Straße von Messina zeigt sich das Mittelmeer von seiner angenehmsten Seite. Die Passage über das Ionische Meer und südlich der Peloponnes ist Segelvergnügen pur. Doch Kummer kann es nicht wirklich genießen. Immer wieder kreisen seine Gedanken um die Corona-Krise. Er beschließt, die politischen Maßnahmen als absurdes Theater abzutun, um sich selbst nicht länger zu belasten. Als junger Mann war Kummer ein Fan von Albert Camus, Jean-Paul Sartre und Samuel Beckett, er sieht sich selbst in der Tradition der Existenzialisten, weshalb er beschließt, seine persönliche Situation mit Humor zu nehmen. Fortan spricht er von der „schönsten Quarantäne der Welt" und vergleicht sein Leben auf See mit dem der Piraten, staatenlos und geächtet von der Welt. Seine schlohweißen Haare lässt er wachsen, ebenso den Bart sprießen. Er beginnt, mit seinem Schicksal zu kokettieren.

Kummer überlegt im Spaß, eine Facebookgruppe für „coronageschädigte Segler" zu gründen oder einen Onlineshop für Klopapier in Griechenland aufzubauen - oder zumindest eine Tausch-Plattform ins Leben zu rufen, frei nach dem Motto: Biete eine Rolle vierlagiges, samtweiches Toilettenpapier für eine Gurke, zwei Zwiebeln und vier Tomaten. Natürlich hat der Spaß einen ernsten Hintergrund. Aufmerksam beobachtet Kummer seine Bestände. Doch weil er und seine Crew auf den ersten Stationen keinen Supermarkt ohne ihm einen Besuch abzustatten passiert haben, ist die Blu immer noch gut proviantiert. Ganz abgesehen von der prall gefüllten Kühltruhe mit dem frisch gefangenen Fisch. Die Inventur gibt Kummer Sicherheit. Nach seinen Berechnungen hat er für mindestens sechs Wochen Verpflegung an Bord. Allerdings könnten Wasser und Gas zu einem Problem werden. Als Kummer Mallorca verließ, hatte er darauf verzichtet, die halbvollen Wassertanks aufzufüllen. 300 Liter hatte er noch. Definitiv genug für eine Person, um bis nach Griechenland zu kommen. „Jetzt muss das Wasser eben bis in die Türkei reichen", denkt Kummer. Ohnehin verwendet er die knapper werdenden Ressourcen so sparsam wie möglich. Für den Abwasch nimmt er Seewasser, das Duschen mit Süßwasser reduziert er auf ein Minimum, er kocht auf kleiner Flamme.

Mit seiner Familie tauscht er sich über deren Erfahrungen aus - und muss feststellen, dass trotz aller Widrigkeiten und Unwägbarkeiten, seine Situation verglichen mit der in der Heimat deutlich besser ist. Kummers Meinung nach haben die Politiker in Österreich und Deutschland viel zu spät auf das Virus reagiert. Um das zu überspielen, folgten dann die völlig überzogenen Maßnahmen. Aber Kummer will sich nicht anmaßen, aus der Distanz zu urteilen. Nur hin und wieder weist er vorsichtig auf die seiner Meinung nach wissenschaftlich nicht haltbaren Statistiken hin und lobt den vorbildlichen Umgang anderer Länder, wie Südkorea, die die Krise gemeistert haben, ohne auf Ausgangssperren zurückzugreifen. Kummer ärgert, dass die Medien in Österreich auf den Zug der Regierung aufspringen. „Panik verkauft sich eben gut, mit Angst lassen sich Auflage und Klicks schinden", sagt er sich.

Wegen seiner Frau kennt Kummer auch das Gesundheitssystem in deren Heimat Italien gut. Er vermutet, ein Problem sei, dass viele der Patienten sich erst in Krankenhäusern infizierten. Bei den tragischen Todesfällen findet er das hohe Alter der Opfer bemerkenswert, ebenso, dass viele bereits ernstzunehmende Vorerkrankungen hatten. Die verhängte Ausgangssperre, da ist Kummer sich sicher, werde wenig an der Situation ändern, wenn die Menschen weiterhin in Supermärkten, Apotheken oder bei Ärzten dicht gedrängt in Schlangen ohne Schutz stünden. Natürlich beschäftigt Kummer die Pandemie, der Umgang mit ihr regt ihn auf, aber er versteht es auch, abzuschalten.

Bei raumen Winden von dreizehn Knoten lässt sich die Krise eindeutig besser ertragen als zu Hause. Anhand der Wetterberichte versucht er lieber seine Reise durch die griechische Inselwelt zu planen. Die Prognose ist für den 20. März noch gut, aber dann soll der Wind wieder auf Osten drehen. Sein persönliches Wetterrouting ergibt einen einfachen Plan. Den guten Westwind will Kummer so lange wie möglich ausnutzen, um möglichst viel Strecke zu machen, ehe er sich in einer Bucht von den Strapazen der letzten Tage und Nächte erholen will.

Im Osten geht die Sonne auf: Auf dem Weg zur Peloponnes

Er peilt den dritten Finger der Peloponnes an, die letzte Möglichkeit, bevor er zu der Inselwelt der Kykladen übersetzt - auch wenn er dort erst um Mitternacht ankommen wird. Als Ziel der Etappe setzt er eine schöne Bucht auf der Insel Elafonisos, in der er auch nachts ankern kann. Allerdings hat Kummer für dieses Gebiet keine detaillierten Seekarten, nicht einmal einen Revierführer, der die Buchten und Ankerplätze beschreibt. Aber Kummer kennt das Revier, auch wenn es mehr als zehn Jahre her ist, dass er das letzte Mal in der Bucht mit seiner Nausikaa vor Anker lag. Aber in seiner Erinnerung ist die Bucht groß und der Ankergrund gut. Der perfekte Platz, um sich auszuruhen.

Nach vier Tagen und drei Nächten auf See will Kummer endlich einen Tag aussetzen. Er freut sich auf das erste Bad im warmen Wasser. Neben der ersehnten Entspannung hat der kleine Zwischenstopp auch noch einen anderen Grund. So kann Kummer den Ostwind aussitzen und warten bis er auf Süden dreht. Zwischen ihm und der Ägäis liegt nämlich noch das gefürchtete Kap Malea am äußersten Südzipfel der Lakonischen Halbinsel auf der Peloponnes. Schon seit der Antike ist das Kap berüchtigt. Odysseus soll hier auf dem Rückweg in seine Heimat Ithaka von einem Sturm überrascht und ins Land der Lotophagen verschlagen worden sein. Homers Bücher, das stellt Kummer immer wieder fest, sind auch heute noch, rund 3000 Jahre nach Erscheinen, hervorragende Revierführer.

Als Kummer gegen Mitternacht die ersehnte Bucht erreicht, zeigt seine Seekarte auf dem Kartenplotter nur sehr geringe Wassertiefen an. Zwar kann Kummer einige Lichter auf dem Wasser erkennen, aber es könnten auch Fischer in ihren Nussschalen sein. Um kein Risiko einzugehen, beschließt er auf Nummer sicher zu gehen, und die nächste, tiefere Bucht anzusteuern. Um 1 Uhr fällt der Anker endlich auf sechs Meter Tiefe in großem Abstand zur Küste - und wenig später Kummer in die Kiste. Nach vier Tagen ununterbrochen auf See, schläft er wie ein Stein.

Am nächsten Morgen checkt Kummer zuerst das Wetter. Die Prognose hat sich leicht verändert, deshalb will er nicht noch eine Nacht in der Bucht verbringen, sondern bereits am Abend seine Fahrt in die Ägäis fortsetzen. Trotzdem liegt ein ganzer, freier Tag vor ihm. Er frühstückt gerade gemütlich, als sein italienischer Freund Andrea anruft. Er ist erstaunt, dass Kummer nicht Elafonisos direkt angelaufen hat. Die Tiefe sei kein Problem, sagt der Ortskundige. Und die Bucht sei absolut traumhaft. Also liftet Kummer den Anker und macht sich auf den Weg in die vier Seemeilen entfernte Bucht, um dort den Tag zu genießen.

Er segelt nur mit dem Vorsegel, als von achtern ein Schiff mit hoher Geschwindigkeit und einer weißen Bugwelle wie

Schaum vor dem Mund näher kommt. Es ist die griechische Küstenwache. Ein Beamter an Bord signalisiert Kummer, er solle sofort anhalten. Nachdem das Segel eingeholt ist, kommt der Polizist an Bord und kontrolliert zunächst die Bootspapiere. Doch dabei bleibt es nicht, er will auch die Kabinen sehen. Dort inspiziert er die Schränke, schaut in die Stauräume. Kummer empfindet das Vorgehen als absurd.

Einerseits versucht er alles, um nicht mit Corona-Viren in Kontakt zu treten, andererseits kommt ein Beamter an Bord, der nicht einmal einen Mundschutz trägt und in seinen sterilen Quarantänebereich eindringt. Kummer hat ohnehin den Eindruck, dass es der Küstenwache gar nicht um Corona-Schutz geht. Wahrscheinlich nehmen die Beamten eher Anstoß an der türkischen Flagge, unter der der Deutsche segelt. Traditionell ist das Verhältnis der beiden Nachbarstaaten extrem angespannt. Seit der Flüchtlingskrise mehr denn je. Zudem nutzen seit einigen Jahren Schleuser zunehmend Yachten, um Flüchtlinge von der Türkei in die EU zu bringen. Meist werden die Boote zuvor gestohlen. Und so fotografiert der Beamte fleißig sämtliche Dokumente. Nur für eines interessiert er sich nicht wirklich: das Sailing-Permit. Aber immerhin, Kummer darf seine Reise fortsetzen.

Als die Blu am Vormittag in die empfohlene Bucht einläuft, liegt dort nicht ein einziges anderes Boot. Auf drei Metern fällt der Anker, direkt vor einem wunderschönen Sandstrand. Kummer freut sich auf einen perfekten Tag zum Relaxen. Doch vor der Kür kommt noch die Pflicht. Kummer hat für 11 Uhr ein Interview mit dem Fach-Blog *Irgendetwas über Logistik* vereinbart. Die Internetverbindung ist dank des Roamings sehr gut, der Professor hat es sich im Salon bequem gemacht. Immer noch ist er etwas aufgewühlt ob der Kontrolle der Küstenwache. Er lüftet alle Kabinen und den Salon, wäscht sich ausgiebig die Hände und desinfiziert alles, was der Polizist angefasst hat. Inklusive der Borddokumente. Sicher ist sicher.

Das Interview beginnt pünktlich. Doch nach zehn Minuten bemerkt Kummers Gesprächspartner, dass die Aufmerksamkeit des Logistik-Experten nachlässt. Der Professor scheint abgelenkt. Am Ende der Bucht ist ein Schiff aufgetaucht, das sich mit voller Fahrt der Blu nähert. Es ist wieder die Küstenwache. Noch glaubt er, die Situation schnell klären zu können. Und so läuft die Tonaufzeichnung mit dem Blogger weiter, als Kummer an Deck geht und das Gespräch mit den Beamten sucht. Die freundliche Begrüßung des Professors wird ignoriert, stattdessen wird er barsch gefragt, wer ihm die Genehmigung gegeben hätte, in der Bucht zu ankern? Kummer versteht nicht. „Braucht man denn eine Genehmigung, um hier zu ankern", fragt er zurück. Der Beamte wird ruppig, unterstellt Kummer, sie beim ersten Besuch an Bord angelogen zu haben. Kummer wiegelt ab. „Nein, nein", sagt er. Er wolle sich nur bis zum Abend in der Bucht ausruhen, um dann, wenn der Wind aus Süden weht, die Reise in die Türkei fortzusetzen. Die Küstenwache akzeptiert Kummers Antwort nicht. Trotz der widrigen Wetterbedingungen fordern die Beamten ihn auf, sofort den Anker zu lichten. Er dürfe sich der Küste nicht näher als zwei Seemeilen nähern. Die Anordnung ist absurd. Zwei Seemeilen vor der Küste ist das Meer hunderte Meter tief, kein Sportboot kann dort ankern. Aber Kummer beschließt, diese Diskussion nicht mit der Küstenwache zu führen. Er weiß, wie sie enden wird. Sicherlich nicht mit einem Einlenken der Beamten. Kummer entschuldigt sich bei seinem Interviewer, dass er das Gespräch unterbrechen muss, um den Anker zu lichten. Aber natürlich könnten die Blogger die Szene, die sie eben live miterlebt haben, verwenden und senden. Kummer lässt die Aufzeichnung also laufen. Später wird in dem Podcast zu hören sein, wie die Küstenwache Kummer stellt und ihn zwingt, auszulaufen. Erst als die Maschine läuft, der Anker oben ist und der Autopilot die Blu auf Kurs hält, setzt Kummer das Gespräch fort. Zu diesem Zeitpunkt weiß er noch nicht, wie und wohin er seine Fahrt fortsetzen soll. Er weiß nur eines, er muss raus auf die See.

Erst als er die Bucht verlassen hat, stellt er fest, dass ein Kurs parallel zur Küste der Peloponnes Richtung Südost unter Segeln möglich ist, auch wenn er sehr wachsam sein muss. Der Schiffsverkehr ist immens. Sowohl backbord wie steuerbord passieren ihn Frachter und Containerschiffe. Kummer erkennt die Reedereien, unter anderem MSC und Rickmers. Als Logistiker ist er begeistert, als Segler freut er sich, dass die westlich fahrenden Schiffe sich eher in Richtung Peloponnes halten und deswegen für ihn keine Gefahr darstellen. Anders die in östlicher Richtung laufenden Schiffe.

Man muss sich das so vorstellen: Die Seestraße südlich der Peloponnes ähnelt einer Autobahn, auf der Lkw hinter Lkw fährt. Mit ziemlich hohem Tempo. Und dann ist da plötzlich ein Radfahrer. Der Radfahrer ist die Blu, die mit 3,3 Knoten über die Seestraße schleicht, zwischen all den Containerschiffen, die um die 20 Knoten laufen. Sie haben also die sechseinhalbfache Geschwindigkeit und der potenzielle Bremsweg ist kilometerlang. Auch gibt es keinen Standstreifen, auf den der Radfahrer ausweichen könnte.

Kummer ist hochkonzentriert. Immer, wenn der Abstand zu den Riesen der Meere knapp wird, wirft er die Maschine an, um sich aus der Schusslinie zu manövrieren. Aber auch die kommerziellen Schiffe sind in der Meerenge sehr wachsam. Vor allem, weil einige schneller und andere langsamer fahren, und sie die Überholmanöver gut abstimmen müssen. Kummer verfolgt die Absprachen auf Kanal 16 des VHF. Ihn freut die offensichtliche Vielfalt an Nationen, die auf den Schiffen Wache tun. Über Funk hört er viele asiatische Akzente, aber auch härtere nordische Aussprachen und südländischen Zungenschlag. Außerdem sind die Berufsschiffer extrem freundlich und kooperativ. Kummer passt eine Lücke zwischen zwei Containerschiffen ab, quert die Schifffahrtslinie, um südlich von ihr und damit außer Gefahr seine Fahrt fortzusetzen. Im Kielwasser sieht Kummer plötzlich zwei alte Bekannte. Die beiden Katamarane, mit denen er bereits in der Straße von Messina eine private Regatta segelte, haben wieder zu ihm aufgeschlossen. Vermutlich hatten sie auf der anderen Seite der Landzunge geankert.

Kummer segelt mit Großsegel und Vorsegel hoch am Wind. Die Skipper der Katamarane bleiben bei ihrer alten Taktik: Großsegel und Motor. Ein ungleiches Rennen, das aber ohnehin endet, bevor es eigentlich richtig begonnen hat. Gleich hinter dem berüchtigten Kap Malea nehmen die Katamarane Kurs gen Norden. Wahrscheinlich ist ihr Ziel Athen. Kummer setzt seinen Kurs entgegengesetzt auf Süd-Südost. Er will entlang der Küste der Insel Kythira segeln, um Abstand zur Schifffahrtslinie zu gewinnen. Außerdem hofft er auf die angesagte Winddrehung. Doch nach zwei Stunden schläft der Wind zunächst ein, Kummer dümpelt mit anderthalb Knoten über das Meer. Gerade als er den Motor starten will, knarzt und krächzt die Funke. Über Kanal 16 versucht die griechische Seeüberwachung Kontakt zu einem Schiff aufzunehmen, dass sich ganz in der Nähe von seiner Position befinden soll. Aber da ist kein Schiff. Kummer fühlt sich zunächst nicht angesprochen. Warum sollte ihn in völlig freiem Gewässer eine Seekontrolle anfunken wollen? Als ein erneuter Ruf kommt, meldet er sich dann doch und sagt, dass er sich in der Nähe der betreffenden Position befinde. Der Anrufer fordert ihn auf, auf Kanal 71 zu wechseln.

Kanal 16 dient nur zum Anrufen oder für Notfälle, für die weitere Kommunikation dienen andere, so genannte ship-to-ship-Kanäle, damit der Notrufkanal frei bleibt für Wichtigeres. Als Kummer sich mit „Sailing Vessel Blu" meldet, fragt die Stimme lediglich nach: „Sind Sie ein Segelboot?" Als Kummer das bejaht, hört er nur ein „Okay!" Das Gespräch ist beendet. Kummer ist irritiert. Aber dann findet er eine Erklärung für den merkwürdigen Anruf, die ihn beruhigt. „Vielleicht denken die ja, dass ich aufgrund der langsamen Fahrt und des Kreuzens fische oder Spionagefahrten durchführe", sagt er sich. Kummer weiß, dass die Kennung des Funkgeräts verrät, dass die Blu unter türkischer Flagge segelt. Er hakt den Funkspruch ab. Anstatt zu grübeln, erfreut er sich lieber an dem gerade auffrischenden Wind. Er widmet sich daher seiner weiteren Törnplanung. Die Wettervorhersage sagt ab 14 Uhr Ost-Nord-Ost-Wind voraus, der gegen Abend auf Südwest drehen soll. Für die beiden nächsten Tage ist dann Südostwind prognostiziert. Ab dem 24. März Nordwind. Die ganze Palette, nur der erhoffte Westwind ist nicht dabei. Da Kummer bis zum

Abend keine zum Ankern geeignete Insel erreichen kann, beschließt er, so gut es eben geht, nach Osten zu segeln, da der kürzeste Kurs in Richtung der Bucht von Fethiye ziemlich genau 90 Grad ist.

Je nachdem wie gut er vorankommt, will er spontan entscheiden, welche der griechischen Inseln er für seinen nächsten Stopp anlaufen wird. Er hofft auf Amorgos, alternativ plant er im Süden von Santorin oder auf Ios zu ankern. Wie vorhergesagt, dreht der Wind immer weiter im Uhrzeigersinn. Um 19 Uhr kann Kummer bereits mit guter Geschwindigkeit einen Kurs von 75 Grad laufen. Der Wegpunkt, den er zwischen den Inseln Ios und Thira bei Santorin gelegt hat, liegt bei 81 Grad. Sobald der Wind noch ein wenig dreht, kann Kummer ihn direkt ansteuern. Auch wenn es schwachwindig ist, bleibt der Motor stumm. Kummer segelt die ganze Nacht durch, nicht schneller als 3,5 Knoten. Segeln ist eben auch immer eine Geduldsübung.

Manöver des letzten Augenblicks

Mittlerweile ist es Routine. Gegen 20 Uhr beginnt Kummer mit seinem 15-minütigen Wach-Schlaf-Rhythmus. Die Sonne ist dann bereits seit eineinhalb Stunden im Westen untergegangen, gegen halb sieben am nächsten Morgen taucht sie in Fahrtrichtung wieder auf. Auch diese Nacht verbringt Kummer nicht in seiner Achterkabine im Backbordrumpf, sondern im Salon. Der Rundumblick ermöglicht ihm, dass er schon nach einer kurzen Kontrolle, im Idealfall ohne aufzustehen, sich wieder ablegen kann. Es dauert nur Sekunden, bis er für weitere 15 Minuten einschlummert.

Als er an diesem 21. März gegen 22 Uhr aufwacht, sieht er auf seinem iPad ein bedrohlich rot blinkendes Dreieck, das im rechten Winkel schnell näher kommt. Ein Schiff ist auf Kollisionskurs. Sofort ist Kummer hellwach, stürmt auf die Flybridge. Der Kartenplotter bestätigt das AIS-Signal. Da Kummer segelt, schwankt seine Geschwindigkeit. Immer dann, wenn die Blu Fahrt aufnimmt, schiebt er sich aus der Gefahrenzone, wenn sie langsamer wird, steigt die Gefahr einer Kollision. Über die Info-Box des AIS erfährt Kummer, dass das rote Dreieck ein Frachter ist. Würde der seinen Kurs lediglich um ein oder zwei Grad nach Westen ändern, wäre die Gefahr gebannt, er würde ungefährdet das Kielwasser von Kummer kreuzen. Die Vorfahrtsregel ist zudem ziemlich eindeutig. Die Blu fährt unter Segeln und hat damit Vorfahrt. Der Frachter muss also ausweichen, besonders, weil sie auf hoher See sind und es keine Hindernisse gibt. Und tatsächlich ändert der Frachter seinen Kurs. Doch statt nach Westen, legt er das Ruder leicht backbord, so dass die Kollisionsgefahr sogar steigt. Kummer glaubt zunächst an einen Denkfehler des Wachhabenden, der gleich korrigiert wird. Doch der Frachter bleibt stur auf Kurs. Vielleicht, redet sich Kummer ein, vermutet der Steuermann in der Blu einen Fischer mit Schleppnetzen, weshalb er nicht achtern das Signal kreuzen will. Doch eigentlich ist die Blu anhand der Lichterführung eindeutig als Segelschiff zu identifizieren. Für Kummer ist es jetzt zweitrangig, warum der Frachter nicht ausweicht. Die Tatsache, *dass* er nicht ausweicht, beunruhigt ihn. Denn Kummer kennt neben der offiziellen Vorfahrtsregel auch die inoffizielle. Und die besagt:

Stahl hat Vorfahrt vor Kunststoff, Kunststoff vor Holz!

Zu 90 Prozent, das ist Kummers Erfahrung, ist die Berufsschifffahrt gut geführt und die Wachhabenden schätzen und respektieren Segler. Kummer erinnert sich an eine Begebenheit vor mehreren Jahren, als er mit seiner Nausikaa in einem Sturm vor der türkischen Küste alleine an Bord war, das Groß dreimal gerefft, das Vorsegel kaum ausgerollt. Auch da kam ihm ein Frachter in die Quere. Auf Kanal 16 fragte die türkische Besatzung, auf welcher Seite Kummer passieren wolle. Sie besprachen kurz die Situation, dann wünschte der Frachter nach einem sehr freundlichen Gespräch eine gute Weiterfahrt und änderte den Kurs. Jetzt befürchtet Kummer allerdings, es mit einem Vertreter der restlichen zehn Prozent zu tun zu haben. Der griechische Frachter querab ist entweder schlecht geführt oder will ihn absichtlich in Schwierigkeiten bringen. Es nützt nichts, das vorfahrtsberechtigte Schiff muss Kurs halten. Kummer beschließt, von nun an trotz der Kälte auf der Flybridge zu bleiben und die Situation genau zu beobachten.

In den kommenden Minuten pumpt pures Adrenalin durch Kummers Körper. Er peilt den Kurs des Frachters, dessen Silhouette immer größer wird. Er gleicht seine Ergebnisse mit dem AIS-Signal ab, das eine Kollision in fünf Minuten prognostiziert. Kummer schmeißt die Maschinen an, damit er ein „Manöver des letzten Augenblicks“ fahren kann. Noch hält er den Motor im Leerlauf, um die Geschwindigkeit nicht schlagartig zu verändern. So schreibt es das Regelwerk vor: Das vorfahrtsberechtigte Boot muss Kurs und Geschwindigkeit halten. Im Geiste geht er aber das „Manöver des letzten Augenblicks" durch. Bevor es nämlich zu einer Kollision kommt, ist auch das vorfahrtsberechtigte Boot verpflichtet, durch dieses Manöver Schaden abzuwenden. Kummer weiß, dass er mit beiden Maschinen Vollgas geben muss, damit sich der Abstand zum Frachter erhöht. Als der Frachter weiter keine sichtbaren Anstrengungen unternimmt, seinen Kurs zu ändern, legt er den Gang ein. Die Schrauben bringen das Wasser am Heck der Blu zum Kochen, die Geschwindigkeit verdoppelt sich von 3,8 Knoten auf sechs, dann auf sieben Knoten. Sofort wird der Abstand zu den errechneten Kollisionsdaten größer. Von wenigen Metern auf 0,15 Seemeilen, und auch die „Peilung" läuft aus. Schon wenig später kann Kummer die Positionslichter an Backbord des Frachters erkennen, was bedeutet, dass der Frachter hinter ihm vorbei geht.

Kummer ist aufgewühlt. Er weiß nicht, ob er beruhigt weiter schlafen soll - immerhin hat sich seine 15-Minuten-Strategie bewährt. Oder ob er beunruhigt darüber sein soll, dass der Frachter nicht schon frühzeitig Abstand zu ihm gehalten hat. Weil er aber noch eine lange Nacht vor sich hat, entscheidet er sich für den Schlaf. Die weitere Nacht verläuft ruhig, nur ein weiteres Schiff passiert die Blu - das aber in einem sicheren Abstand.

Am nächsten Morgen, es ist der 22. März, hat Kummer kein Datenvolumen mehr auf seinem Smartphone. Er kann auch kein weiteres Paket kaufen, die Seite des Anbieters ist „under construction" und die Hotline sonntags nicht besetzt. Per SMS bittet er sein Sekretariat in Wien, am Montag ihn wieder mit der Welt zu verbinden. Bis dahin muss sich Kummer mit seinem Iridium Go und dem Satellitentelefon begnügen, die er für Notfälle und das Abrufen von Wetterdaten an Bord hat. Seit sechs Uhr, kurz vor dem Sonnenaufgang, fährt Kummer unter Motor. Der Wind war soweit eingeschlafen, dass die Blu kaum noch Fahrt machte und der Autopilot den Kurs nicht halten konnte. Für Kummer ist das kein Drama, er musste ohnehin die

Batterien aufladen, da die Blu erst in der Türkei mit Solarzellen ausgestattet wird.

Dummerweise erweist sich die Wettervorhersage als falsch, der Wind dreht, nachdem er wieder aufgefrischt hat, immer weiter auf Ost anstelle von Südost. Kummer will aber nicht zu weit nach Norden segeln, falls der Südostwind tatsächlich noch kommt. Er stellt den Autopiloten auf Windsteuerung hoch am Wind ein, so dass die Blu eine gute Geschwindigkeit läuft. Die Windrichtung bestimmt also den Kurs und der führt Kummer nach Pholegandros, eine der südlichen Inseln der Kykladen, die zwischen Milos im Westen und Sikinos und Ios im Osten liegt. Kummer will in Ormos Vathy ankern, einer sehr schön gelegenen Bucht mit Sandstrand, die dafür bekannt ist, selbst bei Meltemi und kräftigen Fallböen guten Schutz zu bieten.

Erst kurz vor Erreichen der Bucht rollt Kummer im Schutz eines kleinen Kaps das Vorsegel ein und nimmt das Großsegel runter. Um 15.30 Uhr fällt der Anker. Über dem Sand steckt Kummer ausreichend Kette, dann ist er reif für das Bett. Endlich! Doch kurz bevor er unter Deck in seine Koje krauchen will, bemerkt er ein Auto, das eiligst an den Strand braust. Er sieht, dass er beobachtet wird, aber er kann nicht erkennen, wer ihn da ins Visier genommen hat. Das Militär? Das Wachpersonal der kleinen Feriensiedlung am Strand? Oder einfach nur ein neugieriger Grieche? Kummer kann es nicht erkennen. Und so beschließt er, keine Gedanken an den Mann mit Fernglas zu verschwenden. Die Coronakrise treibt merkwürdige Blüten, denkt er. Er will sich davon nicht beirren lassen, weiterhin das tun, was er für richtig, vernünftig und vor allem für sicher hält.

Noch bevor er sich zum Schlafen zurückzieht, klart er das Schiff auf und gönnt sich die erste Dusche seit zehn Tagen. Kummer hat sich vorgenommen, sparsam mit dem Wasser umzugehen. Es beschleicht ihn erstmals das Gefühl, dass seine Reise länger dauern könnte, als bislang gedacht. Da er keinen griechischen Hafen anlaufen darf, muss das Wasser auf jeden Fall bis in die Türkei reichen. Frisch geduscht sinkt Kummer in die Laken und schläft tief und fest für zweieinhalb Stunden.

Dann steht er auf, kocht sich ein gutes Abendessen, telefoniert kurz mit seinen Eltern via Satellit und legt sich wieder ins Bett. Die letzten Tage haben Kraft gekostet, seine Akkus müssen dringend aufgeladen werden. Er schläft wie ein Stein. Erst mit der Sonne steht er auf. Um 8 Uhr rasselt bereits die Ankerkette, dann geht es weiter. Die Windvorhersage ist ernüchternd. Immer noch kommt der Wind aus Osten, also setzt er im Schutz des kleinen Kaps das Großsegel mit Reff 2 und 80 Prozent des Vorsegels. Kummer muss kreuzen, ob er will oder nicht. Und darin sind Fahrtenkatamarane nicht richtig gut. Um einigermaßen Geschwindigkeit laufen zu können, ist ein Kurs höher als 50 Grad zum wahrem Wind, je nach Bedingungen sogar etwas weniger, nicht drin. Und da der Wind aus Ost kommt und im Laufe des Tages auf der Nordhalbkugel meist rechtsdrehend ist, segelt Kummer auf Steuerbordbug in Richtung Süden. Sein Plan ist es, den Bug zu wechseln, sobald der Wind dreht. Um die Segeleigenschaften zu verbessern, refft er nach einer Stunde das Groß auf das Reff 1 aus und fährt das volle Vorsegel. Es dauert nicht lange, da dreht der Wind wie erwartet und lässt einen langen Anlieger auf die Südspitze von Ios zu. Kummer nutzt die Zeit für ein Telefoninterview mit einem Logistik-Magazin. Nach zwei Kreuzschlägen erreicht er Ios, doch die Südbucht steht unter starkem Schwell. Kummer beschließt weiter zu segeln. Noch steht der Wind gut und die Blu dürfte in einem Schlag das Westende von Amorgos erreichen können. Auf der Seekarte sind dort zwei Buchten mit Ankersymbolen verzeichnet. Kummer kennt Amorgos, hat zweimal im Haupthafen der Insel gelegen und das wunderschöne Kloster besichtigt. Aber ein Hafen kommt diesmal nicht in Frage.

Gegen 20.30 Uhr erreicht er die erste Bucht. Allerdings stellt sich heraus, dass das Wasser dort sehr tief ist. Gibt Kummer ausreichend Kette, kommt er dem Ufer bereits sehr nahe. Also segelt er weiter zur zweiten Bucht. Doch die stellt sich als noch tiefer heraus. Kummer bleibt nichts anderes übrig, als nach einer weiteren Alternative zu suchen. Und die liegt sieben Seemeilen, also nochmal eine gute Stunde, entfernt.

Aber der Weg lohnt sich. Die Bucht ist sicher. Kummer kann beruhigt schlafen.

Am nächsten Morgen geht es bereits um 8 Uhr weiter. Zunächst unter voller Besegelung, allerdings mit Hilfe des Motors, doch schon nach weniger als einer Stunde weht es kräftig genug, um hoch am Wind entlang der schönen Nordküste von Amorgos zu segeln. Als Kummer die Ostspitze umrundet hat, belohnt ihn wunderschönes Segeln mit raumen Winden. Die Blu pflügt mit sieben bis acht Knoten durch das kristallklare Meer, es fühlt sich an wie Urlaub. Kummer überlegt, ob er gegebenenfalls gleich bis Symi durchsegeln soll, eine kleine griechische Insel, nur wenige Seemeilen vor der türkischen Südwestküste. Dann wäre er praktisch schon fast am Ziel. In die südliche Klosterbucht auf Symi war Kummer bereits im vergangenen Jahr nach einem wunderschönen Segeltag um Mitternacht eingelaufen.

Es ist der 24. März, ein Dienstag, und Kummer könnte noch vor dem Wochenende am Ziel seiner Reise sein.

Schlechte Nachrichten

Am Nachmittag ruft Kummer Volkan, den Leiter von Pitter-Yachtcharter in Göcek, an. Er will ihm die frohe Kunde überbringen, dass er bereits in zwei Tagen in den Golf von Fethiye einlaufen kann. Zeit, die Details des Tauschs der Katamarane zu besprechen. Aber Volkan hat schlechte Nachrichten für den Professor zur See. Wie Kummer bereits weiß, hat auch die Türkei die Seegrenzen geschlossen. Alle Anläufe, eine Ausnahmeregelung für Kummer zu finden, seien bislang gescheitert, sagt Volkan. Tagelang hätten er und der für das Einchecken verantwortliche Yachtagent versucht, alle Hebel in Bewegung zu setzen. Doch die waren wie festgerostet. Volkan ist verzweifelt, Kummer keine bessere Nachricht überbringen zu können. Er ist erstaunt, wie gelassen Kummer reagiert. Volkan schlägt Kummer vor, zunächst in griechischen Gewässern zu bleiben, für die die Blu ein gültiges „Sailing Permit“ hat.

Kummer muss in den sauren Apfel beißen, er weiß, dass Volkan die Hände gebunden sind. Natürlich würde er lieber die Boote wechseln und direkt Kurs auf Kroatien nehmen, bevor die Corona-Krise noch schlimmere Auswirkungen in der Türkei zeigt. Derzeit beschränken sich die Epizentren des Ausbruchs auf Großstädte wie Istanbul und Ankara. Aber er stimmt Volkans Plan zu. Ganz seine Art, versucht Kummer das Beste aus der verworrenen Situation zu machen. Also ändert er erneut seine Route. Anstatt den direkten Weg nach Symi zu nehmen, will er in den nächsten Tagen zunächst die ostägäischen Inseln Griechenlands besuchen. Da wollte er immer schon mal hin. Allerdings muss er zwei Dinge beachten: Er darf nicht zu weit von seinem Kurs abkommen, denn bei einer Überführung, bei der das Schiff frei von der europäischen Umsatzsteuer gestellt ist, muss er in Richtung Türkei segeln. Das gleiche gilt auch für eine „friendly passage“, die nach internationalem Seerecht jedem Schiff, das keine feindlichen Absichten hat, zusteht. Und, er will sich nicht zu weit von seinem Ziel entfernen, sollte sich kurzfristig doch noch eine Lösung für seine Einreise finden. Kummer hat das erste Ziel auf seiner neuen Route bereits im Sinn: Gyali, eine kleine Dodekanes-Insel zwischen Kos und Nisyros. Die zwei großen Berge, die einen Sandstrand einrahmen, waren Kummer bereits bei früheren Reisen aufgefallen, zumal der markante Steinbruch für Bimsstein gigantische Ausmaße hat. Immer schon wollte Kummer vor dieser Kulisse Anker werfen. Natürlich nicht direkt vor der Verladestation, mehr im Süden.

Sichtlich erschöpft: Segeln in den Dodekanes

Gegen 19.30 Uhr, die untergegangene Sonne hat das letzte Licht des Tages bereits mit sich genommen, holt Kummer nach einem herrlichen Tag auf dem Wasser die Segel ein. Mit Hilfe des Kartenplotters tastet er sich entlang der Küste durch die dunkle mondlose Nacht. Es ist so dunkel, dass Kummer die Umrisse der Insel nur erahnen kann. Als er glaubt, die Mitte der Ankerbucht erreicht zu haben, lässt er den Anker auf vier Meter Wassertiefe fallen. Zusammen mit dem Eisen fällt auch die Anspannung von ihm ab. Er genießt die nächtliche Szenerie, die abwechslungsreicher nicht sein könnte. Auf der einen Seite, etwa zwei Seemeilen entfernt, tüncht die Verladestation des Steinbruchs die Umgebung in gelbes Industrielicht, auf der anderen Seite flackert die Straßenbeleuchtung der Dörfer auf Nisyros über dem Meer, er selbst liegt im absoluten Dunkel.

Kummer checkt noch einmal in Ruhe den Wetterbericht. Der Tag mit der schlechten Nachricht scheint sich mit ihm versöhnen zu wollen. Der Nordwind hält zunächst an, was perfekt für Kummers Plan ist, zunächst gen Süden zu segeln. Später dreht er dann auf Süd, dann wenn er wieder nach Norden will. Kummer schmiedet Pläne. Gerne würde er in einigen Buchten auf Tilos ankern, bislang hatte er immer nur im Haupthafen gelegen. Auch die Inseln Chalki und Alimia reizen ihn, vielleicht sogar eine Umrundung von Rhodos. Die Bucht von Lindos, direkt unter der alten Festung, hat er noch in sehr guter Erinnerung. Und dann natürlich Symi, die kleine Insel vis-a-vis zum türkischen Datça, die ihm seit seinem ersten Besuch ans Herz gewachsen ist. Kummer ist guter Dinge, dass der Yachtagent und Volkan schon bald eine Lösung für ihn finden werden. Und so sinkt er, optimistisch gestimmt, schnell in den Schlaf.

Im Morgengrauen, als die Sonne durch das Panoramafenster seiner Kabine scheint, sieht Kummer, dass er die Blu trotz absoluter Dunkelheit perfekt geankert hat. Er genießt den Sonnenaufgang, gönnt sich ein üppiges Frühstück und beschließt, dass heute sein erster Urlaubstag ist. Und so fühlt es sich auch an. Von nun an ist der Weg das Ziel. Bei leichten Winden segelt Kummer entspannt von Gyali nach Tilos. Dabei passiert er Nisyros. Aus den diffusen Lichtern der vergangenen Nacht sind pittoreske Orte unterhalb des Vulkans geworden. Mit Nisyros verbindet Kummer schöne Erinnerungen an einen Törn vor 23 Jahren. Mit Freunden war er damals unterwegs, sie hatten Roller gemietet und waren bis zum Krater des noch aktiven Vulkans geknattert. Auf der Rückfahrt genossen sie den fantastischen Blick über den Kraterrand auf die Ägäis. Es war auch der Urlaub, in dem er seine Frau kennenlernte. Ein Jahr später heirateten sie, im Jahr darauf wurden die Zwillinge geboren. Das letzte Mal war er vor zehn Jahren auf der Insel gewesen, mit seiner Familie. Die Zwillinge waren noch klein und sie wiederholten den Ausflug von damals, diesmal mit einem Leihwagen. Der Ausblick war immer noch faszinierend schön. Und jetzt genießt Kummer den entgegengesetzten Blick - vom Wasser auf die Westseite der Insel. Der Wind weht nur schwach, die Blu schleicht über das Meer. Kummer zelebriert die Reise in Zeitlupe. Der Stress der vergangenen Tage ist von ihm abgefallen. Er studiert die Küste, dreht Videos und erholt sich. Er hat es nicht eilig. Und Tilos ist nur 17 Seemeilen entfernt.

Erst kurz vor der Insel wirft Kummer den Motor an, da ist der Wind komplett eingeschlafen. Schon die Strecke von Amorgos nach Gyali war wunderschön, aber wegen der Dauer von zwölf Stunden doch anstrengend. Heute, auf dem Weg nach Tilos, ist es Urlaub pur. Am Mittag ankert Kummer bereits in einer einsamen, wildromantischen Bucht, in die sich zwei Wadis, zwei ausgetrocknete Flussläufe, vom 651 Meter hohen Berg Profitis Ilias mit dem Kloster Pandeleimon schlängeln.

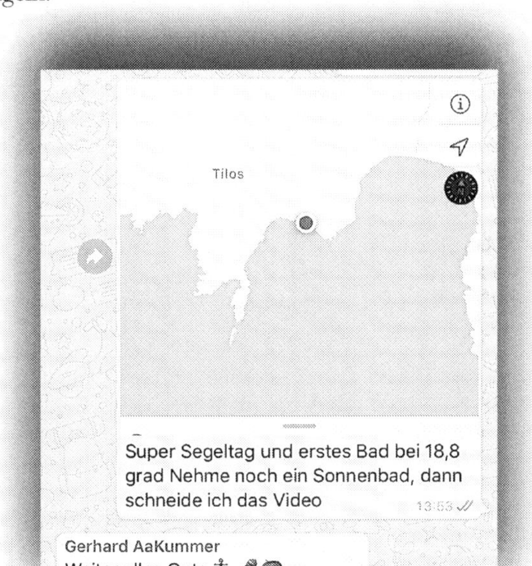

Wie der Revierführer es empfiehlt, ankert Kummer auf sechs Meter Tiefe gut einhundert Meter vor dem Strand. Das

Wasser ist kristallklar und so kann Kummer sehen, wie sich der Anker in den sandigen Boden gräbt und sicheren Halt bietet. Es ist der Beginn eines perfekten Nachmittags. Die Bucht ist menschenleer, nur eine unbewohnte Hirtenhütte steht am Ufer. Endlich ist es auch an der Zeit für das erste, lang ersehnte Bad der Saison. Um dem ersten Urlaubstag einen würdigen Abschluss zu geben, bereitet sich Kummer ein kleines Festmahl zu, dazu fischt er in der Tiefkühltruhe nach einem der besten gefangenen Speisefische, den er in einer Kräutersauce mit Weißwein und Olivenöl in der Pfanne schmoren will. Dazu gibt es Pasta und ein gutes Glas Wein. In den vergangenen Tagen hatte es bereits Reis und Kartoffeln gegeben. Kummer muss schmunzeln und nippt am Wein:

„Variato delectat" - die Vielfalt erfreut.

Trauma auf Tilos

Kummer steht gut gelaunt am Herd und freut sich über die gelungene Kräutersauce. Durch die großen Fenster des Salons fällt das warme Licht des Sonnenuntergangs, als er plötzlich ein Megaphon hört. Die Stimme klingt bedrohlich blechern, so wie in Hollywoodstreifen, wenn eine Katastrophe unmittelbar bevor steht und die Passanten ein letztes Mal gewarnt werden. Perplex sieht Kummer, dass ein Boot der griechischen Küstenwache mit hoher Geschwindigkeit hinter ihm auftaucht. Er wundert sich, warum die Beamten ein Megaphon benutzen, schließlich ist er der einzige Mensch weit und breit, dem sie etwas mitteilen könnten. Warum also die Dramatik? In Badehose und T-Shirt geht Kummer zum Heck, um die Beamten zu begrüßen. Doch er traut seinen Augen nicht. An Deck stehen zwei Polizisten. Der eine hält das Mikrophon vor den Mund, der andere versteckt sein Gesicht hinter einer Maske. Die Szenerie wirkt beängstigend. Vor allem, weil der kleinere der beiden eine Maschinenpistole auf ihn richtet. Kummer ist entsetzt. Einerseits über die razziaartige Kommandoaktion, andererseits über die Anschuldigungen, die Kummer zu hören bekommt.

In unfreundlichen Worten beschuldigt der Mann am Megaphon ihn, er würde ein große Straftat begehen. Kummer kann sich keinen Reim darauf machen, schon gar nicht versteht er, warum er fortwährend mit einer Maschinenpistole bedroht wird wie ein Schwerverbrecher. Ziemlich offensichtlich ist der hagere Mann in Badehose und T-Shirt und den langen weißen Haaren kein bewaffneter Terrorist, sondern ein harmloser Segler. Kummer versucht zu erklären. Er sagt, dass er auf dem Weg von Frankreich in die Türkei sei, hier die Nacht verbringen wolle, um sich zu erholen. Natürlich habe er auch das erforderliche „Sailing Permit". Doch das interessiert die Beamten nicht, vielmehr wollen sie sofort alle Bootspapiere sichten. Kummer willigt ein, die Beamten an Bord zu lassen. Er hat auch keine andere Wahl. Die Küstenwache geht längsseits zur Blu, macht auf der Backbordseite fest. Der Beamte mit dem Megaphon prüft regungslos die Papiere, dann greift er zum Telefon und telefoniert vermutlich mit seinem Vorgesetzten. Kummer versteht kein Griechisch, der Tonfall allein verheißt nichts Gutes. Als das Gespräch beendet ist, schaut der Beamte Kummer tief und eindringlich in die Augen. Eigentlich, beginnt er den Satz, müssten sie ihn ins Gefängnis stecken, da er unter türkischer Flagge fährt. Dann huscht so etwas wie ein düsteres Lächeln über sein Gesicht. Aber wenn Kummer sofort den Anker lichtet und direkt in die Türkei fährt, würden sie von einer Strafe absehen. Noch ehe Kummer etwas sagen kann, fährt er fort. Er wisse, dass er als Deutscher wahrscheinlich nicht in die Türkei einreisen könne. Aber es gebe nur die beiden Möglichkeiten: Gefängnis oder sofortige Ausreise.

Kummer ist nicht nach einer Diskussion zumute. Schon gar nicht in Anbetracht des Laufes der Maschinenpistole, in den er immer noch schaut. Also schaltet er die Navigationslichter an und liftet den Anker. Draußen ist es stockdunkel, als die Blu die Bucht verlässt und Kurs entlang der Westküste von Tilos nimmt. Wie ein unheimlicher Schatten begleitet die Küstenwache den Katamaran bis an die Südspitze der Insel. Erst als Kummer den Kurs auf die Türkei setzt, dreht das Boot ab. Kummer geht auf Autopilot und ruft den neuesten Wettbericht ab. Mal sehen, welche Überraschungen das Schicksal noch für ihn bereit hält.

Erst jetzt, auf See, verarbeitet Kummer die Ereignisse aus der Bucht. Er hält die Vorgehensweise der Küstenwache für vollkommen überzogen und ungerechtfertigt. Wie kann ein Segler in einer einsamen Bucht, der sein Boot nicht einmal verlässt, eine Corona-Gefahr für andere darstellen? Vielmehr hält er das Verhalten der Küstenwache für grob fahrlässig, ihn zu einer Nachtfahrt zu drängen und ihm das Recht auf eine sichere Bucht abzusprechen, wohlwissend, dass er auch in der Türkei nicht einlaufen kann. Egal, welche Flagge die Blu hat, Kummer ist deutscher Staatsbürger, vor allem aber ein Bürger der Europäischen Union, genauso wie die Griechen. Und die haben ihn eben ohne Begründung mit einem Tritt in seinen Allerwertesten aus der EU gekickt. Hinzu kommt, dass der Besuch der Küstenwache an Bord die einzige Möglichkeit für ihn wäre, sich mit Corona anzustecken. Vor 15 Tagen, und damit länger als die übliche Quarantäne dauert, hatte er zuletzt Land unter den Füßen, die einzigen Menschen, die ihm seitdem nahe gekommen sind oder das Boot hätten kontaminieren können, waren ebenfalls Beamte der Küstenwache.

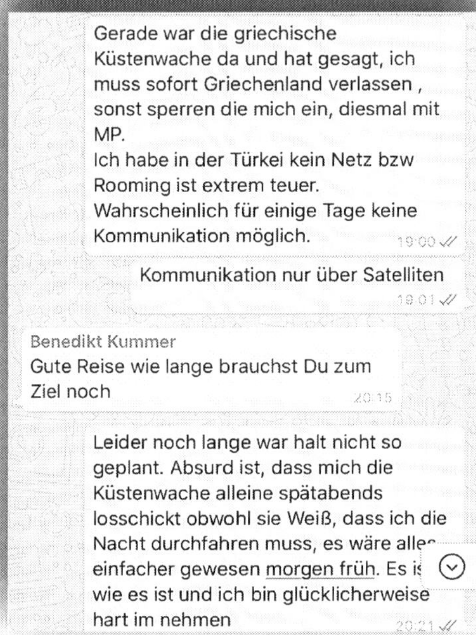

Immerhin scheint das Wetter keine weiteren bösen Überraschungen für Kummer bereit zu halten. Die Prognose sagt mäßige südliche beziehungsweise südöstliche Winde voraus. Doch wohin soll Kummer überhaupt segeln? Mittlerweile ist die komplette Küste des Mittelmeeres für ihn tabu. Kummer realisiert, dass er im Niemandsland gefangen ist. Außer…? Plötzlich hat er eine Idee. Was wäre, wenn die Klosterbucht auf Symi gar nicht zu Griechenland gehört, sondern zum Kloster? So wie die Mönchsrepublik Athos bei Thessaloniki.

Kummer gefällt die Idee, beim Kloster Asyl zu suchen. Es wäre der perfekte Platz, um die Krise zu überdauern. Die Bucht ist gegen alle Winde und selbst schwere Stürme geschützt. Und in dem kleinen Supermarkt würde er genügend Lebensmittel kaufen können, um zu überleben. Gleich am nächsten Morgen will er das überprüfen. So langsam hat Kummer genug von Griechenland. Er weiß zwar, dass er als Deutscher mit türkischer Flagge so etwas wie ein Hassobjekt ist, trotzdem hätte er von den staatlichen Organen eine gewisse Objektivität und Rechtsstaatlichkeit erwartet.

Noch am Abend ruft Kummer Volkan in Göcek an, um ihm mitzuteilen, dass der Griechenland-Plan gescheitert ist. Auch hatte er gehofft, dass sich bereits eine Lösung abzeichnet, aber Volkan hat keine Neuigkeiten. Er schlägt vor, dass Kummer in die türkischen Gewässer einlaufen soll, um in einer Bucht Schutz vor Wind und Wetter zu finden. Ende März kann das Mittelmeer auch in der Türkei noch äußerst tückisch sein. Stürme mit Böen über fünfzig Knoten sind durchaus üblich. Volkan, der die türkische Küste in- und auswendig kennt, schlägt Bozukkale vor, eine geschützte Bucht gegenüber von Rhodos. Der Vorteil von Bozukkale ist, dass die Bucht relativ weit vom nächsten Stützpunkt der Küstenwache in Marmaris entfernt ist, dass es dort - zumindest in der Saison - drei Restaurants gibt, Kummer also Nahrung aufnehmen könnte, und dass die Bucht bei fast allen Winden wegen einer kleinen, kaum sichtbaren Einfahrt unterhalb einer Festungsruine, gut geschützt ist.

Kummer kennt die Bucht, vor Jahren hatten er hier einmal mit der Nausikaa am Steg des Restaurants am Ende der Bucht angelegt. Trotzdem hat Kummer Bedenken. Nachts alleine mit einem Kat an einem unbeleuchteten Steg mit Mooring anzulegen, ist fast ein Ding der Unmöglichkeit. Frei ankern wäre Kummer deutlich lieber. Nicht nur, weil das Manöver einfacher ist, auch weil er ungern Land betreten will, ohne offiziell eingecheckt zu haben. Nach den Erfahrungen mit der griechischen Küstenwache ist Kummer lieber vorsichtig bei etwaigen Gesetzverstößen. Würde er türkischen Grund und Boden betreten, wäre er zweifelsohne ein illegal Eingereister.

Zwar gibt es in der Bucht auch einen Bereich mit gutem Ankergrund, aber ausgerechnet der seltene, aber vorhergesagte Südostwind, würde dort für ordentlich Schwell sorgen. Volkan sieht das ein. Er verspricht Kummer, Alternativen zu suchen. Wenig später schickt er per WhatsApp die Standorte einiger möglicher Buchten. Am geeignetsten scheint die Bucht Geberske bei Çiftlik zu sein, auch wenn das für Kummer bedeutet, die ganze Nacht durchfahren zu müssen. Den erprobten 15-minütigen Wachwechsel hält er für ungeeignet, da die Gewässer zwischen der Türkei und Griechenland sehr anspruchsvoll und viel befahren sind. Zudem gibt es in dieser Gegend auch regelmäßig Schleuseraktivitäten und Kummer möchte nicht noch einmal ins Visier der Küstenwache geraten. Zu allem Überfluss hat er gehört, dass die türkische Marine in der Ostägäis ein Manöver ausübt.

Für welche Bucht sich Kummer auch entscheiden wird, der Kurs ist erst einmal der gleiche. Er muss Symi südlich passieren und dann entlang der Küste der türkischen Halbinsel Karaburun segeln, vis-a-vis zu Rhodos. Auf der Nachtfahrt passieren eigenartige Dinge. Zwei Schiffe, die auf dem AIS zwei Seemeilen südöstlich von ihm angezeigt werden, aber keine Kollisionsgefahr darstellen, verschwinden plötzlich von der Anzeige. Das kann mal aufgrund von Störsignalen passieren, aber auch die Positionslichter, die Kummer verfolgt hat, sind plötzlich erloschen. Zwanzig Minuten später tauchen sie wieder nördlich von ihm auf. Kummer ist sich sicher, dass es sich nicht um typische Frachter oder Containerschiffe handelt. Es ist ihm mittlerweile auch egal, er ist nur froh, sich entschieden zu haben, die ganze Nacht wach zu bleiben.

Gegen 1 Uhr nachts passiert er die Einfahrt zur Bucht von Bozukkale. Anders als vorhergesagt weht der Wind hier aus Süden. In der Straße zwischen Rhodos und der türkischen Halbinsel Karaburun ist das keine Seltenheit, der Wind wird hier abgelenkt. Außerdem ist er deutlicher schwächer als vorhergesagt, so dass Kummer sich entscheidet, doch in die von Volkan empfohlene Bucht einzulaufen. Nur langsam tuckert er durch die schmale Einfahrt, hinter der sich die große Bucht versteckt, um Fischernetze oder Mooringbojen rechtzeitig zu erkennen. Ein Seil in der Schraube ist jetzt das Letzte, was Kummer gebrauchen kann. Er blättert in dem Revierführer von Horn/Hoop: „Türkische Küste – ostgriechische Inseln“, den er extra für die Reise gekauft hat. Dort ist die Bucht wie auch zuvor die Ankerplätze in Gyali und Tilos wunderbar beschrieben. Kummer entscheidet sich für die „Ankerbucht C“, über die der Revierführer schreibt: „Das Eisen fällt auf 5-8 Meter“.

In der Nähe der anvisierten Bucht liegen einige Bojen. Da Kummer damit rechnen muss, längere Zeit in Bozukkale verbringen zu müssen, und an der türkischen Küste der Wind häufig dreht, versucht er möglichst im Zentrum der Bucht zu ankern und zu allen Küstenstreifen den gleichen Abstand zu halten. Nachdem der Anker gut eingefahren ist, gibt Kummer noch einmal kräftig rückwärts Gas, um sicherzugehen, dass der Anker auch wirklich hält, und zu prüfen, wie nah die Blu der Küste kommt. Es ist zwar stockdunkel, aber auf dem Kartenplotter kann er gut die Umrisse der Küste erkennen. Beim ersten Ankerversuch liegt die Blu nach seinem Geschmack etwas zu nah am südlichen Teil der kleinen Bucht. Da Kummer beim Ankern ein Sicherheitsfanatiker ist, entscheidet er sich, das Manöver zu wiederholen und den Anker etwa 15 Meter weiter nördlich zu setzen. Der zweite Anlauf sitzt, der Anker hält.

Kummer ist in der Türkei angekommen, nach knapp 3000 Meilen auf See. Doch von einem Hochgefühl fehlt jede Spur. Vielmehr ist Kummer traurig und fassungslos ob seiner Situation. Er kann immer noch nicht fassen, was in Griechenland passiert ist. Zum ersten Mal in seinem Leben wurde ihm Gefängnis angedroht. Und schlimmer noch, er wurde mit einer Waffe bedroht. Aber er ist zu müde und erschöpft, um sich weitere Gedanken darüber zu machen. Er geht in seine Koje und schläft sofort ein.

Teil 4
Alles Große entsteht im Sturm

„Der schrecklichste der Schrecken, das ist der Mensch in seinem Wahn"
Friedrich Schiller

Im Autopilotmodus: Kummer erreicht die Türkei wie in Trance

Gestern Nacht war ich in einer Art Autopilotmodus. Ich hatte einfach nur funktioniert, auch war ich sehr traurig, darüber, was passiert war. Die Begegnung mit der Coast Guard hat mir ein wenig die Stimmung verdorben. Vorher war ich so glücklich und hatte den Tag genossen. Aber ich weiß, mir geht es gut, bin in einer wunderschönen und nautisch sicheren Bucht. Nur die Angst vor der Küstenwache und ein wenig vor Hobbypiraten ist da. Ich werde versuchen, wieder auf Urlaubsfeeling umzustellen." Noch während Kummer am nächsten Morgen diese Zeilen in seine privaten Notizen schreibt, blickt er aus dem Panoramafenster seiner Kajüte. „Wie passend", denkt er, als er in den bedeckten Himmel schaut.

Doch trotz des Grau am Horizont, besinnt sich Kummer auf seine größte Stärke - den grenzenlosen Optimismus. Er schaut durch das Fenster mit großen Augen, wie ein Kind bei seiner ersten Bahnfahrt. Und was er sieht, gefällt ihm. Die Natur um ihn herum ist wirklich beeindruckend. Die sanften Berge, die die Bucht einrahmen, erblühen Ende März in einem satten Grün, überall sprießen Blumen zwischen den großen Steinen, die an bunte Farbkleckse auf einem Aquarell erinnern. Irgendwo kräht ein Hahn. Auch das kristallklare Wasser spielt mit der Farbe, geht von einem tiefen Blau in der Mitte Bucht über alle Schattierungen in ein Hellgrün am Uferbereich über. Direkt oberhalb der Einfahrt zu der Bucht, thront eine alte Festung. Zur Seeseite ist sie ein Bollwerk mit einer 330 Meter langen Mauer, bis zu acht Meter hoch. Die Überreste sind noch gut erhalten. Zwischen den dicken Mauern kraxeln Ziegen, Esel knabbern an den wuchtigen Wehrtürmen an Gräsern. Die Ruinen geben der Bucht ihren Namen. Bozukkale heißt übersetzt „kaputte Burg" oder eben Burgruine. In der Antike beschützte die Festung die dicht besiedelte Stadt an der 1,8 Kilometer langen Bucht. Loryma, so der Name, wurde wahrscheinlich im siebten Jahrhundert vor Christus erbaut. Deutsche Archäologen fanden die Reste mehrerer Heiligtümer, einer Nekropole sowie zahlreicher antiker Gehöfte. Von Bozukkale aus belagerten später die Osmanen unter Süleyman dem Prächtigen das gegenüberliegende Rhodos, das keine zehn Seemeilen entfernt liegt. Gut sichtbar, ganz oben auf der Ruine, weht heute der weiße Halbmond auf rotem Grund, wie überall an markanten Punkten an der Küste. Als Kummer die türkische Fahne entdeckt, erinnert er sich an die schönen Segelurlaube, die er bereits in dem Land verbracht hat. Er genießt die Ruhe in dieser einsamen atemberaubenden Naturkulisse und fühlt sich gleich viel besser.

Doch es dauert nicht lange, da vernimmt Kummer ein Geräusch, das ihn beunruhigt. Erst ist es ganz leise, dann mal verschwunden, um kurz darauf lauter und deutlicher zurückzukehren. Kummer kann anfangs das Geräusch nicht konkret zuordnen, schon gar nicht erkennen, woher es kommt. Es klingt wie ein monotones Stampfen. Das Echo hallt an den Bergen der Bucht, reflektiert den Schall von links nach rechts, von vorne nach hinten. Dann wird das Geräusch immer klarer. Kummer ist sich jetzt sicher, dass es das dumpfe Pochen eines Dieselmotors ist. Er bekommt also Besuch. Gebannt blickt der Skipper zur Einfahrt der Bucht. „Bloß nicht die Küstenwache“, denkt er. Doch dann schiebt sich ein kleines weißes Fischerboot durch die schmale Enge. Kummer atmet erleichtert auf.

Es soll nicht das einzige Fischerboot bleiben, das Kummer in den nächsten Tagen sehen wird. Trotzdem versetzt ihn das Motorengeräusch jedes Mal in Angst. Panisch schaut er dann zur Einfahrt der Bucht, um sich zu vergewissern, dass es keine Küstenwache ist. Einmal erspäht er sogar ein Schiff, das wie Militär oder Coast Guard aussieht. Aber es passiert die Bucht in einiger Entfernung. Eigentlich wollte Kummer lieber in Griechenland bleiben, weil er dachte, er sei in der EU besser geschützt. Doch er wurde eines Besseren belehrt. Jetzt hofft er, dass er sich hinter der türkischen Fahne am Heck verstecken kann wie hinter einem Schutzschild. Dass sie ihn unsichtbar macht für Grenzkontrollen. Kummer hat sicherlich kein Interesse daran, in ein türkisches Gefängnis gesteckt zu werden wegen illegaler Einwanderung. Aber ihm bleibt keine andere Wahl, als das Risiko einzugehen. Unmöglich kann er tage- oder vielleicht sogar wochenlang außerhalb aller Hoheitsgewässer auf seiner Blu auf dem Meer treiben, bei heftigen Stürmen und regem Schiffsverkehr. Das einzige, was Kummer bleibt, ist abzuwarten und nicht an Land zu gehen, bevor er einklariert hat. Er hofft auf Volkan und eine baldige Lösung.

Bozukkale erweist sich nicht nur als sicherer, sondern auch als strategisch perfekter Ankerplatz. Hier ist Kummer sicher vor der griechischen Küstenwache, die ihn offensichtlich auf dem Kieker hat, aber er ist nahe genug an Rhodos, um das griechische Mobilfunknetz abzugreifen. Durch das EU-Roaming kann er somit kostenlos nach Österreich und Deutschland telefonieren und das Internet nutzen. Schon bei der Abfahrt von Tilos hat Kummer die automatische Netzauswahl abgestellt und einen griechischen Provider ausgewählt, damit er nicht versehentlich das Internet eines türkischen Providers nutzt und die Kosten explodieren.

Um 10 Uhr ruft Volkan an. Er will wissen, wie es Kummer geht, wo er steckt und was er treibt. Erst dann stellt er die Frage, die Kummer erst einmal sacken lassen muss. „Was soll eigentlich von der Ausrüstung auf der Sunce 2 bleiben und was soll auf die Blu?", fragt Volkan. Kummer braucht einen kurzen Augenblick, um zu verstehen. „Heißt das...", setzt er an. Aber Volkan unterbricht ihn freudig. „Ja, es gibt eine Chance zum Ein- und Ausklarieren." Wahrscheinlich können sie die Boote tauschen. Er will Kummer mittags nochmal anrufen. Dann hofft Volkan, mehr zu wissen. Sofort macht sich Kummer daran, alles für die Abfahrt vorzubereiten. Er klart das Schiff auf, packt seine Taschen, die Seesäcke und Boxen. Neben Kleidung verstaut Kummer auch seine Bücher, Karten, Navigations- und Sicherheitshilfsmittel, die Rettungswesten und das Werkzeug. Da auf Charterschiffen meist nur Werkzeug für einfache Arbeiten an Bord ist, reist Kummer nicht ohne weiteres Equipment wie Akkubohrer, Seitenschneider, Scheinwerfer und anderes notwendiges Werkzeug. Zudem packt er den Spinnaker ein, den er mit auf die Lagoon 450 für die Rückreise nehmen will. Auch die restliche Verpflegung lagert er in Kisten. Wenn er Volkan richtig verstanden hat, wird es einen Tausch der Katamarane auf dem Wasser geben. Das heißt,

Kummer wird das Boot wechseln und sofort Richtung Kroatien aufbrechen. Voller Vorfreude ruft Kummer den neuesten Wetterbericht ab, geht auf Routenplanung, gibt Göcek und Biograd ein. Die Prognose ist ein Dämpfer. Die kommenden zehn Tage ist das Wetter alles andere als perfekt, vor allem auf der langen Strecke von Kreta durch das Ionische Meer. Predict Wind sagt relativ starken Nordwind voraus. Gegen Wind und Welle im Ionischen Meer Richtung Adria anzukreuzen ist aber fast unmöglich.

Mittags werden die tiefhängenden Wolken immer grauer und schwerer, bis sie sich erleichtern. Kummer freut der Regen. Die Blu hat die letzten Wochen viel Salzwasser abbekommen, das letzte Mal wurde sie in Málaga mit Süßwasser gespült. Das aggressive Salz ist der größte Feind eines jeden Bootes, aber da die Wasserreserven knapp an Bord waren, hatte Kummer sich dagegen entschieden, mit dem raren Gut Rigg und Deck abzuspritzen. Der Regen kommt also gerade rechtzeitig zur Bootsübergabe.

Außerdem nutzt Kummer den Regen, um Trinkwasser zu „ernten", wie er es nennt. Die Lagoon 46 hat dafür eine spezielle Regenrinne, wie Blauwassersegler sie häufig nutzen. Der Regen läuft vom Deck in eine Spalte, die das Wasser kanalisiert und zu einem Ausfluss leitet. Über einen Schlauch kann Kummer es direkt in Behälter abfüllen. Schon nach kurzer Zeit, hat er drei Liter Trinkwasser gewonnen. Allerdings ist das Wasser stark mit Sandpartikeln versetzt, in den Behältern bildet sich ein daumendicker Bodensatz. Kummer schöpft mit Kelle das Oberflächenwasser ab, erhitzt es auf dem Herd. Auch sind Rigg und Deck der Blu nach drei Stunden Dauerregen zwar mit Süßwasser gespült, aber immer noch sehr dreckig. Offenbar waren im Regen viel Dreck und Pollen.

Kummer wärmt die Pasta vom Vortag auf, die er kochte, als die Küstenwache ihn aus Griechenland verjagte. Dazu gönnt er sich zur Feier des Tages ein schönes, saftiges Steak. Eigentlich isst Kummer überwiegend vegetarisch und Fisch, aber für die Crew hatte er in Málaga eine große Packung Fleisch gekauft. Langsam ist es an der Zeit, den Gefrierschrank zu leeren, steht die Abreise doch kurz bevor. Es ist bereits Nachmittag, Volkan hat sich immer noch nicht gemeldet. Aber Kummer weiß, dass manche Dinge in der Türkei ihre Zeit brauchen. In Vorfreude auf ein Ende der Ungewissheit, gibt Kummer der österreichischen Kronenzeitung ein Interview.

Foto Merten Kaatz

Bozukkale im Sommer: Beliebter Ankerplatz für Yachten

Es ist schon Abend, als Kummer endlich eine Nachricht von Volkan erhält. Doch statt eines Anrufs, schickt der Stationsleiter aus Göcek eine weitere Auswahl an Buchten. Das sagt alles. Es war offenbar doch nicht möglich, eine Lösung zu finden. Kummer ist deprimiert, enttäuscht legt er sich ins Bett. Erst am nächsten Morgen bespricht er die Details mit Volkan. Die schlechte Nachricht hatte ihm am Vorabend die Kraft geraubt. Kummer wollte nur noch schlafen.

Im Gespräch schlägt Volkan vor, dass es das Beste sei, wenn Kummer zunächst in Bozukkale bleibt. Kummer willigt ein, er vertraut dem Rat des erfahrenen Seglers. Also macht er sich wieder daran, alles wieder aus den Taschen, Seesäcken und Boxen auszupacken. „Auch eine Art von Beschäftigungstherapie", denkt Kummer. Natürlich ist er enttäuscht, dass die vermeintliche Lösung wie eine Seifenblase zerplatzt ist, aber er hat sich an sein Dasein als Pirat im Niemandsland gewöhnt. Und er findet sogar Gefallen daran.

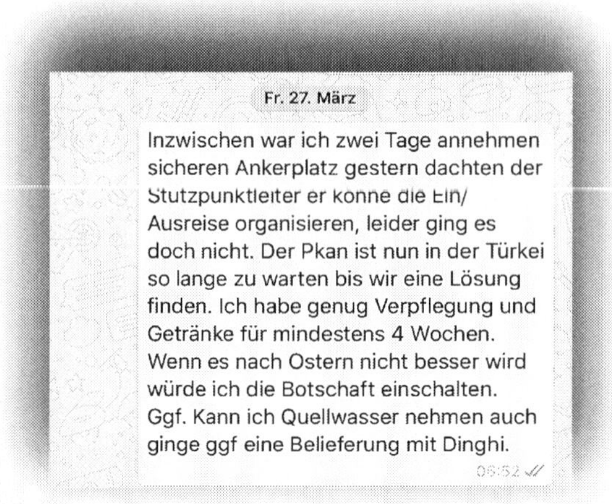

Mittlerweile zuckt er auch nicht mehr bei jedem Fischerboot zusammen, das in die Bucht kommt, er kennt das Geräusch. Schon am Nachmittag freut er sich wieder über die „schönste Quarantäne der Welt“, wie er sein Eremiten-Dasein auf dem Katamaran nennt. Kummer ist fest entschlossen, sich nicht unterkriegen zu lassen, er will die Zeit an Bord genießen.

Asyl bei den Mönchen?

Mittlerweile ist es der 27. März, ein Freitag. Kummer liegt immer noch in Bozukkale, ein Ende seiner Odyssee ist weiterhin nicht abzusehen. Der Professor nutzt die Zeit, um zu arbeiten. Er schreibt an der Neuauflage eines Fachbuches, steht im engen Kontakt zu seinem Institut, betreut die Studenten online. Mal fühlt er sich wie in einem Bilderbuchurlaub, mal wie ein Gefangener. Die Ungewissheit belastet ihn, auch das ewige Verstecken vor der Küstenwache. Der Vorfall auf Tilos hat eine Art Trauma bei ihm ausgelöst. Trotzdem hat Kummer sein Schicksal angenommen und versucht, das Beste daraus zu machen. Und das beinhaltet auch, selbst nach Lösungen zu suchen.

Schon vor einigen Tagen hatte der ehemalige Mitarbeiter und heutige Professor in Wismar, Sönke Reise, ihn kontaktiert und die autonome Mönchsrepublik Athos als Ausweichziel vorgeschlagen. Kummer findet die Idee, bei einem Kloster um Asyl zu bitten, charmant. Er hatte ja selbst die Idee gehabt, im Kloster auf Symi gleiches zu tun, was wegen der unmittelbaren Nähe zu seinem Standort perfekt gewesen wäre. Ein Freund hatte bereits Kontakt zu den Glaubensbrüdern aufgenommen und sogar die Zusage von den Mönchen auf Symi erhalten, sie wollten Kummer helfen. Doch um nach Symi zu kommen, musste Kummer durch die griechischen Gewässer. Das Risiko schien ihm zu hoch. Aber Athos?

Vor zwölf Jahren hatte Kummer die Halbinsel südöstlich von Thessaloniki umsegelt. Von daher weiß er, dass es dort keine sicheren Häfen und Buchten gibt und die Einreise zudem kompliziert ist. Pro Tag werden nur fünfzehn nichtorthodoxe Christen in die Mönchsrepublik gelassen. Außerdem wacht auch hier die griechische Küstenwache darüber, dass sich kein Schiff näher als 500 Meter der Küste nähert, deswegen hatte Kummer auch Athos nicht in Erwägung gezogen. Doch jetzt wird er nachdenklich. Unabhängig voneinander legen ihm sowohl seine Freundin auf Teneriffa als auch ein befreundeter Salzburger Unternehmer Athos an Herz. Und sie haben bereits recherchiert. Kummer müsste dort nach seiner Ankunft für vierzehn Tage in Quarantäne, sprich vor der Halbinsel ankern. Die Mönche würden ihn aber versorgen. Kummer gefällt die Idee, mit den Geistlichen das Osterfest zu feiern. Und hat sein Eremiten-Dasein auf der Blu nicht ohnehin etwas von der Askese der Mönche? Trotzdem ist Kummer skeptisch.

Zum einen ist der einzige Hafen der Mönchsrepublik nicht gegen alle Winde geschützt. Zum anderen liegt Athos 350 Seemeilen entlang einer Küste, die stark von Flüchtlingen frequentiert wird, um von der Türkei auf die vorgelagerten griechischen Inseln zu gelangen. Es ist also nahezu garantiert, dass er auf griechische und/oder türkische Küstenwache treffen wird. Eventuell müsste er genau auf der Seegrenze segeln, aber auch das ist unrealistisch, ist doch die schmalste Stelle zwischen Samos und dem türkischen Festland weniger als eine Seemeile breit. Kummer will über eine Entscheidung, ob er Richtung Athos aufbrechen soll, eine Nacht schlafen. Irgendetwas sagt ihm, dass der Plan nicht aufgehen wird.

Am nächsten Morgen drängt ihn seine Freundin aus Teneriffa zu einer schnellen Entscheidung. Die Mönche, sagt sie, hätten nur noch Platz für ein Schiff. Und da sich ihrer Meinung nach die Lage insgesamt eher verschlechtern wird, will sie Kummer in Sicherheit wissen. Kummer teilt ihre Ansicht über die Entwicklung der Corona-Krise. Sie rät Kummer, der sonst nicht so viel Wert. auf Titel legt, unbedingt zu erwähnen, dass er Universitätsprofessor ist. „Darauf stehen die Mönche", sagt sie. Also bereitet Kummer ein Schreiben vor:

„Guten Morgen,
mein Name ist Universitätsprofessor Dr. Sebastian Kummer, ich leite in meinem Berufsleben das Institut für Transportwirtschaft und Logistik der Wirtschaftsuniversität Wien. Ich bin ein römisch-katholisch getaufter Christ, kenne aber die orthodoxen Kirchen, da ich viel in Griechenland gesegelt bin und in der Zeit des Umbruchs in Russland den

russischen Universitäten geholfen habe. Ich bin deutscher Staatsbürger, lebe aber seit 20 Jahren in Wien, Österreich.

Ich befinde mich in einem Sabbatical, in dem ich unter anderem einen Segelkatamaran von Les Sables-d'Olonne nach Göcek in die Türkei überführen wollte. Meine Reise startete am 20.2. ganz normal. Bei Málaga machten wir am 6.3 einen Crewwechsel. Am 9.3 hörte ich, dass Italien alle Häfen schließt. Gemeinsam mit der Crew entschied ich, dass die beiden anderen Crewmitglieder nach Hause fliegen und ich das Schiff alleine überstelle. Ich habe die Herausforderungen der Reise gut bewältigt. Mein Problem ist, dass in der Zwischenzeit ich nicht mehr in die Türkei einreisen kann. Auch Griechenland verweigert die Einreise. Nach Italien kann ich auch nicht. Alle Länder schicken mich zurück auf See, wo ich alleine auf Dauer nicht überleben kann. Meine Freundin aus Teneriffa, die für das deutsche Fernsehen gearbeitet hat und mir bei der Reise hilft, hat mir den Monte Athos ans Herz gelegt. Ich finde, wenn Gott ruft, sollte man dem Ruf folgen. Der Name des Schiffes ist Blu. Das Schiff ist 13,99 m lang, 7,90m breit und hat einen Tiefgang von 1,30m, die Tonnage ist 20 Bruttoregistertonnen. Der Eigentümer ist die SWF GmbH aus Fethiye. Das Schiff ist vollkaskoversichert.

Obwohl ich seit zwanzig Tagen nicht mehr an Land war und niemand an Bord war - die Kontrolle durch die Küstenwache erfolgte längsseits und ich habe natürlich dabei auf strengste Hygienestandards geachtet - würde ich 14 Tage oder auch länger vor der Küste an einem von Ihnen zugewiesenen Platz in Quarantäne gehen.

Ich würde mich sehr freuen, wenn sie mir in diesen schweren Zeiten einen sicheren Hafen geben würden und würde - nach der Quarantäne - gerne das orthodoxe Osterfest mit Ihnen feiern."

Von Anfang an hatte Kummer Bauchschmerzen bei der Athos-Idee. Vor allem wegen des schwierigen Weges dorthin und des unsicheren Hafens. Bei einer Internetrecherche stößt er nun auf eine Nachricht, woraufhin er seine vagen Pläne endgültig ad acta legt: Selbst in der Mönchsrepublik hat es schon die ersten Corona-Fälle gegeben. Im türkisch-griechischen Niemandsland, davon ist Kummer jetzt überzeugt, ist er besser aufgehoben. Und deutlich näher an seinem Ziel, sollte sich doch eine spontane Lösung abzeichnen.

Medienrummel

Kummer hatte seit seiner Abfahrt in Frankreich regelmäßig auf Facebook über die Reise berichtet, Freunde und Familie hielt er zudem regelmäßig über WhatsApp auf dem Laufenden. Der Kreis der Leute, die Anteil an Kummers Odyssee nahmen, wuchs ständig, nicht zuletzt wegen der Beiträge im österreichischen Radio und Fernsehen. Vor allem unter Seglern war das Interesse groß. Und so hatte Kummer bereits kurz nach dem Auslaufen aus Mallorca, als seine Solosegler-Karriere begann, seine Facebook-Politik geändert. Vor der Reise hatte er nur neunzig „Freunde", die er aber wirklich kannte. Geschäftskontakte hatte er bei Facebook geblockt und auf seine Businesskanäle bei Xing und LinkedIn verwiesen.

Während Kummer immer noch in Bozukkale vor Anker liegt, versteckt vor der Küstenwache, isoliert auf der Blu, eine Lösung immer noch nicht in Sicht, da hat er bereits über 600 Facebook-Freunde. Menschen, die er zum Großteil gar nicht kennt, die ihn aber virtuell begleiten wollen bei seinem ungewollten Abenteuer. Schon vor Tagen hatte Kummer beschlossen, Kontaktanfragen aus seinem weiteren Umfeld, von anderen Seglern und interessierten Journalisten anzunehmen.

Aber Kummer ist nicht naiv. Dubiose Anfragen blockt er nach wie vor, auch verrät er nicht seinen aktuellen Standort. Seine Posts sendet er mit mehreren Tagen Verzögerung, das Bordfunkgerät, das Positionsdaten sendet und dem Boot zugeordnet werden kann, hat er abgestellt. Fotos und Videos versucht er so aufnehmen, dass der Hintergrund seinen Aufenthaltsort nicht verrät. Seine Freundin aus Teneriffa rät Kummer, er solle seine Facebookseite auf „nicht sichtbar" stellen. Sie sorgt sich, dass nicht nur die Behörden auf Kummer aufmerksam werden könnten, sondern auch echte Piraten, Kriminelle, für die ein einzelner Mann auf einem luxuriösen Katamaran ein gefundenes Fressen ist. Zumal, wenn klar ist, dass sich Kummer illegal in den Hoheitsgewässern aufhält, seine Anwesenheit also nirgendwo registriert ist. Einfacher kann man einen Menschen nicht verschwinden verlassen. Keine Behörde wäre für diesen Fall zuständig, wenn die Blu die türkischen Gewässer längst wieder verlassen hat. Kummer hält die Befürchtungen seiner Freundin zwar für übervorsichtig, trotzdem postet er künftig nur noch für Freunde sichtbar. Bis auf einige wenige ausgewählte Beiträge.

Dass seine Odyssee auch die Menschen in der Heimat beschäftigt, hatte Kummer geahnt. Aber wie sehr sie Anteil daran nehmen, merkte er erst, als der Artikel in der Kronenzeitung erscheint. In gewohnt reißerischer Manier versteht es das Boulevardblatt, die Aufmerksamkeit der Leser zu triggern. Die Dachzeile könnte dramatischer nicht sein: „Von Küstenwache gejagt", steht da. Und darunter in großen Lettern: „Wiener Segler ist allein im Mittelmeer gestrandet". Das Foto zeigt einen gequält lächelnden Professor in grünem Polohemd und mit grauer Schirmmütze.

Kronen Zeitung

Abo-Service ePaper Newsletter Community Gewinnspiele Vorteilswelt

NACHRICHTEN BUNDESLÄNDER SPORT ADABEI DIGITAL FREIZEIT

Wien NÖ / Bgld. Oberösterreich Steiermark Kärnten Salzburg Tirol / Vlbg.

27.03.2020 06:00 | BUNDESLÄNDER > WIEN

VON KÜSTENWACHE GEJAGT

Wiener Segler ist allein im Mittelmeer gestrandet

Sebastian Kummer muss derzeit ein Versteckspiel mit der griechischen Küstenwache spielen.

Der Vorspann zu dem Text liest sich wie ein Krimi: „Viele Österreicher hängen momentan im Ausland fest, und es ist ungewiss, wann sie wieder in die Heimat zurückkehren können. In einer ganz besonderen Situation befindet sich Sebastian Kummer, Vorstand des Instituts für Transportwirtschaft und Logistik an der Wirtschaftsuniversität Wien. Er ist allein auf einem Segelboot in griechischen Gewässern gestrandet, wo er von der teilweise mit Maschinenpistolen bewaffneten Küstenwache aus Buchten vertrieben wird. Doch auch in das Zielland seiner Reise, der Türkei, darf der Solo-Segler derzeit nicht einreisen."

Die Kronenzeitung ist so etwas wie die „Bild" von Österreich, ein Boulevardblatt, das es versteht, mit wenigen Worten zu polarisieren. Als Freunde und Bekannte Kummers den Artikel lesen, sind sie geschockt. Entsetzt fragen sie bei ihm nach, ob er schon gelesen hat, was die Zeitung über ihn schreibt. Um so überraschter sind sie, dass Kummer den Text kennt und sogar autorisiert hat. Einige von Kummers Bekannten unterstellen ihm, er würde übertreiben, also muss er sich rechtfertigen.

Kummer verweist auf seinen Sonderfall, der anscheinend bei den übereilten Grenzschließungen und Ausgangssperren nicht berücksichtigt wurde. Er prangert die Absurdität an, dass er auf hoher See in internationalen Gewässern ausharren soll, bis die Krise gebannt ist. Er pocht auf das internationale Seerecht, die sogenannte „Safe Harbour Rule", die jedes Land verpflichtet, einem Boot in Gefahr einen sicheren Hafen zu gewähren. Aber das weltweit geltende Gesetz scheint in Zeiten von Corona Makulatur.

Kummer wird zu so etwas wie einem Medienstar. Einerseits ist er als Professor ein gefragter Experte für Fachmagazine, andererseits ist seine persönliche Geschichte Stoff für den Boulevard. Die Kombination aus beidem ist Journalistengold. Ein kluger Kopf in einer persönlichen Ausnahmesituation. Am gleichen Tag läuft im Radio das Interview über die Herausforderungen der Handelslogistik, das Kummer schon vor zehn Tagen gegeben hat. In Corona-Zeiten mit täglich neuen Entwicklungen und Wendungen ist das eine Ewigkeit, trotzdem ist alles, was Kummer in dem Interview prophezeit hat, genauso eingetreten.

Am Mittag meldet sich das österreichische Fernsehen bei ihm. ORF Wien möchte einen Beitrag über ihn senden. Der Professor gibt ein Skype-Interview, dazu dreht er mehrere Sequenzen an Bord, berichtet über sein Leben in der - natürlich - „schönsten Quarantäne der Welt“ und zeigt beispielsweise, wie er aus Regenwasser Trinkwasser gewinnt. Aus dem Material schneiden die Redakteure einen kurzweiligen Beitrag, der zur besten Sendezeit um 19 Uhr ausgestrahlt wird. Immer mehr Journalisten werden auf Kummer aufmerksam. Und auch Segler in vergleichbaren Situationen.

So meldet sich ein deutscher Skipper, der in einer ähnlichen Bredouille steckte wie Kummer. Auch er überführte einen Katamaran für den Chartermarkt, allerdings nicht in der Türkei, sondern nach Griechenland. Auch er wurde von Corona überrascht, als er schon unterwegs war. Im Unterschied zu Kummer segelte dessen Katamaran allerdings unter griechischer Flagge. Und siehe da, in Absprache mit den Behörden wurde eine Sonderregelung gefunden. Es geht also.

Kummer freut sich für den anderen Skipper, aber es schockiert ihn, dass anscheinend mit zweierlei Maß gemessen wird. Und das Maß richtet sich anscheinend nach der Flagge am Heck. Rechtsstaatlich findet er das Verhalten der griechischen Küstenwache in seinem Fall mehr als problematisch. Für Kummer ist es ein Verstoß gegen das Seerecht. Er fühlt sich diskriminiert, wenn er mit einer Waffe bedroht und ihm Gefängnis angedroht wird, und gleichzeitig einem Segler in der gleichen Situation - nur auf einem griechischen Schiff - unter der Bedingung der Verschwiegenheit geholfen wird.

Aber Kummer lässt sich davon nicht unterkriegen. Er summt eines seiner Lieblingslieder von Udo Lindenberg:

Und ich mach mein Ding, egal was die anderen sagen, ich geh meinen Weg, ob gerade, ob schräg, das ist egal, Ich mach mein Ding, egal was die anderen labern, was die Schwachmaten einem so raten, das ist egal, ich mach mein Ding.

Am Sonntag, es ist bereits der 29. März und Kummer liegt immer noch in Bozukkale, erscheint auf der Webseite von *Ocean7,* dem österreichischen Magazin für Yachting, Reisen und Meer der Beitrag „Genug Rum und Klopapier". Kummer freut sich, dass er nach den Fachmedien für Transportwirtschaft und Logistik und dem Boulevard nun auch im Special-Interest-Segment der Segler angekommen ist. Zu Hause, in Wien, sitzt Kummers Frau Alessandra kopfschüttelnd am Essenstisch. Einerseits ist sie froh, dass es ihrem Mann gut geht und er den Einhandtörn in die Türkei überstanden hat. Andererseits weiß sie, dass er die Situation gut verkraften wird. „Er ist immer gut gelaunt", sagt sie, „immer positiv." Aber die unverhoffte Medienpräsenz stört sie. „Gibt es keine größeren Probleme derzeit, über die die Medien berichten könnten", fragt sie sich. Für sie ist es komisch, in dieser schweren Zeit ihren Mann lachend auf seinem Boot irgendwo im Mittelmeer zu sehen. Seine Medienpräsenz empfindet sie als „einen Egotrip, den ich nicht mag." Kummers Kinder sehen das anders. Oft werden sie jetzt auf ihren Vater angesprochen. Und besonders Sohn Lucas ist stolz darauf, dass auch er für einige Tage an Bord des Katamarans war, den nun halb Österreich kennt.

Medienmix: Kummer ist überall präsent

Kummer selbst genießt die Berichterstattung. Es freut ihn, dass seine Botschaft, die er aussendet, verstanden wird: Gibt das Leben Dir Zitronen, mach' Limonade daraus. Der Professor bekommt viel Zuspruch für seinen Optimismus. Er verzweifelt nicht an seiner Situation, er hadert nicht einmal. Er macht das beste aus ihr. Das beeindruckt. Auch freut sich Kummer, dass in vielen Beiträgen erwähnt wird, wie er in seinem Niemandsland für die Universität in Wien arbeiten kann. Es ist ein Plädoyer für das Homeoffice, das in seinem Fall kaum skurriler sein könnte. Zudem ist Kummer auch für seine Einschätzungen zur Corona-Krise ein gefragter Experte. Sein Blick von außen ist willkommen, gerade weil der Professor oft gegen den Strich bürstet. Immer wieder warnt Kummer davor, die Wirtschaft an die Wand zu fahren, spricht sich für eine Lockerung des Lockdowns aus. Für sich selber sieht er aber schwarz. Mittlerweile rechnet Kummer damit, dass sein Versteckspiel noch mindestens bis Mitte April dauern wird. Wenn nicht sogar bis Ende April. Viel Zeit für Zitronenlimonade.

Die neue Normalität

In dem Moment, in dem Kummer für sich akzeptiert hat, dass eine baldige Einreise in die Türkei nicht möglich sein wird, beginnt er sich mit seinem neuen Leben zu arrangieren. Er muss einen Rhythmus finden, der ihn durch die nächsten Tage, vielleicht Wochen oder sogar Monate bringt. Kummer braucht eine Struktur für seinen Alltag, an der er sich orientieren kann, damit die vielen Tage ohne Abwechslung nicht ungenutzt verstreichen. Er weiß, dass er das Beste aus der Situation machen muss - und das auch kann.

Weil der Wind gedreht hat und nun direkt von Rhodos in die Bucht weht, empfängt Kummer sogar das griechische LTE-Netz. Er ist also perfekt für die Arbeit gerüstet. Und davon hat der Professor mehr als genug. Morgens arbeitet er zunächst seine unbeantworteten Mails ab, kümmert sich zusammen mit seinem Team an der Uni um die Einführung der Distanzseminare und stimmt sich mit seinem Institut in allen Fragen der Organisation ab. Zudem gibt Kummer Interviews für Fernsehbeiträge des ORF und Puls 4, filmt und schneidet kleine Videos, die er in eine Dropbox hochlädt und den Medien zur Verfügung stellt. Schon am nächsten Morgen flimmert Kummer durch das Frühstücksfernsehen. Ferner steht auf Kummers Agenda für die nächsten Tage die Bearbeitung der vierten Auflage des Lehrbuchs „Einführung in die Verkehrswirtschaft“, die längst überfällig ist. Seine Mitarbeiter hatten bereits vorgearbeitet und warten nur noch auf die Beiträge ihres Professors. Auch tauscht Kummer sich mit anderen Seglern aus, die wie er, irgendwo auf der Welt festsitzen. Wann immer es möglich ist, gibt er Tipps und Hilfestellungen. Mal fotografiert er Seiten aus Handbüchern ab und verschickt sie, mal gibt er Informationen zu geschützten Ankerbuchten. Als Büro nutzt er meist den großen ausklappbaren Tisch im großzügigen Außenbereich der Blu, an dem locker zehn Personen Platz haben können. Auch wenn neun Plätze frei bleiben.

Kummer beschäftigt sich gerade mit den volks- und betriebswirtschaftlichen Fragen des Personen- und Güterverkehrs, als fast lautlos ein Boot in die Bucht einläuft. Diesmal ist es nicht einer der Fischer in ihren Nussschalen, die dem Gast in der Bucht stets freundlich zuwinken, es ist aber auch nicht die gefürchtete Küstenwache. Ein Segelboot hält Kurs auf Kummer. 38 Fuß lang, am Heck weht eine rot, weiß, blaue Flagge. Holländer. Ganz in der Nähe der Blu lässt die Crew den Anker fallen. Kummer freut sich über Gesellschaft. Außerdem gibt ihm ein weiteres Boot in der Bucht das Gefühl von Sicherheit. Nicht dass Kummer ängstlich ist, aber die Sorgen seiner Freunde bezüglich Kriminellen kann er auch nicht ganz von der Hand weisen. Doch die Niederländer scheinen nicht zufrieden mit dem Ankerplatz, nach wenigen Minuten wechseln sie zu einem ruhigeren Platz innerhalb der Bucht, werfen dort den Anker und bringen Landleinen aus. Es bleibt bei einem flüchtigen Gruß von Skipper zu Skipper.

Am nächsten Morgen steht relativ starker Schwell in die Bucht. Die holländische Yacht tanzt am Anker. Durch die zum Land ausgebrachten Heckleinen liegt das Boot unruhig quer zur Strömung. Wahrscheinlich deshalb verlässt die Yacht auch wieder die Bucht, ohne dass die Crew mit Kummer in Kontakt gekommen ist. Er ist wieder alleine in der Bucht. Auch die drei Restaurants, an denen während einer normalen Saison Dutzende Yachten festmachen, sind verwaist. Aber was ist schon normal in dieser Zeit? Die türkische Regierung hat bereits am 16. März landesweit den Restaurants den Betrieb untersagt. Ohnehin wäre derzeit noch kein Geschäft zu machen, da auch der Yachttourismus stark eingeschränkt ist. Zwar dürfen in der Türkei - im Gegensatz zu fast allen anderen Ländern am Mittelmeer - Eigner noch mit ihren Booten aufs Meer, aber das auch nur im Bereich der Provinz, in der die Yacht gerade liegt. Wie im Straßenverkehr, so dürfen die Grenzen der 81 türkischen Provinzen auch auf See nicht überquert werden. Die Regierung in Ankara will damit Reisen innerhalb des Landes unterbinden, um die Ausbreitung des Virus einzudämmen. Nach wie vor hat sich Corona in der Türkei noch nicht flächendeckend verbreitet. Gerade in der Küstenregion gibt es ganze Landstriche und Städte, die immer noch coronafrei sind. Die strikten Regeln scheinen zu greifen. Und das, ohne die Wirtschaft herunterzufahren. Nur der Tourismus leidet. Auch zu Wasser. Ausflugs-, Tauch- und Charterboote dürfen nicht mehr auslaufen.

Nachdem die Holländer die Bucht verlassen haben, checkt Kummer das Wetter. Eine der Routinen, die er sich angewöhnt hat. Zwar liegt die Blu trotz Schwell relativ ruhig, da sie sich, nur vor Anker schwoiend, in Wind und Welle drehen kann. Aber Kummer befürchtet, wenn schon bei Westwind so starker Schwell in die Bucht kommt, es auch für ihn bei dem starken Südwind, der in zwei bis drei Tagen angekündigt ist, unangenehm wird.

Floating Homeoffice: Kummer bei der Arbeit

Wie an jedem Vormittag widmet sich Kummer zunächst seinen Mails und den Nachrichten, die ihn über die sozialen Medien erreichen. Vor allem der Austausch mit Seglern in einer ähnlichen Situation nimmt von Tag zu Tag und mit jedem Medienbericht zu. Am Nachmittag ruft Volkan an. Er ist vorsichtig optimistisch. Immer noch versucht er, jeden Kontakt zu nutzen, jede Möglichkeit auszuprobieren. Er telefoniert, schreibt Mails und Briefe. Er hat sich an die lokalen und regionalen Behörden gewandt, selbst das Außenministerium in Ankara bekommt Post von ihm. Seine Mühen scheinen Wirkung zu zeigen. Es bestehe eine Chance, die Blu nun doch aus dem Niemandsland zu befreien und in der Türkei einführen zu können. Von daher wäre es besser, Kummer würde sich in der Nähe von Göcek aufhalten. Kummer sieht das genauso.

Der Plan ist, die beiden Katamarane an den Zollkai in Fethiye zu legen. Kummer würde, ohne persönlich einzuchecken, nur die Boote wechseln und sich sofort auf den Weg nach Kroatien machen. Noch während er Volkan an der Strippe hat, checkt Kummer erneut die Windvorhersage. Am nächsten Tag hätte er perfekten Segelwind für Göcek und auch in den kommenden Tagen wären die Bedingungen gut, um den letzten Teil seiner Reise in Angriff zu nehmen. Endlich!

Das Telefonat mit Volkan hebt Kummers Stimmung noch mal gewaltig. Sofort beginnt er, die Blu aufzuklaren, fertig zu machen, um morgen gleich nach Sonnenaufgang die Segel zu setzen. Dann geht Kummer unter Deck, kramt nach den Taschen, Seesäcken und Boxen, um sie erneut zu packen. Er klettert in das Steuerbord-Vorpiek, um von dort den Spinnaker an Deck zu hieven, dann in die Skipperkoje im vorderen Backbordrumpf, in der er all die Sachen aufbewahrt, die er für die Sunce 2 mitgebracht hat. Alles zusammenzupacken ist anstrengend, aber Kummer hat mittlerweile Routine darin. Als er fertig ist, wartet bereits das nächste Interview auf ihn. Die Zeitschrift *heute*, ein bekanntes Gratis-Blatt in Österreich mit hoher Auflage und besonders beliebt bei Pendlern, möchte über den „gestrandeten" Wiener Professor berichten.

Kummer wundert sich, wie oft die Medien diese abgedroschene Plattitüde benutzen. Vor allem, da er ja alles andere als gestrandet ist. Der Strand, also das Land, ist für ihn geradezu tabu. Alessandra, Kummers Frau, stöhnt auf, als er von dem *heute*-Interview berichtet. Wirklich, noch mehr Publicity? Kummer scherzt, dass er eine zweite Karriere als D-Promi anpeilt. Vielleicht wartet ja schon bald das Dschungelcamp auf ihn.

Kummer weiß, dass er im Bereich der Transportwirtschaft und Logistik nicht ganz unbekannt ist, aber durch die vielen Berichte in allen möglichen Zeitungen und Magazinen, im Radio und TV, erreicht er plötzlich ein ganz anderes und vor allem viel größeres Publikum. Er bekommt viel Zuspruch, nur vereinzelt gibt es gehässige Kommentare im Internet.

Keine Panik an Bord der Titanic: Noch ist alles da. Auch Rum!

In der Nacht regnet es. Statt durchgängig zu schlafen, „erntet“ Kummer wieder Wasser. Die erneute Inventur hat ergeben, dass seine Versorgungslage immer noch gut ist. Alles, was er vermisst, ist frisches Obst und Gemüse. Aber verhungern wird er auf dem Weg nach Kroatien sicherlich nicht. Außerdem will Volkan die Sunce 2 mit allem ausstatten, wonach Kummers Herz begehrt. Eines steht sicherlich nicht auf der Liste: Rum und Klopapier. Davon hat er mehr als genug auf der Blu. Gerade das Klopapier wird zum Running Gag, haben in Deutschland und Österreich die Hamster die Regale doch in panikartigen Anstürmen geplündert. Und ausgerechnet der Mann, der seit Wochen kein Land mehr ansteuern darf, könnte sich zum Spaß wie bei einem Kindergeburtstag in Klopapier einrollen und als lebende Mumie verkleiden.

Wenn Freunde ihn besorgt anschreiben, ob er denn genügend Verpflegung habe, scherzt Kummer:

„Erst wenn der Rum ausgeht, wird es für einen Piraten wie mich ernst. Dann muss ich auf Wodka, Gin oder Ouzo umstiegen."

Typischer Kummer-Humor! Jedenfalls freut er sich, am nächsten Morgen wieder die Segel zu setzen. So schön die Bucht auch ist, zu lange an einem Platz hält Kummer es nur schwer aus. Lieber ist er auf See.

Neues Ziel, neues Glück

Wenn Kummer etwas vermisst, dann vielleicht das frische Brot. Aber meistens isst er zum Frühstück ohnehin Müsli, für besondere Tage hat er noch Aufbackbrötchen an Bord. Und heute könnte so ein Tag sein. Doch Kummer entscheidet sich gegen die Brötchen, er kreiert lieber ein ganz spezielles Frühstück. Dazu bestreicht er Butterkekse mit Marmelade. Er ist so aufgekratzt, dass er davon ein Video dreht, wie er in der schönen Morgensonne an Deck sitzt und seine Kekse verschlingt.

Mittlerweile hat Kummer eine kleine Fangemeinde, die er mit kurzen, lustigen Videos beliefert. Fast alle amüsieren sich über die Videos des verrückten Professors, der zum Piraten mutiert ist. Seine schlohweißen Haare reichen mittlerweile bis über seine Schulter, der Bart wird immer struppiger. Natürlich will Kummer mit seinen Videos unterhalten, Freunden zeigen, dass es ihm gut geht, belegen, dass sich niemand sorgen muss. Aber seine Videos haben manchmal auch eine tiefsinnigere Aussage, wenn auch gut versteckt.

Mit dem Marmeladenkeks-Video will Kummer auch sagen: Schaut her, mit ein bisschen Erfindungsreichtum fehlt es einem an Nichts. Und es kann Spaß machen, Herausforderungen anzunehmen. Er wundert sich, wenn er liest, wie unvernünftig manche Menschen auf die Pandemie reagieren. Das Tragen von Schutzmasken oder Socialdistancing empfinden sie als solchen Einschnitt in ihre Persönlichkeitsrechte, dass sie sich darüber hinwegsetzen. Seine neu gewonnene Popularität nutzt Kummer deshalb auch, um seine Meinung zu Covid-19 zu äußern - wenn auch in homöopathischen Dosen. So macht er keinen Hehl daraus, dass er die extrem starken Maßnahmen der Regierung in Österreich als Antwort auf das Virus für gefährlicher hält, als die Gefahr durch Corona selbst. Besonders ärgert ihn, dass die Behörden in Tirol (von Ischgl aus verbreitete sich das Virus in halb Europa) erst sehr spät reagiert haben. Genauso wie bei Flügen aus China. Trotzdem besitzen sie die Chuzpe zu sagen, sie hätten alles richtig gemacht. Er fragt sich, warum die Regierung sich nicht auf das Schützen der gefährdeten Gruppen und vor allem auch der Krankenhausmitarbeiter und Ärzte konzentriert, sondern ihr Augenmerk auf generelle Ausgangssperren und Geschäftsschließungen legt. Kummer fordert mehr Aufklärung und Eigenverantwortung der Bürger, sorgt sich um die kleinen und mittelständischen Unternehmen. Am meisten ärgern ihn die offensichtlich schlampig gemachten Gesetze und Verordnungen. Aber eigentlich will er sich ja nicht mehr ärgern, sondern seinen Zwangsaufenthalt im Niemandsland als Urlaub ansehen.

Nach dem Frühstück wirft Kummer die Maschine an, holt den Anker ein und verlässt nach vier Tagen die Bucht, die ihm ein schönes und sicheres Zuhause war. Vor ihm liegen knapp 50 Seemeilen bis zum Golf von Fethiye, an dessen Nordwestufer Göcek liegt, wo Volkan und die Sunce 2 auf ihn warten. Kummer soll in einer der zahlreichen Buchten zunächst Anker werfen, noch eine Nacht verbringen, ehe dann am nächsten Tag der Bootswechsel hoffentlich über die Bühne geht.

Als Kummer die Bucht verlässt und auf Kurs geht, weht ihm der Wind geradewegs ins Gesicht. Wieder mal hat er Pech, dass ausgerechnet an diesem Tag der Wind aus Osten bläst. Er entschließt sich zwischen der Türkei und Rhodos zu kreuzen. Doch schon nach anderthalb Stunden schläft der Wind ein. Die nächsten zwei Stunden muss Kummer motoren, dann dreht der Wind auf Nordwest und legt wieder zu. Kummer steht auf der Flybridge und genießt den wohl letzten Raumschotkurs auf der Blu bei seinem Überführungstörn.

Ein kleiner Singvogel leistet Kummer Gesellschaft, setzt sich einen Meter von ihm entfernt auf die Flybridge und ruht sich aus. Kummer dreht ein Video davon, erklärt, dass Vögel an Bord ein Glücksbringer sind. Nachdem der Vogel hinter der Winsch noch einmal sein Gefieder geputzt hat, schwingt er sich wieder in die Lüfte und fliegt gen Türkei. Kummer ruft ihm hinterher: „Lebe wohl, kleiner Vogel.“ Ein bisschen ist er neidisch auf den Vogel. „Der hat keine Einreiseprobleme“, murmelt er vor sich hin. Trotzdem möchte Kummer nicht mit ihm tauschen, denn die Gefahren, die auf den Vogel warten, sind sicher ungleich größer als seine Risiken.

Die letzten Male, als Kummer vor Jahren die Strecke segelte, nahm er immer den direkten Weg, wie fast alle Sportbootfahrer. Doch auf dieser Route würde er für kurze Zeit die griechische Seegrenze queren, auch wenn die nur ein virtueller Strich mitten im Meer ist. Zu normalen Zeiten interessiert das niemanden. Doch diese Zeiten sind alles andere als normal und so entschließt sich Kummer, lieber Vorsicht walten zu lassen. Was sind schon zwei Seemeilen im Vergleich zu den knapp 3000, die er bereits auf dem Buckel hat? Und was sind zwanzig Minuten Zeitgewinn im Vergleich zu einer unbestimmten Zeit hinter schwedischen Gardinen, wie es ihm die Griechen angedroht haben?

Wieder unter Segeln: Kummer wechselt die Bucht

Die Entscheidung, sich an die gängigen Grenzen zu halten, wird ihm wenig später ohnehin abgenommen. Am Horizont, direkt auf der Seegrenze, entdeckt er ein griechisches

Militärschiff, das dort anscheinend patrouilliert. „Die haben Sorgen", denkt Kummer. Er ist sich sicher, dass die Präsenz des Kriegsschiffes nichts mit den Flüchtlingsströmen zu tun haben kann, denn das Übersetzen an dieser Stelle wäre schlicht zu gefährlich und der Weg zu weit. Solchen offensichtlichen Machtdemonstrationen zur Verteidigung der Grenze kann Kummer nichts abgewinnen. Ihm tut die griechische Bevölkerung leid. Er fragt sich, wofür das ohnehin sehr knappe Geld wohl sinnvoller ausgegeben werden könnte. Vieles fällt ihm da spontan ein.

Als das Kriegsschiff querab ist, ändert Kummer den Kurs und läuft auf die westliche Seite der Bucht von Fethiye zu. Ungefähr anderthalb Stunden später entdeckt er am Horizont eine ihm bekannt vorkommende weiße Bugwelle. Es erinnert ihn an die Bilder aus Italien und Griechenland, als er von der Küstenwache gestellt wurde. Gerne würde er jetzt das AIS anstellen, um zu sehen, ob das Schiff ein Signal sendet. Die Küstenwache und Marineschiffe sind auf dem Kartenplotter unsichtbar, sie fliegen lieber unter dem Radar. Genauso wie Kummer mittlerweile.

Mit dem Fernglas beobachtet er das Schiff und je näher es kommt, um so sicherer ist er sich, dass es sich um die türkische Küstenwache handelt. Der weiße Rumpf mit dem markant orangefarbenen diagonalem Streifen am Bug ist definitiv ein Behördenschiff und zu seinem Erschrecken ändert es gerade den Kurs - geradewegs in Richtung der Blu.

Kummer steht auf der Flybridge, das Herz in der Hose. Er spürt das Adrenalin, wie es seinen Körper in Anspannung versetzt, er spürt den Puls. Doch er will sich nichts anmerken lassen. Betont locker winkt er den Polizisten zu, als die Küstenwache nur fünfzig Meter neben der Blu die Fahrt drosselt. Die Schrecksekunde kommt Kummer vor wie eine Ewigkeit, doch dann gibt das Boot wieder Gas - und düst davon. Kummer atmet erleichtert auf. Entweder weiß die Küstenwache, wer er ist, und duldet ihn oder der Katamaran unter türkischer Flagge und voller Besegelung ist unverdächtig.

Trotzdem ist Kummer nervös. Wer weiß, ob nicht ein weiteres Schiff der Küstenwache im Golf von Fethiye bereits. auf ihn wartet. Doch je näher Kummer seinem Ziel kommt, um so ruhiger wird er. Außer zwei türkischen Motorbooten ist der Golf verwaist. Und so versucht Kummer, die Fahrt zu genießen. Das Panorama ist fantastisch. Direkt hinter dem Golf ragen schneebedeckte Berge in den Himmel, davor das weite warme Meer, am Himmel kreisen ein paar Paraglider auf ihrem Flug zu der bekannten Lagune ÖlüÖlü Deniz. Erst kurz vor einer schmalen Durchfahrt zwischen zwei Inseln holt Kummer die Segel ein. Sein Ziel ist eine kleine Bucht auf der Insel Tersane.

Es ist kurz vor 20 Uhr, als Kummer sein Ziel erreicht. Kurz bevor er die Bucht ansteuert, sieht er vier Meilen voraus die gelben Lichter einer kleinen Stadt. Es ist Göcek. Sein Ziel ist zum Greifen nahe. Kummer hofft, dass Volkan bereits positive Neuigkeiten für ihn hat. Zunächst muss er sich jedoch auf das Ankermanöver konzentrieren. Die Bucht ist sehr eng und erinnert ein wenig an einen skandinavischen Fjord mit mediterraner Vegetation. Am Ende der Bucht liegt ein kleines Restaurant mit einem Steg. Die Besitzer sind die einzigen Bewohner der Insel, die auf einem alten Bauernhof inmitten von Ruinen aus byzantinischer Zeit leben. Wie der Name „Tersane" verrät, war auf der Insel einmal eine Schiffswerft ansässig. In der Saison ist die Bucht ein beliebtes Ziel für Yachten und Ausflugsboote. Dicht an dicht liegen die Schiffe dann auf beiden Seiten der Bucht vor Anker, ausgerichtet mit Heckleinen. Platz zum Schwoien ist dann nicht.

Der Golf von Fethiye ist ein Naturschutzgebiet, eines der schönsten Segelreviere der Türkei und damit in der Hauptsaison hoffnungslos überfüllt. Und weil die Skipper oft die Leinen ihrer Boote um die Bäume am Ufer legten, die an der Borke nagen wie Biber, wurden überall in den Stein Pfeiler zementiert. Doch Kummer will lieber nur vor Anker liegen. Er befürchtet, würde er das Land betreten, um die Leinen auszubringen, könnten die Behörden das als illegale Einwanderung auslegen. Er hofft, dass in der Vorsaison keine anderen Boote in der Bucht sind und er kurz vor dem Restaurantsteg auf acht Meter Tiefe ankern kann, so wie im Revierführer beschrieben.

Als Kummer die Blu vor den Steg zirkelt, sieht er zwar, dass einige Boote an dem Steg liegen und auch drei Yachten am Ende der Bucht ankern. Aber nirgendwo brennt Licht. Kummer vermutet, dass die Yachten hier einen günstigen Platz zum Überwintern finden. Nachdem der Anker eingefahren ist, prüft Kummer, wie dicht er dem Steg kommt und bei Winddrehern dem Land. Alles scheint gut. Ohnehin ist es gerade windstill, so dass die Blu direkt über dem Anker liegt, gehalten nur vom Gewicht der Kette. Kummer ist zufrieden mit der Wahl seines selbstgewählten Exils. Er hatte sich für diese Bucht entschieden, weil sie gegen nahezu alle Winde gut geschützt ist. Dass offensichtlich einige Yachten zum Überwintern hierher kommen, bestätigt seine Annahme. Außerdem glaubt Kummer, dass eine Insel sicherer ist als das Festland. Sowohl was die Übertragung des Corona-Virus angeht, als auch die persönliche Sicherheit. Sollte es zu Unruhen oder Aufständen gegen die Corona-Maßnahmen kommen, weil die Menschen vielleicht keine Arbeit mehr haben, dann erscheint ihm eine Insel, auf der nur eine Familie lebt, als der beste Platz.

Auch wähnt er sich hier vor Gaunern und Schleppern sicher, zumal Griechenland weit weg ist. Für Kummer geht ein wunderschöner Segeltag zu Ende, den er mit zwei, drei Schlucken Rum begießt. Der einzige Wermutstropfen: Volkan hat sich noch nicht gemeldet. Nachfragen hat Kummer sich abgewöhnt. Er weiß, dass Volkan und seine Frau Judith rund um die Uhr rotieren, um das Unmögliche möglich zu machen. Wenn es also etwas Neues gibt, werden sie sich schon melden. Und so telefoniert Kummer noch ein wenig mit Freunden und Familie. Um 22 Uhr legt er sich in die Koje. Sekunden später ist er eingeschlafen.

Im Niemandsland

Es ist der 30. März. Seit nunmehr 40 Tagen ist Kummer auf der Blu. Im tiefsten Winter ist er in Frankreich gestartet, jetzt, wo die Tage in der Türkei immer wärmer werden, wähnt er sich im Sommer. In der Mittagssonne muss Kummer sein Büro in den Salon verlegen. Im Cockpit ist es dann schlicht zu heiß. Auch hier, in Tersane, will Kummer an seiner neu gewonnenen Routine nicht viel ändern und die Tage so sinnvoll wie möglich nutzen. Nach dem Frühstück entschließt er sich, den fehlenden Bootsnamen am Bug der Backbordseite endlich anzubringen, so wie es für Schiffe unter türkischer Flagge Vorschrift ist. Bislang war er nur dazu gekommen, die Namen am Heck und an Steuerbord anzukleben. Eine Aufgabe, die eigentlich bereits die Werft in Frankreich hätte erledigen sollen.

Die Insel Tersane, nur wenige Meilen von Göcek entfernt

Am Vormittag ruft endlich Volkan an. Der Wechsel am Zollkai sei zwar noch nicht in trockenen Tüchern, aber er sei zuversichtlich, dass es diesmal klappen wird. Deshalb fragt Volkan auch nach einer Liste mit Dingen, die er für Kummer besorgen und bereits auf der Sunce 2 deponieren soll. Fast ist Kummer traurig, dass seine Odyssee nach nur einer oder zwei Nächten in dieser herrlichen Bucht anscheinend zu Ende geht. Trotzdem macht er sich sofort an die Liste.

- Medikamente, ich nehme Euthyrox 100. Jede Tablette enthält 100 Mikrogramm Levothyroxin-Natrium, das ist Ersatz für ein Schilddrüsenhormon, jedes Medikament, das diesen Wirkstoff hat, kann ich nehmen. In der Türkei gibt es wohl „levotiron", 100 Tabletten 0,1 mg Levotiroksin Sodyum. Am besten 2 Packungen eine reicht aber auch. Dürfte kein Problem in Apotheke sein.
- Bitte noch Paracetamol (Schmerzmittel soll bei Coronainfektion am besten sein, kein Ibuprofen nehmen.)
- Internetzugang?
- Große Trinkwasserflaschen z.B. a 5/7 Liter oder wenn besser 1,5 oder 2 Liter Plastikflaschen. Im Grunde möglichst viel, aber ich habe noch 20 Liter also + 30/40 Liter wäre super, die Tanks sind ja noch neu, deswegen geht es auch, das Wasser aus den Tanks zu nehmen.
- Putzmittel für das Boot, Kabinen und Bad
- frisches Brot und ggf. haltbares Brot
- Getrocknetes Gemüse (ich habe noch ein wenig)
- Linsen Packung
- Kichererbsen
- Was es sonst landes- und jahreszeittypisch gibt
- Eine Packung Reis (ich habe noch einiges)
- Wenn es gibt: Nudeln 5 kg
- irgendwas für Müsli: Haferflocken, Nüsse jede Art, was gut, landestypisch und preisgünstig ist
- Joghurt
- Eier
- Getrocknetes Obst, was es landestypisch gibt Feigen? Bananen? Rosinen, Nektarinen. Einfach, was es gibt. Landestypische Produkte
- Hefe oder Backpulver, dann kann ich Brot backen
- Mehl 2 kg
- Olivenöl 3 Liter
- Obstkonserven, was es gibt und einigermaßen günstig ist, ich bin nicht wählerisch
- Gemüsekonserven
- Was ich genug habe: Milch, Butter, Alkohol, Honig, Salz, Gewürze

Mittags will Volkan sich noch einmal melden, um die Details abzuklären. Dann wisse er hoffentlich mehr. Als Kummer auflegt, hört er vom Restaurant das vertraute Pat-Pat-Pat der Fischerboote. Der Restaurantbesitzer, ein freundlicher Mann mittleren Alters, kommt längsseits, stellt sich vor und sagt, dass er zum Angeln in den Golf fährt. Er bewundert den brandneuen Katamaran. Wenn Kummer länger in der Bucht sei, könne er jederzeit zum Essen vorbeikommen, bietet er dem Segler an. Kummer bedankt sich höflich. Er ist gerührt, ob der Gastfreundschaft der Türken, aber er wiegelt ab. Einerseits glaubt er daran, spätestens morgen die Bucht verlassen zu können, andererseits will er die Bewohner nicht in eine Bredouille bringen. Er ist schließlich illegal in der Bucht. Reinen Wein einschenken möchte er dem Restaurantbesitzer aber auch nicht. Das könnte ihn in eine missliche Lage bringen.

Da Kummer in der Bucht, anders noch als in Bozukkale, kein griechisches Mobilfunknetz mehr empfängt, meidet er das Internet. Er weiß, dass der Zugang zum türkischen Netz mit einer österreichischen Karte exorbitant teuer ist. Zudem ist er angespannt ob des bevorstehenden Wechsels der Katamarane am Zollkai. Mittags ruft Volkan wie vereinbart an, doch was er zu sagen hat, ist alles andere als erfreulich. Die Behörden haben einen Strich durch die Rechnung gemacht. Es ist immer das gleiche. Alles scheint geregelt, bis irgendeine Stelle eine Unterschrift verweigert oder ein Stempel auf irgendeinem Dokument fehlt. Volkan ist desillusioniert. Er entschuldigt sich, dass der Wechsel wieder nicht klappt. Immerhin war er bereits einkaufen, zwei Mitarbeiter wären auf dem Weg zu Kummer, die ihm die Verpflegung bringen. Kurze Zeit später macht ein Boot an der Blu fest, die beiden Männer wuchten die Tüten mit Lebensmitteln und Wasser an Deck. Um sicherzugehen, dass die Lebensmittel nicht mit Corona-Viren belastet sind, beschließt Kummer, die Tüten zunächst für zwei Tage an Deck aufzubewahren. Als schwachen Trost für die erneut geplatzte Bootsübergabe hat Volkan ein Wifi-Modem besorgt und 15 Gigabyte Volumen aufgeladen, damit Kummer wenigstens den Kontakt zur Außenwelt halten kann.

Kummer ist mittlerweile Kummer gewohnt. Also nimmt er sein Schicksal ohne zu murren an. Was hätte es auch für einen Sinn, zu hadern? Wie immer versucht er, das Positive zu sehen. Er schmunzelt. Immerhin hat er jetzt für mindestens zwei Monate Verpflegung an Bord - und dazu noch Internet. Herz, was willst Du mehr?

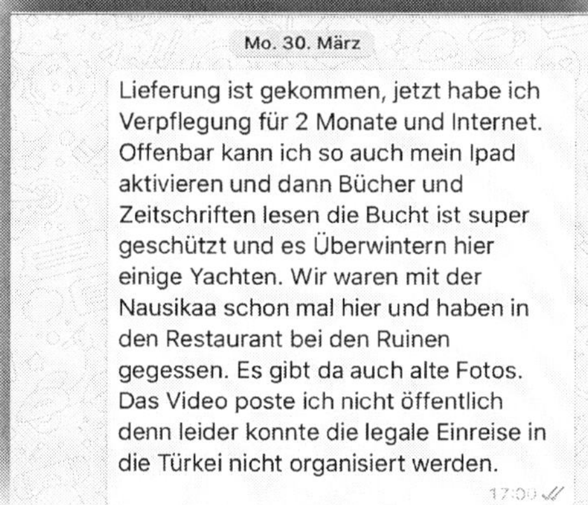

Selbst nach einem Blick in die Medien verliert Kummer nicht den Mut. Dabei muss er damit rechnen, dass sich an seiner Situation bis mindestens 30. April nichts ändern wird. Das heißt, weitere vier Wochen wird er in der Bucht verbringen müssen, allein auf dem Katamaran. Ein Hoffnungsschimmer könnte Griechenland sein. Ausgerechnet Griechenland. Aber das Land schlägt sich anscheinend gut im Kampf gegen das Virus. Meldungen kursieren, dass Athen bereits Mitte April die Grenzen wieder öffnen könnte. Dann wäre es möglich, die Boote auf offener See zu tauschen. Aber wer weiß in dieser verrückten Zeit heute schon, was morgen passiert.

Auch wenn Kummers Status im rechtlichen Niemandsland abstrus ist, seine Stimmung ist weiterhin gut. Er ist in einer traumhaften Bucht, wo andere normalerweise Urlaub machen. Und auch an Unterhaltung mangelt es nicht. Eben erst zogen Fischer unter lauten Jubelschreien ein prall gefülltes Netz mit Fischen an Bord. Jetzt verladen sie einige Ziegen an Bord und tuckern hinaus in den Golf. Wahrscheinlich sollen die Ziegen auf dem Wochenmarkt in Fethiye verkauft werden.

Langeweile wird jedenfalls nicht das Problem sein. Im Gegenteil. Endlich mal kann Kummer seine To-do-Liste in Ruhe abarbeiten. Immer noch sitzt er an der Neuauflage zu seinem wissenschaftlichen Standardwerk „Einführung in die Verkehrswirtschaft“, dazu kommt die Organisation des Lehrbetriebs in Wien, der durch Corona vor ganz neuen Herausforderungen steht. Auch am Boot fallen dauernd Arbeiten zur Instandhaltung an. Und dann muss Kummer natürlich auch noch Kochen.

Um sich körperlich wohl zu fühlen, will Kummer noch einen wesentlichen Bestandteil in seinen Tagesablauf einbauen: Sport. Er merkt, dass er Bewegung braucht. Kann er sich nicht ausreichend bewegen, bekommt er Schulterprobleme. Ihm fehlt oft die Zeit für Sport, und Fitnessstudios mag er nicht besonders. Zuhause, in Wien, baut er deshalb kleine Bewegungseinheiten in den Alltag ein. Er fährt mit dem Rad morgens 25 Minuten zur Uni und abends wieder zurück. Er benutzt nie den Lift, sondern nimmt die Treppen. Als er damals über den Pazifik segelte, nutzte er seine Wachen für Dehn- und Kraftübungen. Gleich morgen will er damit anfangen. Noch vor dem Frühstück in der aufgehenden Sonne Meditation oder Yoga, dann Sit-ups und Liegestütz, solange bis es wehtut. Und da das Wasser warm genug ist, will er täglich schwimmen, außerdem integriert er kleine Touren mit seinem blauen Kajak, das er extra für die Blu gekauft hat, innerhalb der Bucht in seinen Alltag. Sport soll schließlich Spaß machen.

Im Radio dudelt ein Gemisch aus türkischem und internationalem Pop. Der Empfang auf der kleinen Insel zwischen den Bergen ist eingeschränkt, aber *Metro FM* läuft auf der Blu perfekt. Kummer mag die eingängigen Rhythmen, auch wenn er kein Wort Türkisch versteht, so kann er schon bald lautmalerisch die größten Hits mitsingen. Und nicht nur das. Sobald eines seiner Lieblingslieder ertönt, springt er vom Laptop auf und tanzt. Jeden Tag, immer wieder. Denn die türkischen Radiosender sind dafür bekannt, dass sie die Hits des Jahres fast in Endlosschleife spielen.

April, April

Kummer ist, wie er scherzt, auf dem besten Weg ein D-Promi zu werden. Am 1. April erscheint der Artikel über ihn in der größten Gratis-Zeitung Österreichs. *heute* hat eine Auflage von über 550.000 Exemplaren und laut Medienanalyse eine tägliche Reichweite von über einer Million Lesern. Sprich, jeder achte Österreicher schaut in das Blatt, das hauptsächlich über Entnahmeboxen im Nahverkehr verbreitet wird. Mit der etwas kruden Schlagzeile „Wiener Segler strandet wegen Corona im Meer“ ist der Artikel überschrieben. Damit dürfte Kummer in der Tat der erste und einzige Segler sein, der *im* Meer gestrandet ist. Aber der Artikel verfehlt natürlich nicht seine Wirkung. Kummers Postfach quillt über mit Nachrichten von Menschen, die ihn moralisch unterstützen wollen. Aber auch die seriösen Medien berichten weiter über ihn. Das nächste Interview mit dem Fernsehsender *Puls 4* steht an, wie bereits beim vergangenen Mal dreht Kummer dafür einige Sequenzen über sein Leben an Bord und stellt sie dem Sender zur Verfügung.

Das Sportprogramm muss an diesem Tag ausfallen. Es regnet im Niemandsland. Für Kummer eine willkommene Gelegenheit, erneut Wasser zu ernten, auch wenn seine Wasserbestände aufgrund der Lieferung von Volkan für die nächsten Wochen reichen dürften. Kummer ist mit der Ernte zufrieden. Er generiert sieben Liter bestes Trinkwasser. Er wartet wieder, bis sich die Schwebeteilchen am Boden der Gefäße abgesetzt haben, schöpft das Wasser vorsichtig ab, ehe er es noch einmal abkocht. Der Gegenwert beträgt etwa einen Euro. Für Kummer ist es den Aufwand wert. Auch in der schönsten Quarantäne der Welt braucht man Beschäftigung und kleine Erfolge. Als es aufhört zu Regen, schrubbt er das Deck, befreit es von dem aggressiven Salzwasser so gut es geht. Von der Sahara hatte der Wind feinen Sand über das Mittelmeer geblasen, der nun mit dem Regen aus der Luft gewaschen wurde. An allen Ecken und Kanten setzt sich ein beigefarbener

Schmierfilm ab. Vor dem Bootsputz sah die Blu irgendwie sauberer aus. Immerhin ersetzt das Schrubben sein ausgefallenes Fitnessprogramm.

Der Blog *Irgendetwas mit Logistik*, dem Kummer ein Interview gegeben hat, da lag er noch in Griechenland vor Anker und machte erstmals Bekanntschaft mit der Küstenwache, ist endlich erschienen. Kummer ist begeistert über die Mischung aus einem Bericht über seinen Törn und Fachfragen zu den Herausforderungen der Logistik. Vor allem freut er sich darüber, dass die Macher die Sequenz eingebaut haben, als die Küstenwache ihn im rauen Ton auffordert, sofort die sichere Bucht zu verlassen und sich mindestens zwei Seemeilen auf See zu begeben. Somit ist eindeutig belegt, dass die Küstenwache die Sicherheit eines Seglers als zweitrangig ansieht. Als Kummer sich das Interview anhört, ist er einerseits begeistert, andererseits ärgert er sich. Er hat den Eindruck, jedes zweite Wort von ihm ist ein „Äh…“. An den Reaktionen, die er auf den Podcast bekommt, merkt er aber, dass er mit sich anscheinend kritischer ist, als es andere sind. Immerhin war die Situation alles andere als einfach. Kummer war aufgewühlt, weil die Küstenwache ihn vertrieb, gleichzeitig war er Profi genug, das Interview während der Begegnung weiterlaufen zu laufen und sie zu kommentieren. Er musste den Anker einholen und die noch unvorbereitete Blu aus der Bucht navigieren.

Die Tage vergehen wie im Flug. Nach wie vor wacht Kummer mit der Sonne auf, wenn am Ufer das Konzert von krähenden Hähnen und meckernden Ziegen beginnt, das die Hunde niederzubellen versuchen. Die erste halbe Stunde des Tages nutzt Kummer, um sich mit dem Weltgeschehen vertraut zu machen, meditiert die nächsten 30 Minuten, quält sich mit Sit-ups und Liegestützen und belohnt sich dann mit einem ausgiebigen Frühstück, ehe er sich daran macht, Mails und andere Nachrichten zu beantworten. Mit der Sonne wandert sein Platz im Büro um den großen Tisch im Cockpit, immer auf der Suche nach Schatten. Er schreibt an seinem Buch, kommuniziert mit seinem Team an der Uni, hat immer ein offenes Ohr für seine Studenten. An der Wirtschaftsuniversität studieren rund 25.000 Studenten, knapp 900 haben Kurse an Kummers Institut belegt. 250 bereiten sich auf ihren Bachelor vor, 120 auf den Master. Wie immer, wenn der Institutsleiter mit der 50-Prozent-Stelle auf Reisen ist, ist er dennoch zu 100 Prozent ansprechbar.

Im Hintergrund läuft wieder türkischer Pop über die Lautsprecher, die sowohl den Salon samt Küche beschallen, als auch das Cockpit. Eine Mischung arabesker Melodien mit einem Hauch schmachtendem Weltschmerz in der Stimme, das ganze mit tanzbaren Rhythmen unterlegt. Das Ohrwurm-Potenzial ist groß, vor allem, wenn man nicht von den oft sinnentleerten Texten abgelenkt wird, die sich fast immer um Liebe und Leid drehen. Für Kummer ist die Musik eine willkommene Ablenkung. Immer wieder springt er von seinem Schreibtisch auf, tanzt, als würde Antony Quinn in dem 60er-Jahre-Klassiker *Alexis Sorbas* neben ihm stehen, und singt eine sinnlose Kombination aus Umlauten. Kummers regelmäßige Tanzeinlagen sind für ihn Bewegungstherapie und Stimmungsaufheller in einem.

Freizeitbeschäftigung: Kanutour in der Bucht

Da der Segler die nächsten Wochen die Bucht nicht verlassen wird, muss er sich auch um den Energiehaushalt auf der Blu kümmern. Aus Kostengründen hatten er und Volkan sich dafür entschieden, die Solaranlage erst in der Türkei zu installieren. Das gleiche gilt für die Anschaffung eines Generators. Kummers einziger Energielieferant sind also die beiden Yanmar-Motoren. Im Wechsel lässt er jeden Tag eine der Maschinen für rund zweieinhalb Stunden im Leerlauf laufen, damit die Batteriespannung nicht unter fünfzig Prozent fällt, was die Lebensdauer der Akkus so beeinträchtigen würde wie der Konsum von zwei Schachteln Zigaretten pro Tag die Lunge eines Rauchers.

Der große Zuspruch, den Kummer aufgrund der Berichterstattung von Freunden, Bekannten, Geschäftspartnern und völlig Fremden erhält, baut ihn auf. Keine Nachricht lässt er unbeantwortet. Das wirkt sich positiv auf sein Seelenleben aus, aber negativ auf das Datenvolumen seines Wifi-Guthabens. Schon nach zwei Tagen hat er die ersten 15 Gigabyte verbraucht, nach vier Tagen die nächsten 15 Gigabyte. Der enorme Datenverbrauch wundert Kummer. Er vermutet, dass sich alle seine elektronischen Geräte munter mit den neuesten Updates versorgen und zudem sein ferngesteuerter Uni-Rechner in einem regen Austausch mit Wien steht. Zwar füttert Volkan fleißig Kummers Datenvolumen mit Dutzenden von Lira, dem Professor ist das aber unangenehm. Er fragt in Wien nach, ob nicht sein Sekretariat ein Datenpaket für die Türkei ordern könne. Möglich ist das, aber der Preis ist unmöglich. Der Spaß würde 90 Euro für nur ein Gigabyte kosten. Definitiv zu viel. Kummer muss nach einer anderen Lösung suchen.

Auch wenn kaum ein Ort der Welt vor Corona sicherer sein dürfte als Kummers einsame Bucht, beschäftigt ihn das Thema natürlich. Das, was er zu lesen bekommt, macht ihn wütend. An Freunde schreibt er, dass die Statistiken, die als Rechtfertigung für die nach Kummers Meinung überzogenen Maßnahmen herhalten müssen, „nicht den geringsten wissenschaftlichen Standards" entsprächen. Die Art der Stichproben, die Anzahl der Tests ebenso wie die Methoden der Erfassung würden ständig geändert, aber dennoch in Relation zu den absoluten Zahlen gesetzt. „Ich würde keinen Studierenden damit bei einer Seminararbeit durchkommen lassen. Jeder, der auch nur ein wenig was von wissenschaftlichem Arbeiten versteht, sieht das sofort. Warum man das macht, ist mir schleierhaft. Aber eins ist klar, es ist sehr im Interesse der Politik, die Lage erst als katastrophal darzustellen, um sich dann als Retter aufzuspielen", schreibt Kummer genervt an Freunde.

Neben der Büroarbeit kümmert er sich auch verstärkt um die Instandhaltung der Blu. Salz und UV-Strahlung sind der Feind eines jeden Bootes, besonders aber für das empfindliche Teakdeck im Cockpit. Mit dessen Verarbeitung haderte Kummer bereits bei der Übergabe, weshalb er selbst noch einmal den Pinsel angelegt hatte. Aber auch das Ergebnis war suboptimal. Der Versuch, die Reste des übergelaufenen Teaköls an den Rändern zu entfernen, dauert Stunden. Zudem ist es endlich an der Zeit, das Dinghy zu Wasser zu lassen, das Kummer für die Passage vom Atlantik bis in die Türkei mit zusätzlichen Leinen gesichert hatte, damit es sich auf hoher See in der Aufhängung am Heck nicht aufschaukeln konnte. Als die Quarantänezeit für die gelieferte Verpflegung endlich überstanden ist, freut sich Kummer für Abwechslung in der Bordküche. Zum Frühstück gibt es jetzt frisches Obst mit Müsli, zum Mittag bereitet er sich einen Tomaten-Paprika-Auberginen-Auflauf und abends ein Thunfischsteak aus den Beständen in der Tiefkühltruhe zu. Zum Nachtisch verschlingt er den Kuchen, den Volkan gekauft hat.

An Langeweile leidet Kummer nicht. Dafür sorgen auch immer wieder Probleme mit seinem Arbeitsrechner. Irgendwas ist ja immer. So hat er plötzlich keinen Zugriff mehr auf die Ordner zu seinem Buchprojekt. Einen Tag lang tüfteln die IT-Experten der Uni an der Lösung. Als Kummers Laptop wieder läuft, haben sich auch die nächsten fünfzehn Gigabyte Datenvolumen in Nichts aufgelöst. Volkan muss wieder mal das Portemonnaie zücken.

Für eine angenehme Abwechslung sorgen die regelmäßigen Touren mit dem Kajak, die mittlerweile fester Bestandteil in

Kummers Work-Life-Balance sind. Auch wenn Kummer in den nächsten Tagen und Wochen sicherlich nicht die Segel setzen wird, kontrolliert er trotzdem regelmäßig die Windvorhersage. Viele Segler werden nachlässig, sobald sie im Hafen oder auch in einer vermeintlich sicheren Ankerbucht liegen. Doch gerade da lauern bei einem Sturm die größten Gefahren.

Nackt im Sturm

Predict Wind, die verlässlichste Windprognose für die türkische Küste, färbt die Karte tiefrot. Das ganze östliche Mittelmeer wird noch in der Nacht von einem Sturmtief überrascht. Oft ziehen die Stürme auf dem offenen Meer am Golf von Fethiye vorbei, doch diesmal zeigt der Verlauf der Vorhersage, dass es auch im Golf in der Nacht ungemütlich werden wird. Auch wenn Tersane eine sehr gut geschützte Bucht ist, und Kummer bislang nicht einmal mit plötzlich auftretenden Fallböen aus den Bergen zu kämpfen hatte, ist er alarmiert. Er gibt noch einmal acht zusätzliche Meter Kette. So sollte der Anker sicher halten. Als Kummer sich wie gewohnt gegen halb zehn ins Bett begibt, liegt die Bucht in einer trügerischen Ruhe, das Wasser gleicht einem Spiegel.

Um 1.30 Uhr wird Kummer wach. Er hört den Wind in den Wanten pfeifen, spürt wie die Blu auf kleinen Wellen tanzt, registriert, wie die Kette in starken Böen Spannung aufnimmt, um dann wieder nachzugeben, wenn der Wind für kurze Zeit die Puste verliert. Kummer geht an Deck, überprüft die Position der Blu, die Lage des Ankers, den Abstand zum Steg. Alles scheint in Ordnung zu sein. Der Wetterbericht sagt für die nächsten zwei Stunden noch stärkere Böen voraus, dann ist das Schlimmste überstanden. Als erfahrener Skipper weiß Kummer um die Gefahren solcher Nächte und beschließt daher, wach zu bleiben und sich die Zeit mit Lesen in der Koje zu vertreiben.

Es dauert nicht lange, da schreckt er auf. „Was war das?", denkt er. Nach Wochen an Bord der Blu kennt er alle Geräusche, die der Katamaran von sich gibt. Das, was er eben hörte, war neu. Es klang, als wenn etwas über den Grund schabt. Sofort denkt er an den Anker. Kummer springt aus dem Bett, hastet zu der Treppe, die vom Backbordrumpf in den Salon führt, nimmt zwei Stufen auf einmal. Er läuft vorbei an der Küche, raus ins Cockpit und erklimmt die Treppe zur

Flybridge, von wo aus er den besten Überblick hat. Der Wind peitscht ihm ins Gesicht, Gischt wirbelt über das Wasser. Mit Schrecken sieht Kummer, dass der Steg, zu dem die Blu immer einen guten Abstand hatte, gefährlich nah gekommen ist. Und die Distanz wird mit jeder Sekunde noch geringer. Keine Frage: Die Blu hat sich losgerissen.

Sofort startet Kummer beide Maschinen, drückt die Hebel nach vorne und stampft gegen den Wind an. Meter für Meter schiebt sich die Blu aus der Gefahrenzone. Er ist sich nicht sicher, wo genau der Anker liegt. Auch kann Kummer nicht erkennen, ob er sich in der Mitte der Bucht befindet. Die Navigationsinstrumente hat er, wie jede Nacht, am Schaltpult im Salon ausgestellt, um Strom zu sparen und sie nicht unnötig zu beanspruchen. Doch je mehr sich seine Augen an die Dunkelheit gewöhnen, um so besser erkennt er die Konturen an Land. Das beste wäre, Kummer könnte den Anker einholen und aus der Bucht fahren, Abstand vom bedrohlichen Ufer gewinnen und den Sturm im Golf abwettern. Aber der erfahrene Segler entscheidet sich dagegen. Hätte er Crew an Bord, wäre er wohl das Wagnis eingegangen, aber alleine an Bord ist ihm das Risiko zu groß. Der Wind ist einfach zu stark und der Steg zu nah. Es bleibt ihm keine Wahl. Unter Motor muss er versuchen, die Blu über dem Anker zu halten, oder zumindest dort, wo er ihn vermutet, genau in der Mitte der schmalen Bucht, mit genügend Abstand zum Steg mit den vertäuten Booten im Winterlager, aber auch zu den Ufern mit den schroffen Felsen, die sich unterhalb der Wasserlinie noch ein paar Meter fortsetzen.

Der Wind nimmt in den Böen immer weiter zu. Würde er konstant wehen, könnte Kummer die Blu genau mit dem Bug in den Wind ausrichten. Aber die Fallböen, die über die Wipfel der Berge pfeifen, kommen von allen Seiten. Zudem drückt Schwell vom Golf in die Bucht, die Wogen, die an den Felsen abprallen, verwandeln das Becken in ein Wellenbad. Kummer sieht wie die Yachten am Steg auf dem Wasser tanzen wie ungelenke Teenager auf ihrer ersten Party.

Zwar kommt der Wind hauptsächlich aus Westen, und drückt damit direkt vom Golf in die trichterförmige Einfahrt zur Bucht, aber in den Böen dreht er so stark, dass er plötzlich der Blu eine volle Breitseite gibt. Kummer hat erheblich Mühe, den Katamaran frei von den drei Ufern zu halten. Im Wechselspiel heulen die Motoren auf, im Versuch, die Nase der Blu genau in den Wind auszurichten. Zum Glück ist der Wind warm. Oder es ist das Adrenalin, das durch Kummers Körper pumpt und die Venen weitet. Denn erst jetzt merkt Kummer, dass er splitterfasernackt auf der Flybridge steht. Als er das verdächtige Geräusch hörte, lag er wie Gott ihn schuf im Bett. Wie jede Nacht. Die Zeit, sich etwas überzuziehen, gönnte er sich nicht.

Kummer gibt ein skurriles Bild auf der Flybridge ab. Ein nackter, hagerer Mann mit wehenden schlohweißen Haaren, der mitten in der pechschwarzen Nacht gegen den Sturm ankämpft. Erst als der Wind einen Moment Luft holt, nutzt Kummer die Gelegenheit, um ein Stockwerk tiefer in den Salon zu spurten und die Navigationsinstrumente anzustellen. Als er zurückläuft, greift er zum Pulli, der auf dem Sofa liegt. Immerhin halb bekleidet kehrt er auf die Flybridge zurück. Auf dem Kartenplotter kann er jetzt genau sehen, wo die Blu sich gerade befindet, zudem bekommt er die Wassertiefe angezeigt. Anhand der Aufzeichnung der zurückgelegten Strecke des Kats erkennt Kummer, dass er die Blu ziemlich genau auf der Stelle hält. Unter dem Schiffssymbol bildet sich auf dem Monitor ein buntes Wollknäuel.

Die Windanzeige verrät Kummer, dass der Wind mit 25 bis 30 Knoten bläst - um die sieben Windstärken. Eigentlich hätte der Anker also halten müssen. Vielleicht war der Wind aber auch stärker, als das Eisen sich losgerissen hat. Oder Kummer hatte zu viel Kette gesteckt, so dass die Blu in den heftigen Böen zunächst rückwärts Fahrt aufnehmen konnte und dann mit Schmackes am Anker geruckelt hat. Was auch immer der Grund war, das ist alles Spekulation. Fakt ist jedoch, dass Kummer dem Steg bedrohlich nah gekommen war. Und die Gefahr ist noch nicht gebannt. Halbnackt muss er weiterhin die

Windböen parieren und die Drehungen antizipieren, um die Blu mit dem Bug immer im Wind zu halten. Zu groß ist die Angriffsfläche, wenn er seitlich zu den einfallenden Böen liegt. Kummer muss hochkonzentriert bleiben, will er den Kampf mit den Naturgewalten nicht doch noch verlieren. Sein Gehirn hat er auf Notbetrieb gestellt. Und doch kann er der ganzen Misere auch etwas Positives abgewinnen. Wenigstens werden mal die Batterien ganz aufgeladen.

Anderthalb Stunden harrt Kummer voller Anspannung auf der Flybridge aus, manövriert den Katamaran möglichst in der Mitte der Bucht. Dann ist es, als hätte jemand den Schalter für den Ventilator umgelegt. Schlagartig ist der Wind weg, die Anzeige pendelt bei fünf bis sechs Knoten. Zeit, den Anker einzuholen und neu zu setzen. Vor allem aber, um erstmal eine Hose anzuziehen. Endlich bekleidet bedient Kummer die Ankerwinsch. Die Kette prasselt in den Ankerkasten, die Blu schiebt sich Meter für Meter über den Anker. Dann wird die Winde immer langsamer, ächzt und stöhnt unter der Last des Eisens, bis sie ganz stockt. Der Anker sitzt fest. Kummer geht zur Flybridge, versucht sachte unter Motor über den Anker hinweg zu fahren, damit er aus dem Grund ausbrechen kann. Aber er bewegt sich keinen Zentimeter. Wahrscheinlich hat er sich verkeilt. Unter einem Stein, einem anderen Anker oder der Befestigung für den Steg. Zwar hat die Blu jetzt einen guten Abstand zu der Anlage vor dem Restaurant, und auch zum Ufer. Zudem liegt sie bombenfest im Wasser. Aber die vermeintliche Sicherheit ist trügerisch. Vielleicht schafft schon die nächste Bö, was Kummer verwehrt blieb, und der Anker befreit sich. Dann würde das Schiff in Sekundenschnelle auf den Booten am Steg landen. Massive Schäden an den Yachten wären sehr wahrscheinlich. Unwahrscheinlich dagegen, dass die Versicherung dafür haften würde, da Kummer ja nicht einmal in der Türkei sein dürfte. Auch müsste der Restaurantbesitzer die Küstenwache rufen, damit die die Schäden dokumentieren.

Kummer beschließt, bis zum nächsten Morgen zu warten, um bei Anbruch des Tages und einsetzender Helligkeit zu erkunden, warum der Anker sich nicht einholen lässt. Mit ein wenig Glück muss er dazu nicht einmal ins Wasser. Das Meer in der Bucht ist glasklar und das Echolot zeigt eine Tiefe von acht Metern. Das sollte gehen. Zur Not muss er eben mit Schnorchel und Flossen zum Grund tauchen. Kummer weiß, dass er das schaffen kann. Einen weiteren Versuch mit der Ankerwinsch will er jedenfalls nicht wagen. Zum einen könnte sie Schaden nehmen, zum anderen ist es möglich, dass er die Verankerung des Steges herausreißt. Beide Szenarien sind wenig reizvoll. Beunruhigend kommt hinzu, dass laut Vorhersage der Wind nur kurz verschnauft. In drei Stunden soll es wieder auffrischen. Kummer beschließt, die ganze Nacht hindurch Ankerwache zu halten. Sicher ist sicher. Er zieht seine Jacke an, nimmt eine Decke und eine Taschenlampe mit auf die Flybridge und macht es sich bequem. Für den Fall, dass ihm doch die Augen zufallen, startet er auf seinem Smartphone die GPS-basierte Ankerwachen-App, die sofort Alarm schlägt, sollte die Blu aus einem definierten Radius treiben.

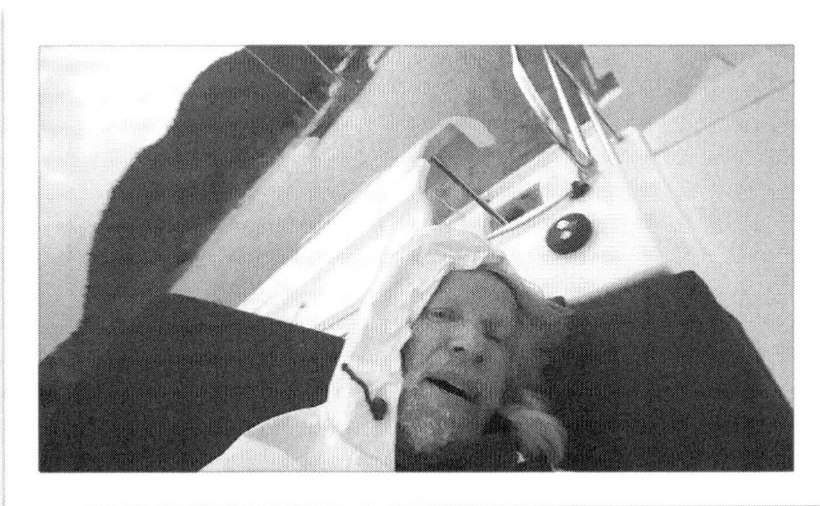

Nachtwache im Sturm: Kummer schläft an Deck

Der Wetterbericht behält leider Recht. Gegen 5 Uhr, es ist immer noch stockdunkel, peitschen wieder die Böen von den Bergen. Diesmal aber aus einer anderen Richtung. Bei jeder Bö blickt Kummer gespannt zum Anker, leuchtet das Ufer mit dem Scheinwerfer aus, peilt seine Position. Es scheint, als bewege sich die Blu keinen Meter. Das ist gut. Einerseits. Andererseits fragt sich Kummer, wie er das Ungetüm wohl wieder an Bord bekommt. Der Optimist in ihm sagt, alles halb so wild. Vielleicht muss er ja nur in einem anderen Winkel anfahren, um den Anker zu befreien.

Noch verdecken die hohen Berge im Osten die aufgehende Sonne, aber aus den groben Konturen werden bereits klare Linien. Je heller es wird, um so mehr lässt auch der Wind nach. Kummer ist erleichtert. Und ermattet. Er gönnt sich eine halbe Stunde Schlaf, um wieder zu Kräften zu kommen. Der Kaffee zum Frühstück weckt wieder seine Lebensgeister. Dann ist es Zeit für Manöverkritik, die Kummer natürlich allein mit sich ausmachen muss. Wenn der Anker durch die Fallböen ausgebrochen wurde, hätten Landleinen wahrscheinlich das Schlimmste verhindern können. Treffen die Böen aber seitlich auf den Rumpf, bietet der Katamaran eine riesige Angriffsfläche. Und da die Leinen ein Drehen in den Wind verhindern, wäre die Situation wahrscheinlich ebenso kritisch gewesen. Vielleicht sogar schlimmer. Kummer hatte sich auch noch aus einem anderen Grund gegen Landleinen entschieden: Um sie auszubringen, muss er zweifelsohne türkischen Boden betreten. Er hatte sich geschworen, das nicht zu tun, bevor er offiziell eingecheckt hat. Jetzt denkt er anders darüber. Sicherheit geht schließlich vor.

Durch den Wind ist das Wasser immer noch zu aufgewühlt, um vom Deck aus den Grund zu sehen. Mit dem Schnorcheln will Kummer warten, bis die Sonne höher am Himmel steht. Anfang April ist das Meer in der Türkei immer noch relativ kalt. Ein wärmender Rückenstrahler kann da nicht schaden. Aber in der besten Quarantäne der Welt hat Kummer vor allem eines: alle Zeit der Welt. Oder wie seine Großmutter immer sagte: „In der Ruhe liegt die Kraft."

Offenbar war der nächtliche Sturm doch ziemlich stark. Der Steg des Restaurants ist stark in Mitleidenschaft gezogen. Der Mittelteil ist komplett zerstört, die beiden Enden sind nicht mehr miteinander verbunden. Auch die Fischer kontrollieren aufmerksam ihre Boote und Netze. Schon am frühen Morgen ruft Volkan an, um sich zu erkundigen, ob Kummer die Nacht gut überstanden hat. Der erzählt vom nächtlichen Nacktsegeln und von dem Problem mit dem Anker. Sobald das Wasser sich beruhigt hat, will Kummer der Ursache im wahrsten Sinne des Wortes auf den Grund gehen. Er hofft, dass er das tun kann, ohne die Blu verlassen zu müssen. Er scheut nicht die Temperatur, hat aber Bedenken, nur mit Schnorchel und Flossen, auf über acht Meter Tiefe zu gehen. Der Druck nimmt in dieser Tiefe stark zu und Kummer hat schon oft Probleme mit seinen Ohren gehabt.

Wie damals auf den Galapagosinseln, als er sich bei einem Tauchgang eine heftige Mittelohrentzündung eingefangen hatte. Dank der Ärzte, die die Flottille begleiteten, hatte er zwar nach einigen Tagen die Entzündung auskuriert. Doch die Mediziner warnten ihn vor weiteren Tauchgängen, weil Kummers Ohren anscheinend sehr empfindlich für Entzündungen sind. Im Meerwasser, sagten die Ärzte, seien immer sehr viele Bakterien. Das wird im Mittelmeer nicht anders sein. Und eine Mittelohrentzündung kann Kummer in seiner Quarantäne nun so gar nicht gebrauchen. Bis das Wasser sich beruhigt hat, nutzt er also die Zeit, um zunächst den verlorenen Schlaf zumindest ein bisschen nachzuholen. Es ärgert ihn zwar, dass der Sturm seine tägliche Work-Life-Balance durcheinander gebracht hat, aber für Sport hat er nach der Action der vergangenen zwölf Stunden wirklich keine Kraft mehr. Eine Freundin, mit er sich über die Ereignisse der letzten Nacht gerade ausgetauscht hat, rät ihm, seine Ohren prophylaktisch mit einer Salzwasserlösung zu spülen. Genau das hatten die Ärzte damals auf Galapagos auch empfohlen: einen gestrichenen Teelöffel Salz auf 100 ml abgekochtes Wasser. Das Wasser abkühlen lassen, bis es lauwarm ist und dann ins Ohr spritzen, einmassieren und nach drei bis vier Minuten wieder entleeren.

Erst am zweiten Tag nach dem Ankerproblem hat sich das Wasser so weit beruhigt, dass Kummer vom Bug aus den Grund sehen kann. Das, was er sieht, gefällt ihm gar nicht. Wie es ausschaut, hat sich sein Anker - zumindest vermutet er das, als er eine Ecke davon aus dem Sand blitzen sieht - unter einer Leine oder etwas Ähnlichem vergraben. Den Anker zu bergen, dürfte also einige Mühen kosten, die mit einem Tauchgang verbunden sind. Kurz überlegt Kummer, ob er den Anker nicht einfach so liegen lassen soll, einen besseren Halt kann die Blu schließlich kaum finden. Aber er verwirft den Gedanken rasch.

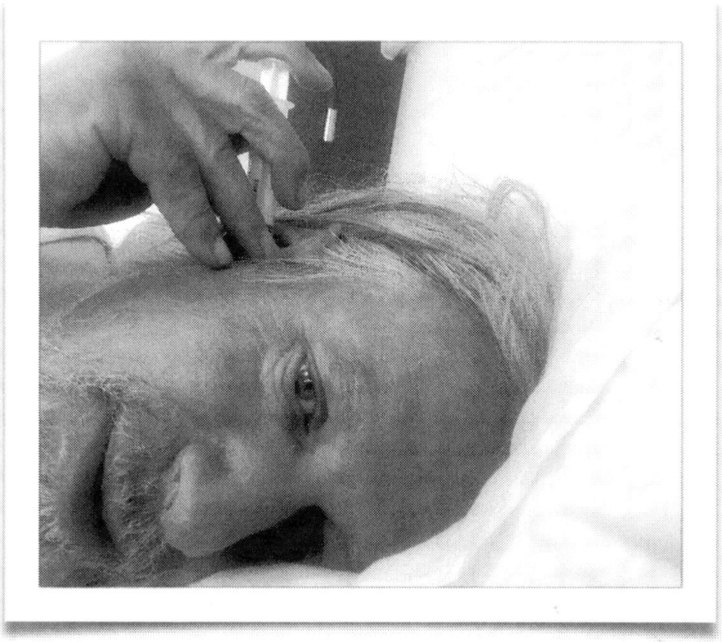

Prophylaxe: Mit einer Salzlösung spült Kumme die Ohren

Ein Problem nicht zu lösen, sondern nur aufzuschieben, ist Unsinn. Ein Boot sollte immer manövrierfähig sein. Als am Nachmittag sich die letzten kleinen Rauten auf dem Wasser zu einem Spiegel ausgebreitet haben, beginnt Kummer mit der „Aktion Anker“. Zunächst holt er die Kette so dicht wie möglich, bis die Winde erschöpft nachgibt. Jetzt kann er vom Bug aus sehen, dass sich sein Eisen wahrscheinlich unter einer Mooringleine eingehakt hat. Das Problem sollte also halbwegs einfach zu lösen sein. Sorge macht ihm nur die Wassertiefe. Das Echolot zeigt acht Meter an, wahrscheinlich ist es aber ein bisschen mehr, da die Tiefenmesser in der Regel eher defensiv eingestellt sind. Will heißen, es ist meist noch etwas Spielraum einkalkuliert. Doch alles Zaudern und Spekulieren bringt nichts.

Kummer muss abtauchen. Vorsichtshalber bereitet er die empfohlene Salzlösung vor und spritzt sich mit einer Spritze aus der Bordapotheke - natürlich ohne Nadel - die lauwarme Sole in beide Ohren. Nach der medizinischen Do-it-Yourself-Behandlung versucht er, so gut es geht, die Ohren mit Stöpseln zu versiegeln, dann schlüpft er in seinen „Little John", einen Taucheranzug mit kurzen Beinen und Armen, nimmt die Taucherbrille, Schnorchel und die Flossen und springt ins Meer.

> Habe inzwischen Anker gecheckt er ist wahrscheinlich nur extrem eingegraben und hält sehr gut, wenn weniger Wind ist werde ich es noch genau Checken Segeln ist zum Teil Intuition und Gefühl zum Teil Technik. Ich hatte zwar auf dem Wetterbericht gesehen, dass heute Nacht eine Front vorbei zieht, die insbesondere auf dem Meer stark Wind bringt, und hatte mir überlegt, in der Nacht wachsam zu sein, allerdings ist meine Bucht sehr gut geschützt und bisher gab es keine Fallböen und ich wusste dass der Anker ist eingefahren war und viel Kette gelegt war. So bin ich am Abend beruhigt ins Bett gegangen zumal alles (trügerisch)ruhig war.

Mit langen, ruhigen Flossenschlägen schwimmt er zum Bug und schaut von der Wasseroberfläche aus noch einmal auf das Schlamassel. Die Problemlösung sieht immer noch leicht aus. Kummer holt tief Luft und zieht sich an der Kette in die Tiefe, bis er den Anker erreicht. Er greift die Leine, unter der der Anker sich verhakt hat, und will sie über das Eisen heben. Es ist ein Stahlseil und so stark gespannt, dass Kummer es nicht einen Zentimeter bewegen kann. Ihm fehlt schlicht die Kraft, den Anker zu befreien. Als er wieder auftaucht, hat er aber eine Idee. Wie in den Lehrbüchern beschrieben, will er eine sogenannte Sorgleine am Anker befestigen, mit der er dann den Anker in einem stumpfen Winkel nach vorne unter der Leine hervorziehen kann. Er bereitet die Hilfsleine vor, befestigt das das eine Ende am Bug der Blu und lässt das andere bis auf den Grund hinab. Dann geht er auf die Flybridge, schmeißt den Motor an, um genügend Saft für die Ankerwinsch zu haben und um manövrierfähig zu sein, hat er den Anker einmal befreit. Dann lässt er die Kette etwas nach, so dass kein Druck mehr auf dem Anker ist. Vom Bug aus springt er wieder ins Wasser. Der zweite Versuch beginnt wie erste. An der Kette zieht sich Kummer in die Tiefe. Weil ihm beim ersten Versuch aber die Puste ausging, zieht Kummer sich schneller in die Tiefe, um mehr Zeit zu haben, die Leine am Anker zu befestigen. Ob es die Aufregung ist oder das überhastete Abtauchen, Kummer weiß es nicht, aber er konzentriert sich zu wenig auf den Druckausgleich. Und dann passiert es. Kurz bevor er den Grund erreicht, peinigt ihn ein stechender Schmerz im Ohr. Zu allem Überfluss erkennt Kummer auch erst jetzt das ganze Ausmaß des Dilemmas. Sein Anker hat sich nicht nur unter dem Stahlseil verhakt, er liegt mitten in einem Minenfeld aus Ketten und etlichen Seilen, die den Schwimmsteg des Restaurants halten und zudem die Mooringleinen der daran liegenden Boote. Kummer muss auftauchen, der Schmerz im Ohr wird immer schlimmer. Einen dritten Versuch will er nicht wagen, seine Sorge gilt jetzt weniger dem Anker als seinem pochenden Ohr. Sofort eilt er unter die Dusche und spült den Gehörgang mit den Resten der Salzlösung.

Kummer ist enttäuscht, besorgt und sauer. „Wie dämlich kann man eigentlich sein?“, fragt er sich. Als Volkan nach dem Sturm bei ihm anrief, hat er Hilfe beim Bergen des Ankers angeboten. Aber Kummer lehnte ab. „Typisch Mann“, schimpft er jetzt vor sich hin. Warum nur wollte er das Problem alleine lösen? Er muss nun mal akzeptieren, dass er keine Vierzig mehr ist. Vor fünfzehn Jahren hätte er die Situation sicherlich bewältigen können. Schon mehrmals war er in ähnlichen Tiefen nach Ankern getaucht. Selbst im dreckigen Hafenbecken von Rhodos-Stadt hatte er es sich nicht nehmen lassen, seinen

Anker unter der berüchtigten Kette selbst zu befreien, die dort seit Jahren liegt und eine gute Einnahmequelle für Taucher ist.

Auch das Spülen mit der Salzlösung bringt nicht die erhoffte Linderung der Schmerzen. Beide Ohren fühlen sich wie taub an, wie bei einem Hörsturz. Kummer vermutet, dass er sich das Trommelfell geprellt hat, hervorgerufen durch den mangelnden Druckausgleich. Verärgert über sich selbst, geht er ins Bett, und versucht sich zu beruhigen. Er hofft, dass das taube Gefühl in den kommenden Tagen von selbst verschwinden wird. Hauptsache, er bekommt keine Mittelohrentzündung, die einer ärztlichen Behandlung bedarf. Zur Vorsorge will er in den kommenden Tagen, morgens wie abends, seine Ohren mit der Lauge behandeln, jede Art von Zug meiden und den Kopf mit einer Wollmütze warm halten. Er legt sich ein Schwimmverbot für die kommenden zehn Tage auf. Dann greift er zum Telefon und bittet Volkan um Hilfe. Der verspricht, ihm zwei Mitarbeiter samt Tauchequipment ins Niemandsland zu schicken. Gleich morgen.

Ankersalat

Am Morgen des 7. April sendet der österreichische Nachrichtensender *Puls 4* im Morgenmagazin den nächsten Beitrag über Kummer. Die Reaktionen in seinem Postfach sind wieder durchweg positiv und aufbauend. Am gleichen Tag erscheint auch im deutschen Onlinemagazin *float* der Artikel „Sebastian Kummer im Niemandsland". Da der Artikel des Wassersportmagazins auch bei *focus.de*, einem der größten Nachrichtenportale Deutschlands, erscheint, erfahren nun auch viele von Kummers Freunden und Bekannten aus der alten Heimat von seinem Schicksal. Kummers Fall erregt immer mehr Aufmerksamkeit.

Schon morgens bringt Kummer die Fender aus und bereitet Leinen vor, gegen 10 Uhr biegt dann ein Segelschiff in die Bucht. Es sind die Freunde von Volkan, die bei Kummer ins „Päckchen" gehen. Das heißt, sie machen längsseits an der Blu fest. Weil kein Wind weht und das Wasser ruhig ist, reicht ein Anker für beide Boote aus. Und wie Kummer weiß, sitzt der ja bombenfest. Selbst der professionelle Taucher braucht eine gefühlte Ewigkeit, bis er das Chaos am Grund gelöst hat. Für Kummer wäre es also ein Ding der Unmöglichkeit gewesen, nur mit Schnorchel und Flossen den Anker selbst zu bergen. Auf seinen vorherigen Schiffen hatte er immer einen sogenannten Freediver dabei. Das ist ein einfaches Tauchsystem, das einen Taucher bis zehn, maximal fünfzehn Meter Wassertiefe mit Kompressorluft versorgt. Das Tauchen mit Kompressorluft ist allerdings umstritten, da sich die Luft ab einem bestimmten Wasserdruck verändert. Sie wird toxisch. Und tödlich. Früher gab es unzählige Unfälle, vor allem bei Perlen- und Schwammtauchern. Aber für kurze Arbeiten bis zehn Meter Tiefe leistet das System hervorragende Dienste.

Nachdem Volkans Helfer die Bucht wieder verlassen haben, plant Kummer das neue Ankermanöver. Aus der Erfahrung klug und in der Gewissheit, dass der nächste Sturm bereits von der Ägäis die türkische Südküste entlang zieht, will er die Blu zusätzlich zum Anker noch mit zwei Heckleinen sichern - auch, wenn er dafür kurz türkischen Boden betreten muss. Besonders die Tatsache, dass auch die Schiffe, die in der Bucht überwintern, auf diese Art und Weise festgemacht sind, bestärkt ihn zu dem Manöver.

Kummer wirft den Anker etwa 75 Meter vom nördlichen Ufer entfernt auf achteinhalb Meter Tiefe, legt mindestens fünfzig Meter Kette und fährt den Anker im Rückwärtsgang ein. Dann gibt er nochmal ein paar Meter Kette und legt den sogenannten Hahnepot an. Der Hahnepot wird gebildet aus zwei gleich langen Leinen und einer Kralle. Jeweils eine Leine ist am vorderen Ende der Schwimmer des Katamarans befestigt und am anderen Ende an der Kralle. Wenn der Anker gelegt ist, und die Kette die richtige Länge hat, befestigt man die Kralle an der Ankerkette, die mittschiffs läuft, und lässt noch mal ein paar Meter Kette, bis die Spannung des Ankers auf den Leinen liegt, die eine Art gleichschenkliges Dreieck bilden. Das hat gleich mehrere Vorteile. Zum einen liegt die Kraft nicht auf der Ankerwinsch, sondern wird auf die Befestigungspunkte an beiden Rümpfen verteilt. Zum anderen hält das Dreieck das Boot besser im Wind und reduziert das Schwoien, wie Segler das Hin- und Herdrehen vor Anker nennen.

Nachdem der Anker ordentlich liegt, legt Kummer nochmal den Rückwärtsgang ein und lässt die Maschine mit 2000 Umdrehungen laufen bis die Kette unter voller Spannung steht. Die Distanz zum Land beträgt jetzt etwa zwanzig Meter. Mit dem Kanu paddelt Kummer an Land, bringt zwei Leinen aus, befestigt sie an den einzementierten Pöllern jeweils im Winkel von 25 bis 30 Grad und paddelt schnell zurück an Bord, um das Tauwerk an der Blu zu belegen. Stolz bewundert er sein Werk. Anker und Heckleinen liegen perfekt unter Spannung. Die einzige Sorge, die Kummer hat, ist die Dimension des Ankers. Er findet, dass der 25 Kilogramm schwere Delta eigentlich für einen 46er Katamaran zu klein ist. Trotzdem ist er zufrieden. „Wenn das nicht hält, gebe ich das Segeln auf", sagt er zu sich.

In der Hektik des Manövers hatte er vollkommen vergessen, dass er zum ersten Mal seit knapp einem Monat Land unter den Füßen hatte. Ein Gefühl, nachdem er sich so lange gesehnt hatte. Und jetzt, als es endlich so weit war, konnte er gar nicht schnell genug zurück auf dem Kanu sein. Angespannt ob der neuen Ankerposition und des angesagten Sturms geht Kummer am Abend früh ins Bett. Mehrmals wacht er in der Nacht auf, hört den Wind, schaut auf das Satellitenbild am Smartphone, überprüft Anker und Leinen. Der Sturm ist vergleichsweise milde, die Blu liegt sicher und ruhig in der Bucht. Am nächsten Tag kann Kummer also getrost wieder zur alten Routine übergehen. Endlich.

Fest vertäut: Die Blu an neuem Platz, gesichert mit Landeinen

Er steht mit der Sonne auf, lauscht dem Wettkrähen der Hähne und wartet auf die Glocken der Ziegen, die jeden Morgen an der Blu vorbeiziehen. Kummer genießt das Wachwerden ohne Wecker, die Muße, die er hat, seinen Ritualen zu folgen. Bewusst beantwortet er am Vormittag keine Anrufe, widmet die erste Stunde des Tages der Lektüre, kurbelt dann den Kreislauf mit Work-out an, ehe er sich nach dem Frühstück an den Cockpittisch unter freiem Himmel setzt und mit der Arbeit beginnt, die er nach wie vor für seine Tanzeinlagen unterbricht. Ab dem Mittag kommuniziert er per WhatsApp, Telefon oder Mail mit seinen Mitarbeitern, Partnern und Journalisten. Am Nachmittag ruft er seine Familie an, abends dann oft Freunde und Bekannte, die sich um ihn sorgen.

„Bist Du nicht einsam, so ganz alleine auf dem Boot“, fragen viele. Kummer muss nicht lange überlegen. „Nein, überhaupt nicht“, sagt er voller Inbrunst und lacht sein typisches Lachen. Ihm gehe es hervorragend als Pirat in seinem Niemandsland. Er könne jeden Tag genießen. Er erzählt vom Fisch in seiner Tiefkühltruhe, schwärmt von der herrlichen Natur, lacht über die Nacktfahrt bei Nacht. Es scheint wirklich, als genieße Kummer einen endlosen Abenteuerurlaub. Und nicht selten ist am Ende des Gesprächs aus dem anfänglichen Mitleid Neid geworden. Kummer möchte definitiv mit niemandem tauschen. Die Welt da draußen, die er nur von Gesprächen und aus den Medien kennt, kommt ihm absurder vor als seine kleine heile Welt, die sich auf eine Bucht beschränkt, vielleicht 350 Meter lang und 100 Meter breit.

Trotzdem inhaliert Kummer geradezu alle Nachrichten über Corona, analysiert sie mit dem Blick des Außenstehenden, mit der Akribie eines Wissenschaftlers. Je mehr er liest, desto häufiger verzweifelt er. Und betrachtet die Zeit in der besten Quarantäne der Welt als ein unglaubliches Geschenk.

Doc Holiday

Das Ohr schmerzt höllisch. Auch noch am nächsten Tag. Die Prellung des Trommelfells will einfach nicht besser werden. Zudem stellt Kummer fest, dass er Flüssigkeit im Ohr hat. Wie ein Wink des Schicksals ruft Axel, ein alter Freund, an. Die beiden plaudern lange, auch über den Tauchunfall. „Moment mal", sagt Axel und reicht den Hörer an seine Frau weiter. Marion ist Ärztin. Kummer schildert ihr die Symptome. Seine Vermutung, durch den mangelnden Druckausgleich das Trommelfell verletzt zu haben, teilt die Ärztin. Aber sie weiß, wie dem unfreiwilligen Urlauber mit Bordmitteln zu helfen ist.

Als erstes soll Kummer versuchen, das Ohrenschmalz zu lösen, am besten mit einem Öl. „Olivenöl, kaltgepresst?", fragt Kummer mehr im Scherz. Das hätte er an Bord. Die Ärztin hält das für eine gute Option. Kummer solle zudem versuchen, die Nase frei zu halten, am besten mit Nasentropfen. Zusammen gehen sie die Bordapotheke durch. Als Kummer „Coldistan" erwähnt, stimmt sie zu. Mit dem Dreiklang aus Nasentropfen, Öl und Salzlösung sollte Kummer seine Ohrenschmerzen schnell in den Griff bekommen. Kummer ist zuversichtlich, er vertraut der Ärztin. Und er weiß, welche Auswirkungen eine gesunde Psyche auf den Körper haben kann. Da er in den kommenden Wochen nicht mal eben in die nächste Apotheke spazieren kann, ist sein Ansatz für eine gute Gesundheit eine große Portion Optimismus, die empfohlenen Heilmittel, Sonne und Wärme. Und es klappt. Schon nach zwei Tagen klingen die Schmerzen etwas ab, bald darauf reduziert er die Dosis der Heilmittel, nach acht Tagen setzt er sie in Absprache mit der Frau seines Freundes ab. Das Ohr sei auskuriert, sagt die Ärztin.

Kummer ist dankbar für die Unterstützung, die er erfährt. Vor Ort und aus der Ferne. Er ist gerührt ob der Hilfsangebote, die er bekommt. Auch wenn er die meisten dankend ablehnt.

Bis zum 17. April möchte er geduldig ausharren, dann könnte die Türkei die Reisebestimmungen lockern, heißt es. Zumindest sind für Mitte April die ersten Flüge wieder angekündigt. Aber natürlich kann sich das jederzeit wieder ändern. Freunde fragen ihn immer wieder, ob er denn schon Kontakt zu der Botschaft aufgenommen habe, zu den Behörden in Deutschland oder Österreich? Das hat er nicht. Kummer sieht sich nicht als Notfall, glaubt, dass andere Menschen die Hilfe des Staates dringender nötig haben als er. Er empfindet es als unangebracht, die Behörden mit seinem Fall zu belasten. Zumindest noch. Andere meinen, sein Problem müsste doch „mit ein bisschen Bakschisch" zu lösen sein. Kummer findet das anmaßend, es zeugt von einem Bild der Türkei, das er nicht teilt. Definitiv wird er es auch nicht versuchen. Bestechung kommt für ihn ebenso wenig in Frage wie ein vorgetäuschter Notruf. In Griechenland, das wurde ihm berichtet, wurde dieser Trick von einem Charterboot in Absprache mit der Küstenwache angewandt, um die Bestimmungen zu umgehen. Aber das betreffende Boot lief auch unter griechischer Fahne.

Kummer beschließt, bis mindestens zum 17. April die Füße still zu halten. Wenn die Einreisesperre dann doch noch mal verlängert wird, will er sich vielleicht an die Botschaft wenden. Zumindest, um seinen Fall offiziell zu machen. Jedenfalls will er so lange warten, bis es eine legale Lösung für ihn gibt. Durch die Berichterstattung in den Medien will er aber weiter Druck durch Aufmerksamkeit aufbauen, um nicht vergessen zu werden. Auch wenn Kummer weiß, dass es ihm wahrscheinlich gerade besser geht, als 99,9 Prozent der Menschen weltweit.

Noch geht es ihm gut, aber der Unfall beim Tauchen hat ihm gezeigt, wie schnell das Blatt sich wenden kann. Und dann? Auch hat er zwar dank Volkan genügend Trinkwasser, aber das Brauchwasser in seinem Tank neigt sich langsam dem Ende. Mit 300 Litern ist er auf Mallorca gestartet, jetzt hat er noch 120 Liter. Und noch mehr Wasser kann er kaum sparen. Nur einmal in der Woche gönnt er sich den Luxus einer schnellen Dusche, ansonsten muss es bei einer Katzenwäsche und

Zähneputzen bleiben. In einem Videotelefonat lacht Kummer in die Kamera. „Das ist das Gute, wenn man alleine an Bord ist. Und zum Glück ist die Technik noch nicht soweit, den Geruch zu übertragen.“ Humor a la Kummer. Für den Abwasch und selbst das Kochen benutzt er seit Langem schon Seewasser. Und auch das Ernten von Regenwasser kann nicht den, wenn auch spärlichen, Verbrauch ersetzen. Ohnehin wird es in der Türkei ab April immer trockener. Und noch etwas geht zur Neige: das Gas zum Kochen und der Diesel, den Kummer braucht, um über die Maschinen die Batterien zu laden. Keine Frage, das Leben auf dem Luxuskatamaran könnte schlechter sein. Aber auch deutlich angenehmer.

Allzeit bereit: Kummer am Steuer der Blu

Zeit der Stille

Solch eine Zeit hast Du vermutlich nur einmal im Leben. Das musst Du tief reinziehen, damit Du lange davon zehren kannst. Geniesse. Gruss Martin Willhaus

Die Nachricht, die sein alter Freund Martin ihm per WhatsApp schickt, trifft den Nagel auf den Kopf. Kummer antwortet: „Genau so ist es und ich bin sehr glücklich". Von den schweren Stürmen in der Nord- und Mittleren Ägäis, die gerade über das Meer toben, bekommt er bislang nur die Ausläufer mit. Regenwolken ziehen noch einmal über Tersane, und das Meer wirkt grau statt blau. Kummer hört Donnergrollen, manchmal zuckt ein Blitz vom schwarzen Himmel. Aber der Sturm, den er fürchtet, scheint seine kleine Bucht zu verschonen. An Tagen wie diesem 8. April fällt es Kummer schwer, seine selbst verordnete gute Laune zu leben. Die Routine an Bord ist sein Anker, sonst driftet er ab, ereifert sich über die Corona-Maßnahmen in der Heimat. Die Beschneidung der Grundrechte und die schlampigen Verordnungen stören ihn, genauso wie die offensichtliche Heiligenverehrung von Sebastian Kurz, dem jungen Kanzler, in den Medien.

Einem ehemaligen Freund und Kurz-Anhänger, der einen verherrlichenden Kommentar des Chefredakteurs der Zeitung *Die Presse* auf Facebook teilt, schreibt Kummer eine kritische Stellungnahme zu den Statistiken und seine Einschätzung, dass Kurz zu spät gehandelt hat. Der pauschale Lockdown schützt nach Kummers Meinung die Alten und Schwachen zu wenig und nimmt den Jungen zu viele Chancen. „Aus der Distanz sieht das wirklich nicht nach guter Regierung aus", schreibt Kummer und schließt mit den Worten „Viele Grüße von einem ahnungslosen Segler aus dem Niemandsland. Aber besser illegal mit klarem Verstand, als von der Politik eingelullt."

Ironischerweise erscheint wenige Tage später in der gleichen Zeitung, die nach Eigendefinition eine bürgerlich-liberale Linie vertritt, ein Interview mit Kummer. Der Artikel verknüpft

Kummers Segelerfahrungen mit seiner fachlichen Einschätzung zur Corona-Krise und ist überschrieben mit „Jetzt ist noch mehr Flexibilität gefragt". Einem anderem Freund schreibt er: „Natürlich leben wir in der besten offenen Gesellschaft, aber die hat leider auch ihre Feinde und ich habe das Gefühl, dass einige der Feinde der offenen Gesellschaft in der Corona-Krise ihre Chance wittern. Die Notverordnungen, mit denen zur Zeit weltweit regiert wird, sind demokratisch höchst gefährlich. Hoffen wir, dass diese Form der Regierung bald beendet wird."

Die Probleme mit dem Anker, das schmerzende Ohr und die Sorge, dass Österreich und Deutschland die Wirtschaft vor die Wand fahren, wühlt Kummer auf. Er ist nicht wütend, das Gefühl gleicht eher einer Ohnmacht. Als Wissenschaftler möchte er sich einbringen, helfen, die Krise zu bewältigen, weiß aber nicht wie. Alles, was ihm bleibt, ist Kommentare zu schreiben und Interviews zu geben.

Dieser Mittwoch ist definitiv kein guter Tag. Passend zum Unwetter, dass er durch die großen Panoramafenster im Salon beobachtet. Unwetter? Erst jetzt fällt ihm ein, dass er das hintere Fenster seiner Kajüte zwar geschlossen, aber nicht verriegelt hat. Er stürmt hinab in den Backbordrumpf, rennt zum Heck in seine Kabine. Die Koje ist klitschnass. Kopfkissen, Matratze und Laken könnte er auswringen. Kummer ärger sich über sich selbst, er weiß, dass er nicht nachlässig werden darf. Aber was soll's? Kummer hat noch drei weitere Kabinen. Ein Vorteil, wenn man alleine auf einem 46-Fuß-Katamaran ausharrt. Er entscheidet sich für die vordere Kabine im selben Rumpf.

Schon am nächsten Tag findet Kummer zurück in seinen Rhythmus aus Sport, Arbeit und guter Küche, der ihm Stabilität gibt. Der Himmel ist wolkenlos, das Meer glitzert wie tausend funkelnde Juwele in der aufgehenden Sonne. Das Wetter wird von Tag zu Tag besser. Und wärmer. Kummer drapiert sein nasses Bettlager in der Sonne. Der Segler, dem er geholfen hatte, auf Sardinien und auf Vulcano sichere Ankerbuchten zu finden, meldet sich. Er ist inzwischen in Volos angekommen. Die Crew muss vierzehn Tage in Quarantäne und er fragt

Kummer, ob er ihm einige Tipps zum Angeln geben könne. Kummer ist zurück in seinem Element. Er antwortet dem Segler umgehend und produziert ein Video zum Thema „Angeln auf der Blu", in dem er erklärt, wie sie auf hoher See mit einer Angel im Schlepp (Trolling) erfolgreich ihre Tiefkühltruhe füllen konnten. Es sind Erinnerungen an schöne Tage, als Corona noch kein Thema und die Crew an Bord war. Am Abend flimmert Kummer wieder über das österreichische Fernsehen. Der ORF bringt eine weitere Story über den Wiener Weltenbummler.

Immer wieder melden sich alte Freunde, ehemalige Studenten oder auch Menschen, die ihn nur entfernt kennen, sich aber erkundigen wollen, wie es ihm geht. Einige bieten Hilfe an, andere wünschen ihm einfach alles Gute. Kummer ist gerührt von der Anteilnahme und bedankt sich für jede Mail, versichert, dass es ihm gut gehe, er genug Verpflegung habe und von türkischen Freunden ausreichend versorgt werde. Allerdings schreibt er auch, dass er mittlerweile davon ausgehe, noch einen weiteren Monat auf die Einreise warten zu müssen. Ein Freund antwortet: „Mindestens einen Monat! Aber wie schrieb Theodor Fontane schon: Nur die Ausdauer zählt. Gott sei Dank hast Du davon ein gehöriges Stück abbekommen!"

Wider die Angst

Mittlerweile ist Ostern. Bei Festen wie diesen kommt normalerweise die ganze Familie zusammen. Auch wenn Kummer allein in seiner Bucht ist und nicht an der Feier teilnehmen kann, freut es ihn, dass seine Frau und die Kinder Ostern gemeinsam feiern. Wenn Alessandra für die Familie kocht, dann gibt es immer reichlich Essen. Typisch Italienerin eben. Besonders freut Kummer das Foto, das seine Familie ihm schickt. Darauf sitzen alle an eigenen kleinen Tischen, die coronagerecht einen Sicherheitsabstand haben, und prosten sich auf Distanz zu. Hoffentlich, denkt Kummer, ist die Krise bald vorbei. Er will seine Kinder trotz Corona in den Arm zu nehmen, wenn sie sich wieder sehen.

Foto Alessandra Gallo

Ostern auf Distanz: Kummers Kinder senden Grüße

In der Türkei spielt das Fest aber keine große Rolle, auch wenn Jesus im Islam als Prophet verehrt wird. Vielmehr beherrscht ein anderes Thema die Türkei. Am Karfreitag, abends um 22 Uhr, hat die Regierung in Ankara für das Wochenende ohne Vorwarnung eine Ausgangssperre ausgerufen. Beginn: um Mitternacht. Also in zwei Stunden.

Überrumpelt von der Maßnahme strömen in den Großstädten zigtausende Menschen auf die Straßen, um sich mit Lebensmitteln einzudecken. Fotos zeigen überfüllte Supermärkte, die Straßen sind so belebt wie die Reeperbahn nachts um halb eins. Kaum jemand trägt eine Maske.

Kummer erfährt davon erst am Samstag. Nicht, dass es irgendeine direkte Auswirkung auf ihn hätte. Für Kummer ist jeder Tag Ausgangssperre. Aber er befürchtet, dass die Maßnahme ein Zeichen dafür ist, dass sich die Lage in der Türkei verschlechtert hat. Die Hoffnung, die Einreisebeschränkungen würden am 17. April gelockert, stirbt. Kummer muss sich auf weitere Wochen Isolation einstellen.

Seine Freundin aus Teneriffa ist immer noch sehr aktiv und bemüht viele Kontakte, unter anderem einen türkischen Bekannten. Der habe mit einem Hafenmeister gesprochen. Ein Tausch der Schiffe, so die Freundin, sei demnach durchaus möglich. Die Anweisungen für die Hafenämter hätten angeblich einen großen Interpretationsspielraum. Vielleicht könne Kummer ja an einem anderen Ort in der Türkei einchecken.

Nachrichten wie diese geben Kummer Kraft, sie wecken Hoffnung. Andere ziehen ihn runter. Für einige seiner Freunde in der Heimat ist die Türkei ein rotes Tuch. Sie warnen Kummer, er müsse aufpassen, nicht von der Politik für deren Zwecke eingespannt zu werden. Kummer weist das freundlich aber bestimmt zurück. Er mag es nicht, zu viel negative Energie abzubekommen.

Kummer weiß, dass seine Einreise noch lange dauern kann, wenn sich EU und die Türkei nicht einigen können. Aber das kann er nicht beeinflussen. Er muss die Dinge so nehmen, wie sie sind. Viel mehr sorgt sich Kummer um Hobby-Piraten, auch wenn die Türkei als eines der sichersten Segelreviere im Mittelmeer gilt. Nur sehr selten gibt es Berichte über irgendwelche Vorfälle, schon gar nicht müssen Segler um Leib und Leben fürchten. Was es allerdings hin und wieder gibt, sind Einbrüche in Boote, die unbewacht vor Anker liegen, während die Besatzung gerade in einem Restaurant sitzt oder einen Landausflug unternimmt.

Trotzdem ist Kummer vorsichtig, schließlich kostet die werftneue Lagoon ein Vermögen. Zuletzt kam es im östlichen Mittelmeer vermehrt zu Bootsdiebstählen. Mal wurden die Yachten für den Menschenschmuggel missbraucht, mal ins Schwarze Meer entführt. Der Marine-Claims-Service (MCS) berichtet von einem großen Markt für gestohlene Yachten in Russland. Wenn die Yachten einmal die Dardanellen erreicht hätten, sagt ein MCS-Fahnder, seien sie quasi verloren. Das Hamburger Unternehmen betreibt unter anderem die Webseite stolenboats.info, fahndet im Auftrag von Versicherungen weltweit nach gestohlenen Booten, stellt Gutachter und Bergungsexperten. Erst im August 2019 ist eine russische Diebesbande in Moskau aufgeflogen. Die achtköpfige Gruppe um einen ehemaligen Marineoffizier war seit vier Jahren im Mittelmeerraum aktiv. Knapp 100 Bootsdiebstähle gehen laut Interpol auf ihr Konto, nur sechs der Yachten konnten sichergestellt werden.

Kummer kennt die Geschichten. Deshalb schließt er nachts alle Luken und verriegelt die Tür, neben das Bett legt er sein Handfunkgerät, das auf den Notrufkanal eingestellt ist. Wie beim Segeln auf hoher See gilt auch beim Ankern „safety first". Ein guter Skipper ist auf alle Eventualitäten vorbereitet. Aber anstatt vor Angst zu sterben, setzt Kummer auf Risikoabwägung. Also stellt er sich die Frage, wie groß die Wahrscheinlichkeit überhaupt ist, dass ihm etwas in der Bucht passiert. Er kommt zu dem Schluss: Nicht sonderlich groß. Die Menschen auf der Insel leben vom Yachttourismus, ein Vorfall vor ihrem Restaurant könnte ihr Geschäft ruinieren. Deshalb werden sie schützend ihre Hand über Kummer halten. Trotzdem ist er im Kopf den „worst case" durchgegangen, um im Fall des Falles nicht irrational zu handeln. Da Kummer durch untypische Geräusche an Bord wach wird, dürfte er bei ungebetenem Besuch genügend Zeit haben, einen Hilferuf über die Funke abzusetzen, ehe die Einbrecher ins Innere des Bootes eindringen können. Kummer hat beschlossen, im Fall des Falles keine Gegenwehr zu leisten. Geld und Wertsachen hat er deshalb an verschiedenen Stellen auf dem Boot versteckt.

Er weiß, dass bei einem Überfall die Täter unter Zeitdruck stehen und möglichst schnell den Tatort verlassen wollen, sie dürften sich also mit der erstbesten Beute zufrieden geben.

Kummer vertraut seinen türkischen und österreichischen Partnern, freut sich über die Hilfe und Unterstützung aus der Heimat, von Freunden, Bekannten und Unbekannten. Nur von einer Seite scheint er mit keiner Unterstützung rechnen zu können: seinem Arbeitgeber. Kummer kommt aus der Wirtschaft, leitete ein mittelständisches Unternehmen, ehe er dem Ruf als Professor folgte. Ein Unternehmen, so kennt es Kummer, würde alle Hebel in Bewegung setzen, wenn ein Mitarbeiter im Niemandsland festhängen würde. Von der Wirtschaftsuniversität in Wien erhält er aber weder eine offizielle noch inoffizielle Information, dass sie etwas unternommen hätte, was ihm helfen könnte. Kummer kennt den Wissenschaftsbetrieb mit seinen Netzwerken und Intrigen. Er hat immer versucht, sich da rauszuhalten, nur das gemacht, was er für richtig hält. Vielleicht ist das jetzt die Retourkutsche für den unangepassten Professor.

Auch wenn Kummers Arbeitgeber sich nicht für ihn zu interessieren scheint, so bekommt er doch die höheren Weihen, als seine Schulfreundin ihn anschreibt. Die beiden kennen sich aus Kummers Heimatstadt Unna und sehen sich alle fünf Jahre bei den Klassentreffen. Renate ist Pfarrerin und möchte Kummers Gedanken in ihre nächste Andacht einbauen. Sie schreibt ihm: „Hallo Sebastian, Du alter, eingeübter Mönch :-) Ich schreibe grade eine Andacht für den kommenden Sonntag. Wenn Du Lust und Muße hast, wären grad zwei Antworten von Dir für mich zuträglich: Was macht Dir in Deiner derzeitigen Situation am meisten Freude und erfüllt Dich besonders? Und was fehlt Dir gerade zum Glück, zur inneren Freude?"

Kummer antwortet gewohnt positiv. „Wie Du gemerkt hast, bin ich in der Tat sehr zufrieden und habe immer gesagt, dass ich mich in der besten Quarantäne der Welt befinde. Freude bereitet mir zu wissen, dass meine Familie nicht verzweifelt und das Beste aus der Situation macht. Meine Kinder studieren fleißig weiter und versuchen die Kurse, die sie sich für dieses

Semester vorgenommen haben, abzuschließen. Mein Vater und meine Mutter sind sehr stark durch Corona gefährdet, aber sie versuchen sich so gut wie möglich zu schützen und vertrauen auf die göttliche Fügung. Außerdem bin ich froh und stolz, dass ich meine Crew rechtzeitig (ungeplant) in Mallorca abgesetzt habe und sie so, bevor der Sturm losging, nach Hause zu ihren Familien kam. Auch bin ich froh, dass wir bereits am 25. Februar, lange bevor es Verordnungen gab, die Distanzlehre an unserem Institut vorbereitet haben, und so innerhalb einer Woche, nachdem die WU den (physischen) Lehrbetrieb eingestellt hatte, alle unsere Veranstaltungen auf Distanzlehre umgestellt hatten. Auch als kurze Zeit später die ersten Prüfungen anstanden, konnten wir diese online abwickeln, und zwar so, dass sie ähnlich anspruchsvoll waren und wir schummeln so gut wie möglich beschränken konnten. Die Ergebnisse sind ganz ähnlich wie in den Vorsemestern und das Feedback der Studierenden sehr positiv, da alle froh sind, dass sie quasi nahtlos weiter studieren können. Insofern bin ich privilegiert, da ich als Ökonom natürlich weiß, was für Zeiten kommen und wie viele Menschen in Kurzarbeit sind oder noch schlimmer arbeitslos werden."

Zur zweiten Frage schreibt Kummer: „Es hört sich zwar vielleicht absurd an, aber es fehlt mir an fast nichts. Ich genieße die Ruhe und die Zeit der Besinnung. Ich bin ja der festen Überzeugung, dass der Mensch frei ist und fühle mich auch so. Es stört mich - ich glaube, ich hatte es schon in der letzten Mail geschrieben - am meisten, dass ich etwas ganz Normales, nämlich die Überführung eines Schiffes mache, und dass ich, als ich auf Mallorca am 10. März meine Crew absetzte, noch legal war - und über Nacht zu einem Illegalen wurde. Die griechische Coast Guard hat mich, obwohl ich ein gültiges Sailing Permit für März hatte, unter vorgehaltener Maschinenpistole aufgefordert, sofort das Land zu verlassen. So bin ich im Niemandsland in einem halblegalen Status, weil mein Schiff eine türkische Flagge hat und die Türkei mich nicht einreisen lässt, weil ich aus der EU komme. Auch viele andere Menschen wurden unverschuldet zu Illegalen, einige müssen um ihr Leben fürchten. Das ist bei mir nicht der Fall."

Kurz nach Ostern hat Kummer sein Datenvolumen erneut aufgebraucht. Auch sein Vertrag für die teure Iridium-Go-Box läuft aus. Das letzte Guthaben nutzt er für Nachrichten an seine Familie: „Die Türkei hat eine Ausgangssperre erlassen, es dauert also minimum vier weitere Wochen und ob dann auch die Grenzen aufgehen, ist mehr als zweifelhaft. Ich werde das Beste daraus machen. Nachricht ist mit Satelliten geschrieben, Antwort nur mit spezieller App möglich. Habe gerade kein Internet."

Auch die nächsten beiden Tage bleibt Kummer von der Außenwelt abgeschnitten, Volkan muss erst wieder neues Datenvolumen besorgen. Der Skipper nutzt die Zeit für ein „digital detox". Er macht Sport, arbeitet und genießt das schöne Wetter. Die Sonne scheint pausenlos vom wolkenlosen Himmel, seine Stimmung ist gut. Eine erneute Inventur zeigt, dass er noch genug zu essen und zu trinken hat. Sein Menüplan für die kommenden Tage sieht einen Wechsel von Fisch-, Fleisch- und vegetarischen Gerichten vor.

Fit for fun: Kummer bei der täglichen Sporteinheit

Das „digital detox" wird abrupt durch eine aufpoppende Terminerinnerung beendet. Volkan hat anscheinend die nächsten fünfzehn Gigabyte aufgeladen, das größte Datenpaket, das der türkische Anbieter offeriert. In Kummers Kalender steht: „Porsche Executive Excellence Programm 08:00 (MWSZ) Executive Academy". An diesem Tag sollte er eigentlich für die dreizig Top-Führungskräfte der Porsche Holding zum Thema „Change of Mobility" ein Seminar gestalten. Schon auf der Eröffnung des Programms der „Porsche Future Conference" hatte er einen Vortrag gehalten, in dem er für die nächsten Jahre keine positive Entwicklung der weltweiten Pkw-Verkäufe und auch mittel- bis langfristig eher sinkende Verkaufszahlen vorhergesagt hatte. Dass es, bedingt durch Corona, nun so schlimm werden würde, konnte er damals natürlich nicht ahnen.

Als Kummer seinen Blick über die Bucht schweifen lässt, realisiert er, dass er es wirklich nicht so schlecht getroffen hat. Eigentlich ist er ganz froh, nicht im Hörsaal zu stehen. So gerne er die Trainings auch macht, ein wunderschöner Tag auf der Blu ist ihm dann doch lieber. Und wenn er es richtig betrachtet, ist die erzwungene Corona-Pause für das Programm gar nicht mal so schlecht. Der Handlungsbedarf dürfte nach der Krise für die Automobilindustrie noch größer als zuvor sein. Denn zusätzlich zu den Herausforderungen und Umbrüchen der Digitalisierung, den Veränderungen bei den Antrieben und des Mobilitätsverhaltens, zumindest in den Städten und Ballungsgebieten, kommt jetzt auch noch eine Wirtschaftskrise hinzu, die sich gewaschen hat.

Die Medienberichte über ihn zeigen immer noch Wirkung. Die Aufmunterungsmails und Hilfsangebote ebben nicht ab. Ein alter Freund schreibt: „Hallo Sebastian, Segeln ist herrlich und ich mache das bereits seitdem ich jung an einem niederländischen See aufgewachsen bin. Aber so lang auf einem Segelboot zu sein, habe ich auch noch nicht erlebt. Alles Gute gewünscht und irgendwann kommt die Lösung. Wir haben eine schöne Wohnung auf einer kroatischen Insel in der Nähe. Könnte das eine Lösung sein?"

Und auch ein ehemaliger Student meldet sich bei Kummer: „Habe bei Ihnen die Spezialisierung „Int. Transportwirtschaft und Logistik" vor einigen Jahren besucht und hatte auch das Glück, mit Ihnen nach Hanoi, Vietnam, zur ASEA Sommeruni 2009 zu fahren. Ich habe eine gute Erinnerung an die Zeit in Wien und in Vietnam. Ich habe Ihr Video gesehen und dass Sie in der Ägäis mit Ihrem Segelboot „gestrandet" sind. Da das Video einige Tage alt ist, bin ich mir nicht sicher, ob Sie noch in dieser Gegend sind und auch nicht, ob es in Ihrer Situation helfen würde, aber ich könnte Ihnen mit Sicherheit ein Haus auf Naxos organisieren (ist ein Ferienhaus von einem Freund meines Vaters), der Hafen wäre nur einen 15-minütiger Spaziergang entfernt. Da wir seit Jahren nach Naxos fahren, haben wir einige Kontakte, die wiederum Kontakte zur Küstenwache haben. Wenn Ihnen das hilft, bin ich gerne bereit, dies für Sie zu vermitteln. Ansonsten wünsche ich Ihnen eine gute Weiterreise auf der Suche nach einem sicheren Hafen."

Kummer bedankt sich für die Hilfe: „Vielen Dank, für das Hilfsangebot und die große moralische Unterstützung (ich bin seit 36 Tagen alleine auf dem Schiff und war seit über 40 Tagen nicht mehr an Land). Griechenland ist leider für mich nicht möglich, da das Schiff eine türkische Flagge hat."

Der „gestrandete" Professor hat sich längst mit seinem Dasein im Niemandsland arrangiert. Nachdem Volkan für ihn mittlerweile auch neues Gas organisiert hat, muss in den nächsten Wochen nicht einmal die Küche kalt bleiben. Auf Drängen von Freunden unternimmt Kummer aber dennoch den nächsten Schritt. Er versucht sich beim Auswärtigen Amt auf die Liste der Staatsbürger einzutragen, die im Ausland festsitzen. Doch der erste Anlauf klappt nicht. Kummer scheitert bei der Eingabe des offiziellen Einreisedatums. Mindestens sieben Tage müssen seitdem vergangen sein. Wenn er das Feld freilässt, kann er die Angaben nicht abspeichern. Auch sucht er bei seinem Aufenthaltsort das Feld „Niemandsland" vergeblich. Dass er nicht weiterkommt, stört Kummer auch nicht wirklich. Immerhin hat er es versucht. Und spätestens Ende April wird der Spuk ein Ende haben.

Jetzt reicht's

Am 17. April, einem Freitag, wollte die Türkei ursprünglich nach einer vierwöchigen Sperre den internationalen Flugverkehr wieder aufnehmen. Kummer hoffte, dass dann auch die Seewege wieder geöffnet würden. Als dann über Ostern die erste Ausgangssperre erlassen wurde, ahnte er bereits, dass er sich wahrscheinlich bis Ende April gedulden müsse. Alles kein Problem. Aber jetzt, an diesem 17. April, häufen sich die schlechten Nachrichten.

Die Zahl der mit dem Corona infizierten Menschen steigt in der Türkei weiterhin rasant an. Die Johns-Hopkins-Universität verzeichnet am Freitag 74.193 Infizierte, was einem Plus von 5801 gegenüber dem Vortag entspricht. Auch die Zahl der Toten ist angestiegen, bei denen Corona nachgewiesen wurde. Mittlerweile sind es 1.643. Die Regierung in Ankara verkündet daraufhin, die Einreise- und Ausreisebeschränkungen bis zum 20. Mai zu verlängern. Ein Paukenschlag, der Kummer mit voller Wucht trifft wie ein Hieb in die Magenkuhle. Für ihn bedeutet das einen weiteren Monat in der Bucht, vier weitere Wochen der Ungewissheit, 31 Tage Bangen, ob ihn nicht doch die Küstenwache aufspürt und vertreibt.

Zwar glaubt Kummer mittlerweile, dass er von der Küstenwache geduldet wird, solange er kein Land betritt. Aber Gewissheit hat er nicht. Natürlich werden die Behörden von seinem Fall wissen, allein weil Volkan und der Yachtagent seit Wochen versuchen, alle Hebel in Bewegung zu setzen. Auch wird sicherlich ein Botschaftsmitarbeiter in Wien oder Berlin einen Bericht über ihn gelesen oder gesehen haben. Kummer weiß, dass die Auslandsvertretungen jeden Morgen mit einem Presse-Clipping versorgt werden, in dem alle Nachrichten gesammelt werden, die das eigene Land betreffen.

Kummer ist enttäuscht. Bis zum Morgen hatte er immer noch einen Restfunken Hoffnung, dass es vielleicht noch am selben Tag zu einer Hauruck-Aktion kommen könnte, die es ihm erlauben würde, die Blu mit der Sunce 2 zu tauschen, um sofort Kurs auf Kroatien zu setzen. Die Windverhältnisse hatte er bereits gecheckt. Sie sind perfekt. Unter Segeln könnte er Griechenland südlich umfahren bis er im Ionischen Meer mit einem mäßigen Schirokko, also dem optimalen Südwind, geradewegs die Adria hinauf nach Kroatien gepustet worden wäre. Kummer ist restlos enttäuscht. Und in seiner Verzweiflung versucht er, sich noch einmal beim Auswärtigen Amt zu registrieren. Nicht, dass er große Erwartungen damit verknüpft, aber er muss etwas tun. Irgendwas. Das beruhigt die Nerven.

Obwohl Kummer nicht in die Türkei eingereist ist, schafft er es diesmal, das Formular abzusenden. Die erste Hürde ist damit geschafft. Nun soll er seine Situation schildern. Doch das Programm erlaubt das Speichern von Kummers Epos wieder mal nicht. Erst jetzt sieht der. Professor den Hinweis, dass er maximal 2000 Zeichen verwenden darf. Ein Vielfaches hat er verfasst. Also macht er sich ans Kürzen. Große Hoffnungen setzt er nicht auf die diplomatische Hilfe, zu ungewöhnlich ist sein Fall. Auch würde es ihm nicht helfen, wenn das Auswärtige Amt beispielsweise ihm einen Rückflug organisieren würde. Was würde dann aus der Blu, die nur mit dem eingetragenen Skipper einchecken darf.

Viel mehr Hoffnung setzt Kummer auf eine andere Entwicklung. Eine der größten türkischen Tageszeitungen, die *Hürriyet*, widmet ihm ihre Titelseite. Die Schlagzeile lautet „Quarantäne im Paradies". Kummer hatte die Journalistin, als sie ihn kontaktierte, an Volkan verwiesen, der sie allerdings gebeten hatte, nicht über Kummer zu berichten. Volkan hielt es für besser, keine schlafenden Hunde in der Türkei zu wecken. Bislang hatte die Küstenwache wegschauen können - ob sie das wirklich tat, wusste auch er nicht. Aber seit Erscheinen des *Hürriyet*-Artikels musste jeder Behörde in der Türkei klar sein, dass ein deutscher Segler seit Wochen irgendwo vor der Türkei liegt, wahrscheinlich sogar in der Türkei. Und das illegal. Es war quasi ein Aufruf für einen übereifrigen Beamten, den Mann auf dem markanten Katamaran ausfindig zu machen. Und das dürfte nicht allzu schwer sein. Zudem hatte die Journalistin anscheinend in Ermangelung eigener Informationen sich des *float*-Artikels bedient, den aber wohl aufgrund einer standarisierten Online-Übersetzung in Teilen falsch wiedergegeben. Zumindest aber stimmt der Grundtenor und ist somit sehr positiv. Freunde halten den Artikel sogar für zu positiv. Sie befürchten, Kummers Lage könnte nicht ernst genommen werden.

Hürriyet

CENNETTE KARANTİNA

Yelkenliyle Fransa'dan Türkiye'ye doğru yola çıkan Prof. Dr. Sebastian Kummer, salgın nedeniyle sınırlar kapatılınca Ege'de mahsur kaldı.

DAHA GÜZEL BİR YER HAYAL EDEMİYORUM

Die türkische Hürriyet hat Kummer auf der Titelseite

Über den unverhofften Ruhm in der Türkei erfährt Kummer ausgerechnet aus Wien. Die türkische Frau von einem seiner Mitarbeiter entdeckte den Beitrag, der scannte die Seite ein und schickte sie Kummer per Mail. Kummer freut sich aber über den Artikel, glaubt, dass er eher nutzen als schaden könne. Die unverhoffte Öffentlichkeit in der Türkei kommt vielleicht gerade noch rechtzeitig für eine zeitnahe Lösung. In sechs Tagen beginnt nämlich der Ramadan, der heilige Fastenmonat der Muslime. Während dieser Zeit dürfte es noch schwieriger werden, einen Sonderweg für den Segler zu finden.

Also bereitet Kummer ein Schreiben vor, dass er an alle Stellen und Bekannten schickt, von denen er sich Hilfe verspricht. Einschließlich der Deutschen Botschaft in Ankara. Er schildert seine Situation dezidiert und liefert gleichzeitig drei Lösungsansätze:

1. Einreise in die Türkei (ggf. mit Sondergenehmigung). Natürlich bin ich bereit eine 14-tägige Quarantäne zu machen. Ausreise mit der Lagoon 450 „Sunce“, wenn es erlaubt ist.
2. Da ich eine Lagoon 450 von Göcek nach Kroatien bringen soll, wäre auch ein Tausch der beiden Schiffe ohne eine Einreise in die Türkei zum Beispiel in einer zollfreien Zone an einen Port of Entry möglich. Ich würde die Lagoon 46 dorthin segeln. Volkan oder seine Mitarbeiter würde die „Sunce“ auch dorthin bringen. Wir würden meine persönlichen Gegenstände und Verpflegung von einem Schiff auf das andere bringen.
3. Tausch der Schiffe „auf hoher See“, dazu müsste eine türkische Crew mit Sunce auslaufen und sich mit mir treffen. Wir würden die persönlichen Gegenstände und Verpflegung tauschen. Vor allem in den Fällen 2 + 3 muss gewährleistet sein, dass die Blu in die Türkei offiziell eingeführt werden kann. In allen drei Fällen würde ich nach Kroatien segeln und wahrscheinlich Griechenland südlich umfahren.

Kummers Freundin aus Teneriffa hat neue Nachrichten. Ihr guter Freund hätte bei einem Hafenamt in der Türkei nachgefragt, dort wäre ein Tausch der Katamarane möglich. Kummer ist begeistert, ruft sofort Volkan an. Doch der bremst Kummer in seiner Euphorie. Genau das versuchten er und der Yachtagent ja schon die ganze Zeit. Am Ende stelle sich immer irgendeine Behörde quer, das ganze Prozedere sei sehr kompliziert, gerade weil etliche Ämter involviert wären und nicht nur eines.

Kummer versteht. Aber wo er Volkan gerade an der Strippe hat, erinnert er ihn an den zweiten Motorservice, der eigentlich bei 150 Betriebsstunden hätte stattfinden müssen. Mittlerweile sind beide Motoren bereits 215 Stunden gelaufen. Und täglich kommen weiter zwei bis drei dazu, um die Batterien zu laden. Kummer weiß, dass gerade die ersten beiden Motorservice die wichtigsten sind, weil beim Einfahren oft Verunreinigungen ins Öl kommen, weswegen die Filter früh gewechselt werden müssen. Auch ist das Laden der Batterien im Leerlauf für den Motor nicht optimal. Volkan verspricht, sich zu kümmern. Um beide Anliegen.

Schon kurze Zeit später ruft er wieder an. Der Agent, der für die Einfuhr der Blu zuständig sei, habe abgewunken. Kummer wundert sich, wie schnell die Absage kam. Unmöglich kann der Agent alle Optionen in der Kürze der Zeit überprüft haben. Kummer vermutet, dass es ihm einfach zu viel Mühe gemacht hätte. Absagen ist da viel einfacher.

Zwei Tage später wird Kummer von einem leichten Trommeln auf dem Deck geweckt. Es regnet. Für ihn ist es eine willkommene Abwechslung, so kann er getrost länger im Bett bleiben. Er liest gerade das Buch „Die Tore der Welt“ von Ken Follett. Der Historienroman spielt vor dem Hintergrund der Pest im Mittelalter, es geht um Herrscherwillkür, Ausbeutung der Untergebenen, um Macht und Missbrauch. Unweigerlich muss Kummer an die gegenwärtige Corona-Krise denken. Er sieht einige Parallelen und vor seinem inneren Auge erscheint ein junger Mann, der erstaunlich viel Ähnlichkeit mit Sebastian Kurz hat, dem österreichischen Kanzler.

Aus der Distanz betrachtet kommen Kummer die vielen widersprüchlichen Aussagen der Virologen und die daraus resultierenden Empfehlungen immer grotesker vor. Je mehr er darüber nachdenkt, um so glücklicher schätzt er sich, die Pandemie im Niemandsland zu verbringen, einem Land, wo er der einzige Einwohner ist. Das Ansteckungsrisiko ist damit gleich Null und der Wahnsinn, der an Land grassiert, betrifft ihn kaum. Das einzige Problem ist, dass Kummer sein Niemandsland nicht einfach verlassen kann, wenn ihm der Sinn danach ist. Aber will er das überhaupt? Meistens scheint die Sonne über der Blu, das Wasser wird immer wärmer, Kummer hat genügend Arbeit und genug zu lesen. Er muss überlegen. Hat er jemals so gut, konzentriert und produktiv arbeiten können? Er wüsste nicht wann.

Am Abend steht das nächste Interview an. Das Onlinemagazin *float* will eine Folgegeschichte über ihn bringen. Das Wortlautinterview führt ein Autor, der selbst auf einem Segelboot in der Türkei lebt und nur wenige Meilen entfernt liegt. Vollkommen legal. Es ist ein Interview auf Augenhöhe, auch wenn die Voraussetzungen der beiden nicht unterschiedlicher sein könnten. Aber genau das macht den Reiz des Interviews aus.

Die Tage vergehen wie im Flug. In einem langen Schreiben bedankt Kummer sich bei seinem Team in Wien für die ausgezeichnete Arbeit, die sie in seiner Abwesenheit stemmen. Auch wenn er weit weg ist, ist er immer für sie da. Und umgekehrt. Das gleiche gilt auch für seine Studenten, unter denen auch einige Türken sind. Drei von ihnen bedanken sich bei ihrem Institutsleiter für die ausgezeichnete Betreuung und spontane Umsetzung der Distanzseminare. Im Gegenzug wollen sie Kummer bestmöglich in der Türkei unterstützen. Aber der Professor lehnt höflich ab: Alles ist gut!

Die täglichen Kajak-Touren weitet Kummer weiter aus. Bei wenig Wind traut er sich mittlerweile auch aus der Bucht, um einen Blick gen Norden zu werfen. Von der Einfahrt kann er bereits Göcek sehen, das Ziel seiner langen Reise. Die D-Marin, der neue Heimathafen der Blu, ist weniger als eine Stunde entfernt - und doch unendlich weit weg. Für Kummer ist der Anblick immer noch surreal. Der 20. April aber ist ein guter Tag. Volkan schickt den Mechaniker für die Inspektion der Motoren, gleichzeitig bekommt er Frischwasser. Jetzt sind Energieversorgung und Duschen gesichert. Kummer muss nun aufpassen, dass er nicht zum Warmduscher wird, scherzt er in gewohnter Kummer-Manier, die seine Kinder manchmal als peinlich empfinden.

Der mysteriöse Vermittler

Am nächsten Morgen klingelt das Telefon. Eigentlich will Kummer vormittags keine Anrufe annehmen, aber die Nummer, die ihn anruft, kennt er nicht. Er sieht nur anhand der Vorwahl, dass sie aus der Türkei ist. Am Apparat meldet sich ein Mitarbeiter der Deutschen Botschaft in Ankara. Er sagt, er habe den Bericht in der *Hürriyet* gelesen und auch vom Auswärtigen Amt Kummers Meldung erhalten. Ausführlich lässt er sich die Situation schildern, bittet Kummer, ihm schriftlich eine Zusammenfassung zukommen zu lassen. Er werde den Fall an das Konsulat in Izmir weiterleiten, das für ihn zuständig sei. Der Botschaftsmitarbeiter hört sich optimistisch an, dass es schon bald eine Lösung geben könne. Sofort macht sich Kummer daran, einen Text aufzusetzen. Er bedankt sich für die Kontaktaufnahme, nennt Ansprechpartner und Eigentumsverhältnisse der beiden Katamarane.

Es scheint, als kommt endlich Bewegung in die Sache. Aber nicht nur bei der Deutschen Botschaft in Ankara tut sich etwas, auch in Berlin klingelt das Telefon. Als Kerstin Zillmer am Morgen des 22. April zum Hörer greift, ist sie zunächst irritiert, dann skeptisch. Die Chefredakteurin des Online-Magazins *float* hatte bereits Anfang April über Sebastian Kummer berichtet, an diesem Tag ist das Interview „Irgendwo im Nirgendwo" erschienen. Wie schon der letzte Bericht ist auch der aktuelle beim Onlineableger des *Focus* erschienen. Die beiden Magazine haben eine Kooperation bei Wassersportthemen.

Im marktschreierischen Boulevardstil, der selbst der Bild-Zeitung die Schamesröte ins Gesicht treiben würde, hat das fünftgrößte Nachrichtenportal Deutschlands die Überschrift und Dachzeile, vorsichtig gesagt, etwas zugespitzt. Man könnte auch sagen: grob verfälscht. Jeweils für sich sind Dachzeile und Überschrift zwar inhaltlich vom Text gedeckt. Im Zusammenspiel aber entsteht ein völlig falsches Bild. Beim *Focus* heißt es: „Deutscher Segler darf in Türkei nicht anlegen: Plötzlich schaute ich in eine Maschinenpistole". Die geneigten Überschriftenleser, die lieber sofort ihre ganze Empörung und Stammtischparolen in die Welt hinaus pöbeln, anstatt zunächst den Text zu lesen, füllten bereits die Kommentarspalte mit ihrem Hass. Andere, die offensichtlich den gesamten Text gelesen hatte, unterstellten dem *Focus* „Stimmungsmache". „Schöner Propagandatitel mit dem der Artikel auf Focus Online beworben wird", kommentiert ein Leser. Ein anderer fragt: „Wieso lautet der Titel nicht richtigerweise: Deutscher Segler darf in der EU (Italien und Griechenland) nicht anlegen?" Wieder ein anderer montiert: „Ich frage mich, warum der Focus keine Gelegenheit auslässt, der Türkei eins rein zu würgen." Oder: „Es wird in der Überschrift der Eindruck erweckt, dass es in der Türkei passiert ist. Ich habe die herablassende Berichterstattung satt."

Auch Zillmer ist entsetzt über die irreführende Überschrift der Kollegen, weist die Focus-Redaktion freundlich aber bestimmt auf den Fauxpas hin. Kurz darauf wird die neutrale Überschrift von *float* übernommen. Als das Telefon an diesem Morgen also klingelt und der Anrufer sich auf den gerade erschienenen Artikel bezieht und sagt, er sei ein österreichisch-türkischer Geschäftsmann aus Wien, ist Zillmer sicher, auch er wolle sich über die Überschrift im *Focus* echauffieren. Aber die freundliche Stimme am anderen Ende der Leitung ruft aus einem ganz anderen Grund an. Er wolle - und könne - Kummer bei seinem Problem helfen, sagt der Mann. Zillmer, mit dem angeborenen Instinkt einer misstrauischen Journalisten, versucht aus dem Mann, der sich als Zaman vorstellt, ein paar Informationen herauszulocken. Das gleiche tut Zaman bei ihr aber auch. Vor allem will er wissen, wie er Kummer erreichen kann, fragt nach der Telefonnummer - und seinem genauen Aufenthaltsort. Zillmer zaudert. Natürlich könne - und wolle - sie keine Kontaktdaten von Kummer ungefragt herausgeben. Sie macht dem Anrufer aber einen Vorschlag. Er solle ihr seine Mailadresse geben, die sie dann an Kummer weiterleitet. So könne der Segler selbst entscheiden, ob er ihn kontaktieren will. Zaman willigt sein.

Kurz darauf landen die Kontaktdaten des mysteriösen Mannes aus Wien bei Kummer. Die Chefredakteurin schreibt dazu, dass sie ihn nicht kenne, aber mit ihm gesprochen habe und er einen vernünftigen Eindruck hinterlassen habe. Auch wenn er zu seiner Person nur gesagt habe, er sei österreichisch-türkischer Kaufmann. Kummer ist hin- und hergerissen, aber dann entscheidet er sich doch, dem Unbekannten eine Mail zu schicken. Was hat er schon zu verlieren? Außerdem will Kummer alle erdenklichen Kanäle für seine persönliche Lobbyarbeit nutzen. Er schreibt Zaman eine Mail, skizziert noch einmal seine Lage und notiert die drei möglichen Lösungsansätze, die er für realistisch hält. Dazu betont Kummer, dass er gerne etwas für die Entwicklung des türkischen Tourismus tun möchte. Auch nennt er seine Telefonnummer.

Nach zwei Stunden meldet sich Zaman per Mail. In der Nachricht stehen aber keine Informationen, nur, dass er versucht hätte, Kummer anzurufen. Soll er zurückrufen? Kummer nimmt zunächst Kontakt mit Tahsin Özen auf, dem Chefredakteur des österreichischen Segelmagazins *Ocean7*. Auch Özen hat bereits mehrfach über ihn berichtet. Kummer erhofft sich eine Einschätzung des türkischstämmigen Journalisten. Die Antwort ernüchtert ihn. „Du glaubst doch nicht, dass ein türkischer Geschäftsmann Dir aus freien Stücken helfen will? Da steckt irgendwas anderes dahinter."

Kummer hatte zwar mit einer solchen Antwort gerechnet. Trotzdem ruft er den Geschäftsmann aus Wien an. Teils aus Neugierde, teils aus dem Gefühl heraus, nichts unversucht lassen zu wollen. Kummer ist nicht naiv, aber er will an das Gute im Menschen glauben. Das Misstrauen, das viele Menschen immerzu an den Tag legen, nervt ihn. Wer allem und jedem gegenüber negativ eingestellt ist, wird viele Chancen auf tolle Momente, interessante Menschen und prägende Erfahrungen verpassen. Davon ist Kummer überzeugt.

Die Stimme am anderen Ende der Leitung ist freundlich, so wie Zillmer sie beschrieben hat. Kummer könne ihn Zami nennen, sagt der Mann sofort. Schnell sind die beiden beim Du.

Doch irgendetwas stört Kummer. Zaman stellt sich als Transportunternehmer vor. Allerdings macht er auch keinen Hehl daraus, dass er gute Kontakte zu den Botschaften pflege. Doch warum sollte ihm ein Geschäftsmann aus freien Stücken helfen wollen? Zaman sagt, er sehe es als seine Aufgabe, Kummer sicher nach Wien zu bringen. Kummer hakt nach: „Warum?" Zamans Erklärung ist überraschend einfach. „Aus menschlichen Gründen", sagt der Mann. Und schiebt dann nach, er wolle zeigen, wie gastfreundlich die Türken sind und damit ein Zeichen setzen für den Tourismus in der Türkei, der hoffentlich, sobald Corona überwunden ist, wieder anlaufe. Kummer ist verblüfft. So einfach, so ehrbar soll das Motiv sein? „Kein Geld?", fragt er jetzt direkt. Zaman wiegelt empört ab. „Nein, natürlich nicht!" Und doch macht Kummer etwas stutzig. Es ist die Wortwahl. Zaman hat gesagt, „seine Aufgabe" sei es, Kummer sicher nach Wien zu bringen. Hat er also einen Auftraggeber?

Hoffnung im Niemandsland: Ist eine Lösung in Sicht?

Bei Kummer schrillen die Alarmglocken. Was heißt denn, es sei *seine Aufgabe*? Hat der Geschäftsmann einen Auftraggeber? Und wenn ja, wer ist das? Sein Hirn rattert, er geht jedes erdenkliche Szenario im Kopf durch. Das erste: Zaman ist ein Krimineller, der es auf die Blu abgesehen hat oder zumindest vorgibt zu helfen, um dann eine hohe Bergegebühr zu fordern, die sich nach dem Wert des Schiffes richtet. Szenario 2: Zaman arbeitet für den türkischen Geheimdienst oder zumindest regierungsnahe Kreise. Kummer weiß nicht, ob das gut oder schlecht für ihn wäre. Szenario 3: Zaman ist wirklich nur ein türkischstämmiger Geschäftsmann, der helfen will. Immerhin haben ihm sehr viele Menschen Hilfe angeboten, auch solche, die er kaum oder gar nicht kennt. Zudem beginnt bald der Ramadan. In islamischen Kulturen ist es üblich, in dieser Zeit hilfebedürftigen Menschen zu helfen.

Stutzig macht Kummer allerdings, dass Zaman immer wieder die Position der Blu wissen will. Kummer antwortet ausweichend, er könne in drei bis vier Stunden in Fethiye sein. Auch wolle er nicht mit dem Auto nach Wien gebracht werden, sondern die Sunce 2 nach Kroatien überführen. Kummer versucht, so viel mitzuteilen wie nötig, aber so wenig wie möglich dabei preiszugeben. Deshalb bittet er Zaman, sich mit Volkan abzustimmen, da dessen Gesellschaft das Schiff gehört und er sich mit den Gepflogenheiten vor Ort besser auskennt. Auch glaubt Kummer, dass Volkan den mysteriösen Mann besser einschätzen kann als er.

Nach dem Telefonat mit Zaman kontaktiert Kummer noch einmal Kerstin Zillmer. Sie rät ihm, möglichst viele Daten von Zaman einzufordern, um seine Angaben zu überprüfen. Kummer stimmt ihr zu, doch irgendwas sagt ihm, dass „Zaman“ ohnehin nicht seine richtige Identität ist. Wenig später ruft Volkan an, Zaman hat mittlerweile auch mit ihm gesprochen. Der Mann legt wirklich ein beachtliches Tempo an den Tag. „Was denkst Du?“, fragt Kummer. Volkan steht achselzuckend in seinem Büro in Göcek. „Keine Ahnung, das ist auf jeden Fall alles sehr merkwürdig.“ Kummer nickt. Genau das war auch sein Eindruck. „Hat er Geld von Dir gefordert?“, fragt Kummer Volkan direkt. „Ist es das, worum es geht?“ Volkan verneint, er habe ihn sogar darauf angesprochen. „Er will kein Geld, er sagt, er will Dir nur helfen.“ Die beiden beschließen, zunächst einmal abzuwarten. Zaman will sich zurückmelden. So war er mit Volkan verblieben. Wahrscheinlich muss er sich mit seinen Auftraggebern, wer immer die auch sind, besprechen.

Bis zum Abend wartet Kummer auf einen Rückruf des dubiosen Vermittlers. Aber sein Telefon bleibt stumm. Nachdem schon einige Versuche, in die Türkei einzureisen, gescheitert sind, schreibt Kummer innerlich auch diesen ab. Seiner Familie und Freunden erzählt er aber nichts von dem merkwürdigen Anrufer. Sie würden sich nur Sorgen machen. Oder denken, er sei jetzt vollkommen verrückt geworden.

Nach zwei Tagen Funkstille meldet sich Zaman plötzlich und unerwartet zurück. Er hätte jetzt alles organisiert. Sobald die derzeitige viertägige Ausgangssperre in der Nacht vom 26. auf den 27. April aufgehoben wird, könne die Aktion starten. Am Montag könnten sie also die Blu gegen die Sunce 2 tauschen. Er würde einen Skipper zu ihm schicken, der die Blu sicher nach Fethiye bringt. „In der Bucht liegen Kriegsschiffe, die den Schiffsverkehr kontrollieren“, raunt Zaman als Begründung.

Sofort ist Kummers Skepsis wieder geweckt. Er muss an die Geschichten der gestohlenen Yachten denken, die Volkan ihm erzählt hatte. Wie kriminelle Banden luxuriöse Schiffe chartern, um sie dann über das Schwarze Meer nach Russland zu bringen. Kummer ist sich sicher, dass auch eine brandneue Lagoon 46 auf der Wunschliste der Yachtmafia steht. Es wäre ein Kinderspiel, ihn an Bord zu überwältigen und auf dem Meer zu entsorgen. Ein Einhandsegler, der über Bord geht, ist keine Seltenheit. „Ich brauche keinen Skipper“, wiegelt Kummer also ab. Er habe den Katamaran von Frankreich bis in die Türkei gesegelt. Die letzten Meilen werde er auch noch schaffen. Aber Zaman besteht auf dem Skipper, ansonsten könne er für nichts garantieren, wenn Kummer auf den letzten Metern von der Küstenwache oder dem Militär gestoppt würde. Kummer will zunächst mit Volkan telefonieren, um die neue Situation zu besprechen. Zaman zeigt dafür Verständnis.

„Da ist doch etwas faul“, sagt Kummer nur wenige Minuten später zu Volkan am Telefon. „Ich werde das Schiff auf keinen Fall verlassen.“ Auch Volkan findet den neuen Vorstoß des vermeintlichen Vermittlers merkwürdig. Dennoch kann er ihm durchaus etwas Plausibles abgewinnen. Er hat sich die ganze Zeit mit seiner Frau den Kopf zermartert, was hinter der Offerte des netten Türken aus Wien steckt. Eine von Volkans Theorien sieht so aus: Offensichtlich handelt Zaman nicht aus eigenem Interesse. Wahrscheinlich steht hinter ihm die Regierung oder die türkische Botschaft, die hinter den Kulissen an einer Lösung für Kummer arbeitet. Offiziell besteht das Einreiseverbot. Deshalb können nicht viele in den Plan eingeweiht sein. Würde Kummer also alleine nach Fethiye fahren und von den Behörden kontrolliert werden, könnte das die Situation unnötig verkomplizieren. Deshalb macht es Sinn, dass jemand mit der entsprechenden Befugnis an Bord ist. Kummer leuchtet die Theorie ein.

Den ganzen Nachmittag glühen die Drähte. Kummer spricht mit Zaman. Volkan mit Kummer. Zaman mit Volkan. Schritt für Schritt kommen die Drei einer Lösung näher. Die Frage nach Zamans Motivation, lächelt der Vermittler weg. Aber auf alle anderen Fragen hat Zaman immer die passende Antwort. Auch wenn die nur so knapp wie nötig ausfällt. Für Kummer steht aber fest, dass der mysteriöse Mann weiß, wovon er spricht. Mittlerweile hat Kummer kaum noch einen Zweifel daran, dass der Türke aus Wien im höchst offiziellen Auftrag handelt. Aber will er ihm wirklich helfen? Oder geht es darum, herauszufinden, wo Kummer sich versteckt, um ihm dann die Küstenwache auf den Hals zu hetzen? Ohne von der Existenz Zamans zu wissen, hatten Freunde ihn immer wieder gewarnt, nicht zu einem Politikum zu werden. Natürlich kennt auch Kummer die Geschichten von inhaftierten Deutschen, weiß, dass das Verhältnis zwischen der Türkei und Europa und Deutschland im Speziellen seit der Flüchtlingskrise mehr als angespannt ist. Trotzdem kann Kummer keinen Grund finden, warum die Türkei ihm Probleme bereiten sollte. Er ist ein bekennender Freund der Türken, hält sich aus der Politik heraus. Immer wieder hat er in seinen Videos betont, wie wohl er sich in seinem Niemandsland fühlt. Man kann sogar so weit gehen und sagen, Kummer wäre ein hervorragender Markenbotschafter für den gebeutelten Tourismus im Land am Bosporus. Gerade jetzt, wo die Türkei so schnell wie möglich nach der Krise wieder zur Normalität zukehren will. Das Jahr 2019 brach alle Rekorde. Nach Angaben des türkischen Statistikinstituts besuchten 51,9 Millionen Urlauber die Türkei, 13,7 Prozent mehr als im Jahr zuvor, und spülten Einnahmen von 31,1 Milliarden Euro in die klammen Kassen. Damit trägt der Tourismus über zwölf Prozent zum Bruttoinlandsprodukt der Türkei bei. Nach den Russen sind die Deutschen die zweitstärkste Besuchergruppe.

Doch ausgerechnet die Deutschen stellen sich gerade quer. Berlin setzt offenbar den Tourismus als Druckmittel bei politischen Ränkespielen ein. Und ausgerechnet in dieser Situation erscheint fast täglich ein Bericht über Kummer, der vor der Türkei festsitzt. Auch wenn Kummer sich keineswegs beklagt, könnte sein Fall den Eindruck erwecken, deutsche Touristen hätten es in der Türkei nicht leicht. Gerade die misslungene Überschrift beim *Focus* hat die Türkei wieder Mal in ein schlechtes Licht zurück. Keine Frage, wenn Kummer zurück in Wien ist, ist das für alle Beteiligten ein Gewinn. Und so macht auch die einzige Bedingung, die Zaman stellt, einen Sinn: Solange bis Kummer wieder zu Hause ist, soll er die Füße stillhalten und nicht mehr mit der Presse reden. Schon gar nicht über den Rettungsplan. Es würde, so beruhigt sich Kummer, also absolut keinen Sinn machen, ihm Schwierigkeiten zu bereiten. Auch Kummer glaubt mittlerweile daran, dass die Türkei ernsthaft an einer Lösung seiner Misere interessiert ist, dies aber eben nicht offiziell tun kann, weil sie damit die eigenem Einreise-beschränkungen im Kampf gegen Corona untergraben würde. Kummer könnte so etwas wie zu einem Präzedenzfall werden, auf den sich andere berufen würden: Warum durfte der einreisen und wir nicht? Und hatten die

Griechen nicht auch für den Segler unter griechischer Flagge eine unorthodoxe Möglichkeit zur Einreise durch das Absetzen eines Notrufs geschaffen?

Je öfter Kummer mit Zaman an diesem Tag telefoniert, um so beruhigter ist er. Das ganze Prozedere dient jedenfalls nicht dazu, lediglich seine Position herauszufinden. „*Wir* wissen doch längst, wo Du liegst", sagt Zaman fast beiläufig und nennt Kummers Standort. Spätestens jetzt ist Kummer sicher, dass Zamans Verbindungen weit über die Grenzen von Wien hinausgehen. Abends ruft Volkan erneut an. Er hat mit Zaman über den Mann gesprochen, der zu Kummer an Bord kommen soll. Volkan kennt den Mann. Er ist ein angesehener Unternehmer aus der Region, der wiederum mit einem Freund von Volkan befreundet ist. Kummer spricht ein Stoßgebet zum Himmel. „Gott sei Dank, es scheint alles seriös zu sein."

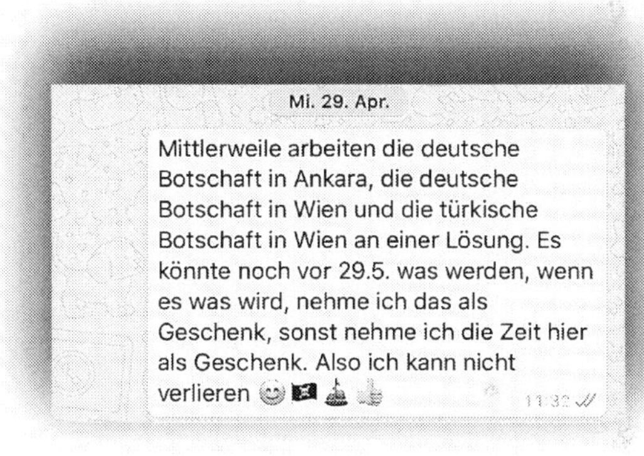

Nach diesem aufregenden Tag sinkt Kummer ermattet ins Bett. Sobald die viertägige Ausgangssperre vorbei ist, wird Kummer sein Niemandsland verlassen können. Aus dem illegalen Piraten wird dann wieder der legale Professor. Am Montag sollen die Katamarane am Zollkai von Fethiye getauscht werden. Die letzten Tage auf der Blu will Kummer noch einmal genießen. Ein bisschen Arbeit, ein bisschen Urlaub. Er weiß, dass die seglerisch anspruchsvollste Passage ihm noch bevor steht und einiges abverlangen wird. Dafür will er ausgeruht sein. Mindestens eine Woche wird er brauchen, um von der Türkei nach Kroatien zu segeln, vielleicht auch zehn

Tage, nonstop, ganz abhängig von Wind und Wetter. Tag und Nacht unter Segeln, im wiederkehrenden 15 minütigen Schlaf-Wach-Rhythmus - ein kräftezehrender Ritt. Aufgrund seiner schlechten Erfahrungen mit den Griechen will er zudem einen großen Bogen um deren Hoheitsgewässer machen, auch wenn das einen Umweg von mehreren hundert Seemeilen bedeutet. Kummer will Rhodos im Osten passieren und Kreta im Süden. Aber sicher ist sicher. Gleich morgen wird er anfangen, seine Sachen zu packen. Ein weiteres Mal, das letzte Mal. Hoffentlich.

Das alte Spiel

Kummer kann es kaum erwarten. Es ist ein herrlicher Sonntag und die Türkei steht seit vier Tagen still. Nur er ist am Rotieren. Seit dem Nationalfeiertag am Donnerstag hat Ankara eine landesweite Ausgangssperre über alle 81 Provinzen verhängt, um an dem verlängerten Wochenende Reisen innerhalb des Landes und damit eine unkontrollierte Ausbreitung des Virus zu unterbinden. Kummer hält solche Maßnahmen für außerordentlich effektiv. Ohnehin findet er, dass die Türkei ein paar kluge, wenn auch unpopuläre, Schachzüge gesetzt hat, wie die Ausgangssperre für alle über 65-Jährigen und unter 20-Jährigen. Somit wurde aber einerseits die gefährdetste Altersgruppe geschützt, andererseits wurden die Jungen und Agilen daran gehindert, das Virus weiter zu verbreiten. Trotzdem musste die Wirtschaft nicht lahmgelegt werden.

Am Vormittag unternimmt Kummer noch eine letzte Kanutour in der Bucht. Er saugt die Sonnenstrahlen ein, genießt die Ruhe. Am Nachmittag will er die Blu fertig zur Übergabe machen. Seine Sachen hat er längst wieder in den Taschen, Seesäcken und Boxen verstaut. Kummer ist bereit, in See zu stechen. Auf nach Kroatien.

Er ahnt bereits, dass wieder etwas nicht stimmt, als er Volkans bedrückte Stimme am Telefon vernimmt. Der Yachtagent, der für den Import der Blu verantwortlich ist, hat Zamans Plan durchkreuzt. Angeblich könne er das Schiff nicht einklarieren, wenn Kummer es einfach am Zollsteg abgibt, ohne selbst ordnungsgemäß eingecheckt zu haben, so wie es geplant ist. Kummer kann nicht glauben, was er da hört. Wieder einmal zerplatzt seine Hoffnung wie eine Seifenblase im Regen. Er glaubt, der Yachtagent ist schlicht beleidigt, weil sie etwas geschafft haben, woran er zuvor immer wieder gescheitert ist. Sofern er es überhaupt ernsthaft versucht hat.

Kerstin Zillmer, die Chefredakteurin von *float* erkundigt sich, ob es Neuigkeiten gibt, immerhin war der Kontakt zu Zaman über sie entstanden. Sie weiß zwar, dass Kummer derzeit nicht mit der Presse reden soll, aber sie hat ihm zugesichert, erst wieder zu berichten, wenn Kummer in Wien ist. Dann will er exklusiv mit dem Magazin über seine Rettung aus dem Niemandsland sprechen. Aus jedem Wort, das Kummer an Zillmer schreibt, ist seine Enttäuschung herauszuhören.

„Liebe Kerstin, nein, es hat sich zerschlagen, weil - so zumindest Volkan und dessen Agent - die Einfuhr des Schiffes nicht möglich war. Ich möchte am liebsten gar nichts mehr versuchen und nur noch abwarten. Ich hatte nun zum dritten Mal alles zusammengepackt, also nicht nur Kleider sondern Rettungsmittel, Bücher, Navigationsmittel, Karten, Verpflegung, Decken, Putzmittel etc. Schon als ich das am Samstag machte, war ich skeptisch, weil ich die Enttäuschung kannte. Ich bin, wenn ich warte, gut eingestellt und glücklich. Diese Aktionen bringen dann natürlich immer eine gewisse Anspannung und wenn es dann nicht klappt, eine kleine Enttäuschung. Aber es ist gut zu wissen, dass es Hilfe gibt und eigentlich viele eine Lösung herbeiführen wollen. Ein Versuch war es auf jeden Fall wert, dahinter standen ganz seriöse Quellen, aber es ist halt nicht einfach, jetzt warte ich wieder. Aber alle türkischen Stellen hier vor Ort wissen Bescheid, das ist das Gute und ich denke, mein Aufenthalt wird geduldet und für die mögliche Grenzöffnung am 20. Mai ist es sicher auch gut."

In den nächsten Tagen wird es ruhig um Kummer. Zwar erscheinen immer noch ein paar Artikel über ihn in den Medien, aber die Gespräche mit den Journalisten hatte er bereits geführt, bevor er Zaman Verschwiegenheit garantierte. Er teilt die Beiträge auch weiterhin in den sozialen Medien. Für den außenstehenden Betrachter scheint Kummer gut gelaunt wie eh und je. Unter den Post zu einem Link, der zu einem Interview mit dem Magazin *Start-up Szene* führt, schreibt er: „Man kann ja nicht nur den Boulevard und die Logistikfachwelt bespielen.“ Dahinter setzt er drei tränenlachende Smiley. „Weiterhin alles gut in der schönsten Quarantäne der Welt“, beendet er den Post.

Natürlich sind die Tage nach der niederschmetternden Absage nicht schlechter als die Zeit davor. Im Gegenteil. Der Sommer bricht langsam Bahn in der Türkei, selbst das Wasser in der Bucht lädt mittlerweile zum Baden ein und die Ohrverletzung ist längst abgeklungen. Kummer schätzt die Wassertemperatur in der Bucht auf 23,5 Grad. Das ist nicht viel kälter als ein Hallenbad. Kummers Bestände sind immer noch gut gefüllt, dazu hat er genügend Wasser, Diesel und Gas für die nächsten Wochen. Und doch fällt es ihm schwer, wieder in die Routine aus Sport, Arbeit und Vergnügen zu kommen. Aber das wird schon, sagt er sich. Er hat ja noch genügend Zeit. Bis mindestens Ende Mai, also noch vier Wochen. So lange gelten die derzeitigen Bestimmungen. Mindestens!

Eigentlich will Kummer die Zeit nur noch absitzen, dabei arbeiten, relaxen und genießen. Immer noch ist er der Auffassung, dass er es besser getroffen hat, als die meisten Menschen in der Heimat. Doch Zaman gibt nicht auf. Er hat versprochen, Kummer aus seiner Situation zu befreien. Also wird er es auch tun. Im Hintergrund orchestriert er bereits den nächsten Rettungsversuch. Immer noch weiß Kummer nicht, auf wessen Ticket Zaman fährt. Er will es eigentlich auch nicht wissen und er braucht es vor allem nicht zu wissen. Das ist Teil eines unausgesprochenen Deals. Kummer schmunzelt. Es erinnert ihn an die üblichen Spionagethriller mit Sätzen wie: „Je weniger Du weißt, um so besser ist es für Dich.“ Oder: „Wenn ich Dir das sage, muss ich Dich töten.“

Erst später wird Kummer realisieren, wie viel Einfluss der Mann wirklich hat, über den im Internet so gut wie nichts zu finden ist. Ein türkischer Behördenleiter, der sich quer stellt, und mit Zaman in Streit gerät, wird kurz darauf versetzt, bei einem Gespräch mit der Deutschen Botschaft blafft Zaman den Mitarbeiter an. Und der pariert.

Ohne Details zu kennen, vermutet Kummer, dass sein Fall mittlerweile in den höchsten diplomatischen Ebenen gelandet ist. Eine Lösung scheint kompliziert, aber machbar, zumal nun auch anscheinend diverse türkischen Stellen an einem Strang ziehen. Aber Zaman besteht darauf, dass die Deutsche Botschaft eine offizielle Note an das türkische Außenministerium schreibt, in der sie darum bittet, Kummer, der deutscher Staatsbürger ist, zu helfen. Eine diplomatische Note ist eine Form des offiziellen Briefwechsels zwischen diplomatischen Vertretungen und dem Außenministerium des jeweiligen Gastlandes. Ein Notenwechsel, also der Austausch zwischen den Staaten, ist nicht nur irgendein Briefwechsel. Über einen Notenwechsel, auch Notentausch genannt, können sogar völkerrechtlich bindende Verträge geschlossen werden.

Kummer wird zunächst von der deutschen Vertretung in Ankara diese Note zugesichert. Doch nichts passiert. Kummer vermutet, dass es den deutschen Behörden gar nicht in den Kram passt, bei den festgefahrenen Verhandlungen über die Rücknahme der ausgesprochenen Reisewarnung gegenüber der Türkei zu Kreuze zu kriechen und um Hilfe anzufragen, der die Türkei nur allzu gerne nachkommen wird. Als Zeichen dafür, dass wirklich alles für eingereiste Touristen in Notfällen unternommen wird. Kummer ist enttäuscht, Zaman schäumt. Voller Wut über die ausbleibende, aber zugesicherte Note ruft er persönlich bei der Botschaft an. Während Kummer zugeschaltet ist, staucht er den Mitarbeiter zusammen. Es dauert keine halbe Stunde bis die anscheinend längst vorbereitete Note beim türkischen Außenministerium eingeht. Wie bei einem Schweizer Uhrwerk greift jetzt ein Zahnrad ins nächste. Die Maschinerie, die Zaman aufgebaut, beginnt zu arbeiten.

Das türkische Außenministerium informiert das Innenministerium, das wiederum entsprechende Instruktionen an die regionalen und schließlich lokalen Behörden gibt. Der Bezirksgouverneur von Fethiye, Muzaffer Şahiner, setzt sich nun persönlich und höchst offiziell für Kummer ein, ebenso der Chef der Pass-Polizei, Fatih Karasu. Der Fall Kummer ist anscheinend auf den diplomatischen Ebenen gelandet.

Teil 5

Jeder Sturm geht mal vorbei

„Der Pessimist klagt über den Wind,
der Optimist hofft, dass er dreht,
der Realist richtet das Segel aus“

Sir William Ward

Die letzte Etappe: von Göcek nach Biograd

Es ist der 6. Mai, ein Mittwoch, und eben hat Kummer von Zaman erfahren, dass er morgen in der Türkei einchecken darf. Freude mischt sich mit Wehmut. Wird seine Odyssee wirklich bald vorbei sein? Und was wird er am meisten vermissen, nach sechs Wochen in der schönsten Quarantäne der Welt? Die Ruhe, das ungestörte Arbeiten, das Schwimmen, die Kajakausflüge oder den frischen Fisch aus der Tiefkühltruhe? In die Vorfreude mischt sich Angst. Angst davor, dass er wieder einmal enttäuscht wird. Es ist jetzt das vierte Mal, dass er alles zusammenpackt und sich auf den Tag X vorbereitet. Jedes Mal, wenn der Traum platzte, entstand ein Vakuum um Kummer, das seine ganze Energie aufsaugte wie ein schwarzes Loch Materie.

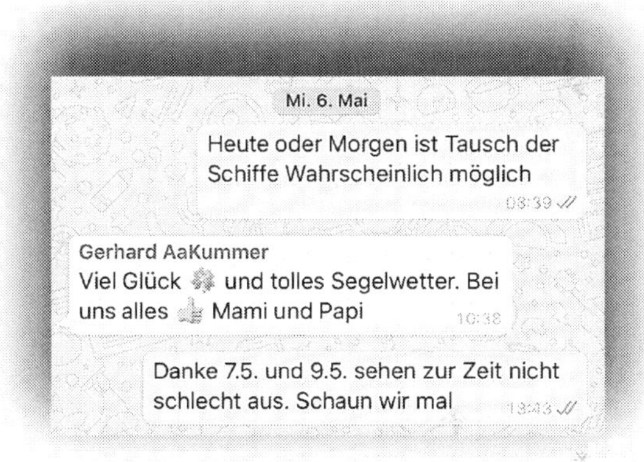

Auch hat Kummer Respekt vor dem, was vor ihm liegt. Nonstop muss er allein die Sunce 2, seinen alten Katamaran von Göcek nach Biograd in Kroatien segeln. 1100 Seemeilen liegen vor ihm. Das heißt, acht bis neun Tage und Nächte ununterbrochen auf See, schlafen und wachen in kurzen Intervallen, der Wind stürmisch und oft gegen an. Auch darf Kummer nicht die kürzeste Route wählen. Die griechischen Hoheitsgewässer sind tabu. Also muss er Rhodos im Westen und Kreta im Norden liegen lassen, sprich Kurs zunächst auf Libyen legen. Die Windprognose macht ihm Sorge. Es könnte ein ruppiger Törn werden. Ausgerechnet jetzt, wo er anscheinend wirklich ausreisen kann, würde er am liebsten noch ein paar Tage abwarten. Aber das kann er unmöglich verlangen, nach all den Mühen, die andere für ihn auf sich genommen haben. Die Formalitäten, so ist es besprochen, sollen nur wenige Minuten dauern. Fünfzehn, um genau zu sein. So lange dauert es, bis das Computersystem seine Einreise bestätigt hat. Erst dann kann er wieder ausreisen.

Am Zollpier

Am 7. Mai, es ist ein Donnerstag, verlässt Kummer tatsächlich sein Niemandsland. Bis zur letzten Minute hatte er mit dem Anruf gerechnet, der wieder alles zunichte macht. Aber er kam nicht. Das Prozedere in Fethiye ist für die Mittagszeit angesetzt. Rechtzeitig löst Kummer die Landleinen, hievt den Anker. Es ist ein merkwürdiges Gefühl, die Bucht nach Wochen des Wartens das erste Mal zu verlassen. Bis nach Fethiye sind es etwa zwölf Meilen, also zwei Stunden Fahrt. Direkt nachdem die Blu die Bucht auf Tersane verlassen hat, segelt Kummer um die Insel herum, um den Golf zu überqueren, an dessen nördlicher Ostseite Fethiye liegt.

Treffen auf See: Volkan auf der Sunce 2

Der Zollkai, so wurde es ihm beschrieben, liegt direkt neben dem Yachthafen. Gleichzeitig bricht in Göcek Volkan mit der Sunce 2 auf, die er nach den Wünschen Kummers ausgerüstet hat. Auf halber Strecke begegnen sich die beiden.

Ein bisschen ist es wie in dem Film „Das Boot", als sich mitten auf dem Atlantik plötzlich zwei deutsche U-Boote begegnen. Sie winken sich zu, sie freuen sich und lachen wie Kinder. Dann konzentrieren sie sich wieder auf ihre Mission.

Als die beiden Katamarane am Zollpier in Fethiye ankommen, werden sie von zwei Polizisten mit Mundschutz und Handschuhen empfangen. Sie signalisieren Kummer, er soll längsseits zur Pier gehen und helfen beim Anlegen. Volkan geht bei Kummer ins „Päckchen". Rumpf an Rumpf liegen nun die beiden Katamarane. Die beiden Segler würden sich am liebsten in die Arme fallen. Aber in Corona-Zeiten muss es bei der Ellenbogen-Begrüßung bleiben. Doch die ist nicht weniger herzlich. Die Polizisten lächeln. Der Empfang ist äußerst freundlich, spätestens jetzt weiß Kummer, dass wirklich alles vorbereitet ist.

Während Kummer damit beginnt, seine Habseligkeiten von der Blu auf die Sunce 2 zu bringen, bereiten Volkan und der Yachtagent den notwendigen Papierkram vor. Doch bei der Durchsicht der Bootspapiere gibt es wieder Probleme. Einige Dokumente scheinen nicht an den „richtigen" Stellen angekommen zu sein. Volkan telefoniert hektisch. Fünf, sechs, sieben Nummern wählt er. Auch Zaman in Wien rotiert, setzt alle seine Möglichkeiten ein. Kummer versteht kein Türkisch, aber am Tonfall und der Mimik von Volkan kann er erkennen, dass es ernsthafte Probleme gibt. Kummer weiß nicht warum, aber es belastet ihn nicht. Er ist sich sicher, dass diesmal alles geregelt werden kann. Es gibt keine rationale Begründung dafür, aber sein Bauchgefühl sagt ihm das. Also fährt er fort, seine Sachen auf der Sunce zu verstauen. Anderthalb Stunden dauert das Prozedere an Land. Doch dann klingelt Volkans Telefon, dessen Miene hellt sich augenblicklich auf, er lächelt. Es klappt.

Von jetzt an läuft alles nach Plan. Der Yachtagent kommt mit Blumen und Süßigkeiten als Zeichen der türkischen Gastfreundschaft an den Zollkai, im Schlepptau hat er den Amtsarzt, der Kummer auf Corona untersuchen muss. Vorschrift ist Vorschrift. Kummer ist relaxt, sein letzter

Landaufenthalt war am 7. März, die letzten Wochen lebte er isoliert auf seinem Katamaran. Dann muss er zur Passkontrolle, einreisen, fünfzehn Minuten warten, ausreisen. Auf dem Rückweg zum Schiff überfällt Kummer die Erleichterung. Er springt in die Luft, juchzt und jauchzt. Es hat wirklich geklappt. Auch Volkan kann es kaum fassen. Volkan und Kummer wollen sich eigentlich in die Arme fallen, aber es bleibt wieder bei dem Ellenbogengruß. Für Kummer ist das alles sehr merkwürdig, pflegt er eigentlich die herzlichen, italienischen Begrüßungsformen. Aber jetzt war er so lange in Quarantäne, da möchte er nicht das geringste Risiko eingehen. Dann verlässt Kummer die Blu, klettert über die Reling auf die Sunce, löst die Leinen.

Überglücklich: Kummer am Zollpier in Fethiye

Es ist 13.30 Uhr, als Kummer Fethiye verlässt. Das kleine rote Schlauchboot, das sich ihm mit hohem Tempo nähert, nimmt er kaum wahr. Es ist die Küstenwache, vor der er sich so lange gefürchtet hat. Kummer ist entspannt, er weiß, dass alle seine Papiere korrekt sind. Die Beamten sind sehr höflich. Sie kommen mit dem Schlauchboot längsseits, halten Abstand und tragen Mundschutz. Es bleibt bei einer Sichtkontrolle. Der Bootsführer spricht Englisch, als er erfährt, dass Kummer

Deutscher ist, reckt er den Daumen. „I love Germany", sagt er und wünscht Kummer eine sichere Reise.

Als Kummer eine Stunde später die Insel Tersane passiert, sein Niemandsland, wird er melancholisch. Als er die Bucht verlassen hat, war er mit seinen Gedanken bereits beim Zoll. Er legt das Ruder um, nimmt Kurs auf die Bucht. Kurz bevor die Sonne hinter den Bergen verschwunden ist, dreht er noch einmal eine Runde durch die Bucht. Es ist seine Art, Abschied zu nehmen. Als er die Bucht wieder verlässt, die ihm so viele Wochen Obhut und Schutz gegeben hat, und auf das offene Meer hinausfährt, überfällt ihn ein eigenartiges, mulmiges Gefühl. Erst jetzt realisiert er, was ihn die nächsten Tage erwartet: die längste Solopassage, die er je bewältigt hat.

Während sich die Sonne zum Horizont neigt und die türkische Küste im Kielwasser immer kleiner wird, beobachtet Kummer das Wetter und berechnet die Route. Eine Südwindlage im Ionischen Meer und der Adria macht ihm Hoffnung. Der Schirokko, ein gleichmäßiger Wüstenwind, der von der Sahara über das Mittelmeer weht, würde ihn geradewegs bis nach Kroatien pusten. Aber zuvor muss er sich noch durch den starken Meltemi zwischen Rhodos und Kreta kämpfen. Die nächste Woche wird es in sich haben. Noch kann Kummer das Segeln parallel zur Küste von Rhodos genießen, die er östlich in einem Abstand von zwölf Seemeilen umfährt. Ein letztes Durchatmen, bevor der wilde Ritt beginnt. In sein Logbuch schreibt er: „Perfekte Fahrt, könnte aber noch zwischen Karpathos und Kreta unangenehm werden. In drei Stunden bin ich schlauer."

Im Angesicht des Todes

Als die Sonne im Meer versinkt, ist Kummer zwischen Rhodos-Stadt und Lindos. Es war ein gemütlicher Auftakt seiner Reise. Jetzt schläft der Wind ein. Auch Kummer ist müde. Nachts um 3 Uhr, er schläft und wacht wieder im Wechsel von fünfzehn Minuten, hat der Wind wieder zugenommen und Kummer setzt das Groß. Das stabilisiert den Kat und sorgt zugleich für mehr Speed. Doch der Wind nimmt immer weiter zu. Um 5.30 Uhr muss Kummer reffen. Der Wind erreicht in Spitzen bereits 40 Knoten, die Welle kommt von der Seite. Unangenehm, besonders auf einem Kat.

Der Wind fühlt sich auf der Flybridge an, als würde Kummer auf der Ladefläche eines Pick-ups stehen, der mit 70 Stundenkilometern über die Landstraße düst. Dazu schüttet ihm jemand in regelmäßigen Abständen einen Eimer mit Wasser über den Kopf. Mindestens dreimal wird Kummer auf der Flybridge komplett gespült, mehrmals muss er ablaufen, geht auf raumen Wind. Er steuert jetzt geradewegs auf Libyen zu. Aber die seitlichen Wellen sind einfach zu gefährlich. Jedes Mal, wenn der Wind nachlässt, luvt Kummer wieder an, versucht Strecke zu machen. Er ist müde. Ausgelaugt. Und gestresst.

Die griechische Küstenwache hat ihn mehrfach angefunkt, obwohl er sich außerhalb der Zwölfmeilenzone befindet. Seit dem Vorfall in der griechischen Bucht vor mehreren Wochen, als er im Angesicht der Mündung einer Maschinenpistole die griechischen Gewässer verlassen musste, ist Kummer etwas paranoid. Als er die Genua bei 30 Knoten Wind verkleinern will, verklemmt sich die Reffleine. Eine prekäre Situation, vor allem, weil der Wind immer weiter zunimmt. Er muss handeln und zwar sofort. Doch beim Versuch, die Leine zu lösen, gerät das, wovor sich jeder Segler fürchtet. Vor allem Einhandsegler. Seine linke Hand gerät zwischen Rolle und Schot.

Sturmfahrt: Plötzlich 37 Knoten Wind

Höllische Schmerzen schießen durch Kummers Körper. Er ist gefangen, gefesselt auf der Flybridge. Der Autopilot steuert stoisch weiter, Kummer kann ihn nicht erreichen, so sehr er sich auch reckt und streckt. Er müsste in den Wind fahren, um den Druck aus dem Segel zu nehmen, anders kann er sich nicht befreien. Kummer versucht ruhig zu bleiben, seine Lage zu analysieren. Aber sie scheint aussichtslos. Er kann sich nur befreien, wenn er die Klemme der Reffleine löst, doch dann wird seine Hand wegen des enormen Drucks im Segel weiter in die Rolle gezogen, vielleicht sogar abgerissen. Kummer kennt solche Berichte.

Als er die Ausweglosigkeit seiner Lage realisiert, wird ihm vor Schmerz bereits schwarz vor Augen. Er hat das Gefühl, ohnmächtig zu werden. „Dann sterbe ich hier", schießt es ihm durch den Kopf. Aber er will dieses Los nicht akzeptieren, nicht nach tausenden Seemeilen auf dem Meer, nicht nach den vielen Wochen in Isolation. Jedes Problem konnte er meistern und jetzt soll er wegen einer kleinen Unachtsamkeit sterben? Vor seinem inneren Auge sieht er sich, gefangen in der Klemme, und wie die Sunce 2 unter Autopilot immer weiter segelt, bis sie irgendwo an einer Klippe zerschellt. Das soll es also gewesen sein? Ein unwürdiges Ende, findet Kummer. Also besinnt er sich wieder auf seine Stärken. Und eine ist die Planung. Er geht jedes erdenkliche Szenario im Kopf durch. Er muss die Klemme lösen, das steht fest. Aber was passiert dann? Kummer rechnet damit, dass die Leine ihm mindestens einen Finger abtrennen wird. Er könnte also verbluten. Außer, er ist schnell genug, um in den Salon zu kommen und aus der Bordapotheke die Tourniquet zu holen, um die klaffende Wunde abzubinden und die Blutung zu stoppen. Die Gefahr allerdings ist, dass der Schmerz ihn in die Ohnmacht treibt und er an Deck verblutet. Doch es gibt keinen Plan B, keinen der Sinn macht. Also setzt er alles auf eine Karte. Er muss die Klemme lösen – und mit der rechten Hand die linke befreien. Irgendwie. Nach einem kurzen Moment des Zögerns legt er die Klemme um.

Er weiß im Nachhinein nicht wie, aber er schafft es, die Hand blitzschnell zu befreien, bevor die Leine mit rund einer Tonne Kraft sie zerfetzt hätte. Er wankt in den Salon, kramt aus der Tiefkühltruhe gefrorenen Thunfisch, schlägt ihn in ein Küchentuch ein und kühlt die Wunde. Er liegt auf dem Sofa, ermattet und erschöpft. Die Hand brennt höllisch. Sie ist gequetscht, aber Kummer kann sie bewegen. Die Finger bluten, aber die Schnittwunden scheinen nicht tief. Kummer kämpft gegen den Schmerz mit Galgenhumor an. „Jetzt bin ich wirklich ein Einhandsegler", scherzt er. Um sicherzugehen, wie er seine Hand behandeln soll, ruft er Marion an, die Frau seines Freundes Alex an. Die Ärztin hatte ihn bereits mit ihrer Ferndiagnose bei seinem Tauchunfall bestens beraten.

Kummer macht ein Foto von der Bordapotheke. Marion gibt ihm Tipps zur Behandlung. Kummer soll Wasser abkochen, damit es steril ist, und damit die Wunde auswaschen, dann mit der dreiprozentigen Wasserstoffperoxid-Lösung desinfizieren, die sie auf dem Foto entdeckt hat. Anschließend soll er die beiden verletzten Finger mit einem wasserdichten Post-OP-

Pflaster steril verschließen und die gesamte Hand mit einem Verband bandagieren, um sie ruhig zu stellen, damit die starken Hämatome nicht weiter belastet werden.

Schon am nächsten Tag haben sich die Wogen geglättet. Nicht nur das Meer hat sich beruhigt, auch Kummer fühlt sich besser. Doch der straffe Verband schmerzt. Er legt ihn ab, begutachtet die Verletzung. Noch einmal fragt er die Ärztin um Rat, schickt Fotos der verletzten Hand. Die Finger sind geschwollen, aber die Wunde scheint zu heilen. So sieht es auch die Medizinerin. Noch in der Nacht hatte er erneut Probleme mit der Reffanlage, musste die eingeklemmte Leine reparieren. Das erzählt er der Ärztin lieber nicht. Es tut ihm gut, jetzt die Finger ohne Verband zu bewegen, trotz der Schmerzen durch die Quetschung. Kummer legt ein Breitbandantibiotikum parat, für den Fall, dass sich die Wunde entzünden sollte. Aber er ist guter Dinge, dass er nochmal mit einer blauen Hand davongekommen ist.

Kummer umrundet Kreta südlich. Der Wind hat nachgelassen, also motort er. Neben der Ärztin hat er nur dem Pitter-Team von seiner Verletzung berichtet, selbst seiner Familie erzählt er erst zwei Tage später von dem Vorfall, damit sie sich keine Sorgen macht. Den Katamaran führt Kummer jetzt mit einer Hand. Er lässt die beiden Motoren abwechselnd jeweils zehn Stunden laufen. Der Schiffsverkehr nimmt ab, also entscheidet sich Kummer seinen Wach-Schlaf-Modus von 15 auf 20 Minuten zu verlängern. Im Halbschlaf kreisen seine Gedanken um eine merkwürdige Frage: Soll er bei der Ankunft in Kroatien über Top flaggen? Dann döst er wieder ein.

Nachts um 3 Uhr dreht der Wind auf Süden und legt zu. So, wie vorhergesagt. Weil Kummer sich und seine Hand schonen will, setzt er gleich das dritte Reff. Er will sein Schicksal nicht noch einmal herausfordern. Und Eile hat er auch nicht. Seit dem 21. Februar ist er unterwegs, da kommt es auf einen oder zwei Tage mehr auch nicht an. Der Südwind bringt Kummer gut voran. Von Kreta segelt er gen Norden zur Westspitze der Peloponnes. Er erinnert sich, wie er vor fast zwei Monaten aus Italien kam. Da kreuzte er genau diese Stelle.

Was war seitdem alles passiert? Wie damals, so herrscht auch dieses Mal reger Verkehr auf der Seestraße. Kummer durchlebt eine unruhige Nacht. Die Winde drehen oft, überall blinken auf dem Kartenplotter Schiffe auf, die seinen Weg kreuzen. Immerhin scheint die Hand gut zu heilen.

Am fünften Tag donnern zwei Kampfjets dicht über das Meer. Ein letzter Gruß der Griechen. Kummer will erst durch die Straße von Otranto segeln, dann entlang der italienischen Küste Richtung Norden. Weiter draußen auf der Adria tobt bereits wieder ein Sturm. Kummer ist müde und geschafft. Aber er kommt nicht zur Ruhe, immer wieder gibt es Probleme. Diesmal ist es das Großfall, es hat sich verheddert. Sechs Stunden braucht der angeschlagene Segler bei Wind und Welle, um das Problem zu lösen. Als er es geschafft hat, döst der Wind ein. Aber Kummer ist das nur recht. Eine ruhige Nacht kann er gut gebrauchen. Sein Kat ist weit entfernt von jeder Küste, fernab der Schiffslinien. Später schreibt er eine WhatsApp an „Mit Kummer ohne Sorgen“: „Ich weiß jetzt die Schönheit eines Motortages zu schätzen.“

Der sechste Tag begrüßt Kummer mit einem fantastischen Sonnenaufgang. Er frühstückt ausgiebig. Weil er wieder Netzempfang hat, checkt er sofort den Wetterbericht und schaut in sein Postfach. Doch die erhoffte Einreisebestätigung nach Kroatien ist noch nicht da. Kummer befürchtet schon ein Déjà-vu, aber es dauert nicht lange, da wird er erlöst. Er darf in Kroatien einreisen. Es scheint, als würde sich alles zum Guten wenden. Selbst der Südwind legt zu. Am Nachmittag setzt Kummer wieder die Segel. Er entscheidet sich für das Reff drei, auch wenn er damit langsamer ist. Aber Sicherheit geht vor, er will nicht noch mal bei Nacht Manöver fahren müssen.

Bei 17 Knoten Wind macht er immer noch 4,5 Knoten Fahrt. Das reicht ihm. Doch der Wind nimmt immer weiter ab. Das wiederum reicht nicht mehr. Denn wenn Kummer nicht rechtzeitig die Straße von Otranto erreicht, wird es heftig. Wieder muss der angeschlagene Skipper arbeiten. Genua einholen, in den Wind, das Groß ausreffen. Der Aufwand lohnt sich. Der Kat macht einen Knoten mehr. Doch nur kurz darauf schläft der Wind wieder ein. Kummer holt die Segel ein, wirft die Maschine an. Um Mitternacht brist es wieder auf. Dann wieder Flaute. Kummer kommt nicht zur Ruhe. Erst gegen 1 Uhr bläst der Wind konstant mit 17 Knoten. Kummer setzt die Segel erneut. In dieser Nacht schafft er bis kurz vor Brindisi.

Aber je näher Kummer seinem Ziel kommt, um so stürmischer wird es. Den ganzen nächsten Tag weht ein kräftiger Wind. „Nichts für Memmen", schreibt Kummer in seine Notizen. Erst gegen 4 Uhr nachts flaut es ab. Die Welle steht aber noch, lässt die Segel schlagen. Kummer entscheidet sich für die Maschine. Er ist müde, aber zufrieden. Nur wundert er sich, dass der Mond plötzlich Kreise dreht. Erst dann bemerkt er, dass es nicht der Mond ist, sondern sein Kat. Kummer hat versehentlich den Autopiloten deaktiviert. Er kommt ganz. offensichtlich an seine körperlichen Grenzen. Ganz dringend braucht er Schlaf.

Am 15. Mai, es ist ein Freitag, setzt Kummer die kroatische Gastflagge. Darunter die Flagge „Q" zum Einklarieren. Es ist 8.45 Uhr und bis zur Insel Vis, seinem ersten kroatischen Ziel, sind es nur noch 30 Seemeilen. Kummer sehnt sich danach, dass seine Odyssee nach 90 Tagen und knapp 4000 Seemeilen endlich endet. Die letzte Woche, der Törn von der Türkei nach Kroatien, hatte es noch einmal in sich. Doch um 10.15 Uhr bekommt er einen Anruf von der Charterbasis, an die er den Kat überstellen soll. Kummer soll in einem Abstand von zwölf Seemeilen an Vis vorbeisegeln. Wenn er dort in die Zwölfmeilenzone einfahren würde, müsste er in Split einklarieren, da dies der nächst gelegene „Port of Entry" ist, wird ihm erklärt. Für Kummer bedeutet das eine weitere Nacht auf See. Obwohl er frustriert ist, ändert er sofort den Kurs Richtung Westen. Er weiß, dass in Zadar bereits alles vorbereitet ist und er kennt die Berichte von Seglern, die wegen der Verletzung der kroatischen Einklarierungsregeln eine hohe Strafe erhalten haben.

Weitere 130 Seemeilen liegen vor ihm, da auch die kleinen unbewohnten Inseln nordwestlich von Vis westlich umfahren werden müssen. Die Basis erklärt ihm, dass er die Kornati-

Passage nehmen soll, dann nach Norden und ab der Nordspitze der Insel Ugljan schließlich Richtung Zadar.

Tagsüber macht Kummer mit voller Besegelung gute Fahrt und ist der Zeitplanung immer etwas voraus. Die Nacht ist ruhig. Doch ab 3 Uhr bekommt Kummer kein Auge mehr zu. Er ist zwar hundemüde, aber auf den letzten Meilen will er nicht das Risiko eingehen, den Wecker zu überhören und den Kat auf die Klippen zu setzen. Er verlangsamt die Fahrt, um in der Morgendämmerung durch die Kornaten zu motoren. Er möchte alle drei Phasen des Twilights vor dem Sonnenaufgang, die astronomische, nautische und bürgerliche Dämmerung sowie den Sonnenuntergang und den letzten Segeltag genießen. Die Szenerie kommt ihm surreal wie der gesamte Trip vor.

Um 10 Uhr macht Kummer, völlig ermattet aber unendlich glücklich, am Zollpier von Zadar fest. Seine Freunde erwarten ihn bereits. Hinter einem Zaun entdeckt er auch einen Fremden, der ihn beobachtet. Der Mann trägt ein sportliches graublau meliertes Sakko über einem schwarzem Hemd, das leger über dem Bund der Hose hängt. Das schmale Gesicht kann Kummer kaum erkennen. Der Mann mit dem schwarzen Haar trägt einen gepflegten Bart, die Augen verdeckt eine große Sonnenbrille. Ohne zu wissen, wer das ist, hat Kummer eine Vorahnung. In jedem Hollywoodfilm könnte der Mann den geheimnisvollen Intellektuellen spielen - oder eben einen Spion.

Drei Stunden dauert das Einklarieren. Kummer ist genervt, aber er lässt das Prozedere wie in Trance über sich ergehen. Noch muss er den Kat zur Basis von Pitter-Yachting in Biograd segeln. Das sind weitere zweieinhalb Stunden. Der Geschäftsführer von Pitter Croatia, Marim Katičin, kommt ihm mit seinem Mitarbeiter Buco und seinem Hund zur Begrüßung entgegen gesegelt. Zwei Seemeilen vor der Marina verwirklicht Kummer dann seinen Traum. Er flaggt über die Toppen. Vor dem Vorstag wehen traditionell die Flaggen des Alphabets, Zahlen und Hilfsstander, achtern die Flaggen der Länder, die Kummer in dem vergangenen Vierteljahr passiert hat. Als Dank für die Hilfe der österreichischen, deutschen, türkischen und kroatischen Freunde und als ein Zeichen dafür, dass die Segelsaison am Mittelmeer wieder eröffnet ist.

Als Kummer endlich die Sunce 2 am Steg in Biograd vertäut und seine Odyssee offiziell beendet ist, taucht auch der stille Beobachter aus Zadar auf. Es ist Zaman, der mysteriöse Geschäftsmann aus Wien, der für Kummers Heimreise gesorgt hat. Kummer freut sich, Zaman endlich persönlich kennenzulernen und wäre ihm am liebsten um den Hals gefallen. Aber es bleibt bei einem Faustcheck. Die Neugierde war groß, ebenso der Respekt vor seiner Leistung, die Zusammenarbeit der verschiedenen Behörden und der Deutschen Botschaft zu organisieren. An diesem Abend bleibt es nicht bei einem Glas Champagner. Zaman trinkt allerdings keinen Alkohol, und im Ramadan tagsüber überhaupt nichts.

Kummer wird in Fethiye mit Blumen empfangen. Dann segelt er nonstop von der Türkei nach Kroatien. Bei teils heftigen Winden und kalten Temperaturen

Nach 90 Tagen und knapp 4000 Seemeilen erreicht Kummer endlich Kroatien. Zaman, der mysteriöse Vermittler, feiert mit ihn in Biograd seine Rückkehr. (Bild unten, Mitte)

Epilog

Göcek, Anfang Juli. Ein hagerer Mann sitzt in der Strandbar der D-Marin. Unter dem Strohhut, der gegen die sengende Sonne schützt, fällt langes, weißes Haar. Das Thermometer klettert nachmittags auf fast 40 Grad, aber hier, direkt am Wasser, wo ein kühlender Wind weht, lässt es sich aushalten. Sebastian Kummer schlürft einen türkischen Kaffee, nippt am Wasserglas. Das glasklare Meer zu seinen Füßen funkelt türkis. Sein Blick fällt auf eine kleine Insel, vier Seemeilen entfernt: Tersane. Sein Niemandsland.

Oft denkt er an die Wochen zurück, die er dort verbracht hat. Und die Erinnerungen sind gut. „Sebastian", ruft eine Stimme mit italienischem Dialekt und reißt ihn aus den Gedanken. „Ich gehe an den Strand". Kummer winkt seiner Frau zu. „Mach das. Ich komme auch gleich." Noch einmal schweift sein Blick über das Meer. Irgendwo am Horizont müsste sie gleich auftauchen - die Blu.

Lange hat es Kummer nicht in Wien ausgehalten. Nach seiner Ankunft in Biograd ging es noch am gleichen Tag mit dem Auto von Zaman zurück in die österreichische Metropole. 666 Kilometer, eine teuflisch lange Strecke. Vor allem, wenn man neunzig Tage auf See war und die letzten acht Tage kaum länger als zwanzig Minuten am Stück geschlafen hat. Allerdings ist coronabedingt kaum Verkehr, weshalb sie bereits kurz nach Mitternacht in Wien ankamen. Am nächsten Tag musste Kummer als erstes den obligatorischen Corona-Test machen. Das Ergebnis fiel wenig überraschend negativ aus. Zurück in einer Stadt mit fast zwei Millionen Einwohnern zu sein, nachdem er wochenlang allein auf einem Boot in einer einsamen Bucht gelebt hat, war gewöhnungsbedürftig. Natürlich freute Kummer sich auf seine Familie, auf Frau und Kinder, auch konnte er sich endlich persönlich bei seinem Team in der Universität für deren Unterstützung bedanken.

Als Kummer Wien Mitte Februar verlassen hatte, da war Corona noch sehr weit weg. Er kannte die Berichte in den Medien, die Schilderungen seiner Freunde und Familie. Er wusste nicht genau, was er erwartet hatte, aber als er zurückkam, war er erschrocken darüber, dass alles so normal war. Als hätte es Corona nie gegeben. Oder als wäre die Pandemie längst überwunden.

Nur wenige Menschen auf der Straße trugen Masken, kaum jemand hielt sich an den Sicherheitsabstand. Erst als er das erste Mal in sein Büro radelte und die Universität betrat, da bekam er einen Eindruck davon, wie es zwischenzeitlich gewesen sein muss. Die Universität, wie er sie verlassen hatte, existierte nicht mehr. Wo ansonsten tausende Studenten ein- und ausgingen, herrschte gespenstische Leere. Die Hörsäle waren geschlossen, die Bibliothek gesperrt. Und auch die Büros der meisten Mitarbeiter waren verwaist. Sie arbeiteten im Homeoffice.

Nach seiner Rückkehr ging der Medienrummel weiter. Kummer gab wieder Interviews für Zeitungen und Magazine, das Fernsehen drehte Beiträge. Der verlorene Sohn war endlich zurückgekehrt. Aber der Pirat vermisste seine Bucht. Wie zum Trotz ließ er seinen struppigen Bart stehen, die Haare weiter wachsen. Erst nach zwei Wochen sagte seine Frau, er müsse sich dringend rasieren. Das tat er dann auch.

Kummer war noch keine drei Wochen zurück in Wien, da klingelte bei ihm das Telefon. Volkan war in der Leitung. Der Vorschlag klang wie ein Scherz, vielleicht war es auch so gemeint. Ob Kummer nicht Lust hätte, im Juni eine Bavaria 46 von Kroatien nach Göcek zu überführen. Der Professor musste nicht lange überlegen. Aufgrund seiner 50-Prozent-Stelle an der Uni hatte er noch genügend Zeit, die vor vielen Monaten geplante Reise im Mai nach China war ohnehin ausfallen. Er sprach mit seiner Frau, fragte, ob sie ihn begleiten würde. Er wollte sie nicht schon wieder alleine lassen.

Als sie die Blu von Frankreich in die Türkei überführten, da kam sie in Portugal für zwei Tage an Bord. Aber nach einer Nacht hatte sie bereits genug. Es war kalt und windig und die Wellen schlugen hoch. „Diese Art von Segeln mag ich nicht", sagt Alessandra. Aber für einen Sommertörn durchs Mittelmeer war sie zu gewinnen. Zusammen mit einer Freundin, die eigentlich mit Kummer die Sunce 2 von Göcek nach Kroatien überführen wollte, brach Kummer Mitte Juni gen Kroatien auf. Es war wie eine Rolle rückwärts.

Doch gleich zu Beginn der Reise machten die Behörden wieder Ärger. Dreimal musste Kummer aus ihm unerklärlichen Gründen in Kroatien ein- und auschecken, ehe er die Hoheitsgewässer verlassen konnte. Und weil Griechenland nicht wie angekündigt die Grenzen für Sportboote zum 15. Juni, sondern erst zwei Wochen später, öffnete, durfte die „4 Friends", so der Name der Yacht, auch nirgendwo anlegen. Durch den Kanal von Korinth und über die kleinen Kykladen segelte Kummer in die Türkei. Diesmal ohne Probleme mit der Küstenwache.

Nach 1042 Seemeilen kam die „4 Friends" im Golf von Fethiye an. Der erste Stopp war natürlich das Niemandsland, das Kummer seiner Frau zeigen wollte. Es kam ihm anders vor als in seiner Erinnerung. Einerseits lagen jetzt etliche Schiffe in der Bucht und das Restaurant war geöffnet. Andererseits hatte auch die Natur ihr Antlitz verändert. Das saftige Grün des Frühjahrs war verdörrt. Nur die Glocken der Ziegen klangen noch genauso wie im Niemandsland.

Kummer sprang von Stein zu Stein, zu den Pöllern, an denen er die Blu nach der Sturmnacht und dem Desaster mit dem Anker befestigt hatte. Seine Frau sollte ihn dabei filmen. Sie rollte mit den Augen. Wie hatte sie eigentlich die Wochen erlebt, als ihr Mann in der Bucht festhing? Hatte sie Angst? Sie zuckt mit den Schultern. „Nein, Angst nicht. Nicht als er in der Bucht lag. Ich kenne Sebastian ja gut genug. Er mag es, alleine zu sein. Und er ist immer optimistisch. Jedes Mal, wenn wir telefoniert haben, war er gut gelaunt." Sie lächelt süffisant. „Manchmal war ich froh, dass er in der Bucht war. Drei Monate mit ihm in einer Wohnung eingesperrt zu sein, das wäre nicht gut gegangen." Sie lacht, er zuckt mit den Schultern. Ein bisschen aufgeregt war sie dann aber doch, gesteht sie, dann, als er alleine gesegelt ist. „Da kann immer etwas passieren", sagt sie und zeigt auf Kummers Hand. Die Quetschung ist immer noch zu sehen.

Das Wiedersehen mit Volkan und seiner Frau Judith war herzlich, wie bei alten Freunden. Kummer blieb beim Faustcheck und machte eine asiatische Verbeugung. Auch wenn er gegenüber einigen Maßnahmen durchaus kritisch ist, so weiß er doch, dass das Virus immer noch nicht besiegt ist und niemand leichtfertig damit umgehen sollte. Vor allem waren sie aber froh, dass Kummer und seine Frau diesmal problemlos in die Türkei einreisen konnten.

Natürlich blieb die Rückkehr von Kummer nach Göcek nicht lange geheim. Dafür sorgte Zaman, der ein Treffen beim Bezirksgouverneur von Fethiye organisiert hatte. Kummer war froh, dem Mann, der ihm letztlich die Einreise genehmigt hatte, noch einmal persönlich zu danken. Er überreichte einen Strauß Blumen. Aus Deutschland hatte er ihm zudem Schokolade mitgebracht - Quadratisch. Praktisch. Gut. Kummer wusste um den Brauch in der Türkei, Süßigkeiten zu schenken. Also entschied er sich für eine typisch deutsche Marke. Hätte es im Niemandsland einen Supermarkt gegeben, dann wäre ihm sicherlich aufgefallen, dass Ritter-Sport in der Türkei mittlerweile weit verbreitet ist. Der Bezirksgouverneur freute sich trotzdem über die Geste und mehr noch über den Besuch Kummers. Es war ihm ein Anliegen, sich bei dem Deutschen für die ganzen Umstände zu entschuldigen. Kummer war baff.

Für Volkan und Judith ist es nach wie vor ein hartes Jahr - wie für die gesamte Charterbranche. Immer noch gibt es mehr Absagen als Neubuchungen. Vor allem die europäischen Touristen fehlen, sie sind verunsichert ob der Ein-, vor allem aber der Ausreisebestimmungen. Bis zum 1. August will Berlin die Reisewarnung für die Türkei aufrechterhalten, vielleicht sogar verlängern. Kummer kann das nicht verstehen. Im Vergleich zu Österreich und auch Kroatien, die Länder, die Kummer seit seiner Rückkehr besucht hat, sei die Türkei im Kampf gegen Corona geradezu vorbildlich, findet er. „Die Menschen halten sich an die Maskenpflicht und den Mindestabstand, Restaurants und Hotels haben die hohen

Anforderungen umgesetzt“, sagt Kummer, als er später am Nachmittag zum Steg zurückgeht.

Natürlich weiß er, dass die Reisewarnungen nicht nur gesundheitspolitische Ursachen haben, sondern zumindest auch zum Teil auf die Spannungen zwischen der Türkei und Deutschland zurückzuführen sind. Er hält von dem Streit zwischen der Türkei und der EU wenig, denn geopolitisch und wirtschaftspolitisch sind die EU und Deutschland gut beraten, mit der Türkei zu kooperieren. Für Kummer sind die Menschen das wichtigste. Unter den Spannungen leidet vor allem der Tourismus, der so wichtig ist für die Menschen an der Mittelmeerküste. Aber auch die potenziellen Besucher und Segler verpassen so viel, denn die Türkei ist eines der besten Reviere der Welt. Zudem hat er schon in der schönsten Quarantäne der Welt immer wieder erfahren, wie gastfreundlich und herzlich die Türken sind. Und sie sind es immer noch, trotz aller Schwierigkeiten.

Und dann sieht er sie, das erste Mal, nachdem er sie in Fethiye verlassen hat: die Blu. Kummers Augen glänzen, dann zückt er sein Smartphone und filmt. Die schönsten Bilder aber hat er in seinem Kopf gespeichert.

Danksagung

Vielen Dank an alle, die mich unterstützt haben: Meine Familie, meine Freunde, Volkan und Judith von „Sail with Friends", das gesamte Pitter-Yachting Team, vor allem aber Klaus und Tina, sowie mein Institutsteam für die jahrelange hervorragende Zusammenarbeit und Unterstützung in der Krise. Besonderer Dank gilt Zaman Denli. Ohne ihn und die Hilfe des Bezirksgouverneur von Fethiye, Muzaffer Şahiner, sowie der Unterstützung von dem Chef der Pass-Polizei, Fatih Karasu, wäre meine Rettung aus dem „Niemandsland" nicht möglich gewesen. Sie haben, trotz des Einreiseverbots, meinen Sonderfall erkannt und sich um eine Lösung bemüht. Ganz herzlich möchte ich mich auch bei allen Medien bedanken, die über mich berichtet haben. Hans Wu machte für *Eco* den ersten Bericht, viele weitere folgten. Wahrscheinlich zur Lösung meines Problems haben die Berichte von Tahsin Özen, dem Chefredakteur von *Ocean7*, Kerstin Zillmer, der Chefredakteurin von *float,* und Jens Brambusch beigetragen. Bei Jens möchte ich mich nicht nur für seine spannenden Artikel über meine Reise, sondern auch für die perfekte Zusammenarbeit bei diesem Buch ganz, ganz, ganz herzlich bedanken!

Sebastian Kummer, im August 2020

Weitere Bücher des Autoren

Träum weiter!

Zehn Segler, fünf Kontinente, ein Hafen. Sie treffen sich zufällig in der Türkei. Und erzählen ihre ganz persönlichen Geschichten vom Ausstieg

ISBN: 978-1096402497
erschienen bei Amazon
Taschenbuch: 15,60 €
eBook: 9,90 €

„Träum weiter" ist ein Buch über Segler. Aber dennoch ist es kein Segelbuch im eigentlichen Sinn. Es handelt nicht von Salzwasser gegerbten Haudegen, die Kap Hoorn umrundet haben, oder von Helden im Sturm, auch nicht von Monsterwellen. „Träum weiter" erzählt in Portraits die Geschichten hinter den Seglern. Die Vorgeschichten zu dem Moment, der das Leben verändert hat. Mal tragisch, mal komisch, aber immer ehrlich. Das Buch handelt von Abwägungen, Skepsis, Mut und Schicksalen. „Träum weiter" soll nicht bedeuten, dass man weiterhin träumen soll. Vielmehr geht es darum, den Traum zum Leben zu erwecken. Ihn größer zu machen. Ihn „weiter" zu stecken.

Leserstimmen:
„Wunderbar in Etappen zu lesen. Authentische Geschichten, viele Emotionen und noch mehr Träume. Genau richtig dosiert und sehr schön geschrieben."

„Nicht träumen, lesen! Jens Brambusch ist einfach ein wunderbarer Erzähler. Hoffentlich gibt es bald das nächste Buch!"

„Wundervoll diesen Lebenslinien zu folgen, den vielen verschiedenen Entwürfen, die eines gemeinsam haben: die Liebe zur See. Fernweh generiert."

Weitere Bücher des Autoren

Die Stalkerin

Lieb, dass Du Dir Sorgen machst

Ein Psychothriller

ISBN:
978-3750255494
erschienen bei
epubli
Taschenbuch: 14,90 €
eBook: 9,90 €

Als der Segler Peter Parker wegen Mordverdachts in der Türkei verhaftet wird, scheint niemand an einer ernsthaften Aufklärung des Falls interessiert zu sein. Selbst die Deutsche Botschaft drängt ihn zu einem schnellen Geständnis und hat bereits mit den türkischen Behörden einen Deal ausgehandelt. Parker verzweifelt. Nach einen psychischem Zusammenbruch mit Angstzuständen und Panikattacken hatte der Werber Deutschland den Rücken gekehrt und war auf ein Segelboot gezogen, um ein neues Leben anzufangen. Nur die verrückte Stalkerin konnte er nicht abschütteln.

Leserstimmen:

„Ein überaus spannendes, temporeiches Buch, das mit überraschenden Wendungen und viel Lokalkolorit aufwarten kann - spannend, tief- und abgründig bis zur letzten Seite. Sehr empfehlenswert!"

„Sehr spannender Thriller mit gruseligen Momenten. Grausame Täterin in einer schönen Landschaft. Ich möchte mehr lesen von Jens Brambusch."

„Sehr spannender und interessanter Plot. Absolut zu empfehlen auch ohne Segelkenntnisse sehr zu empfehlen."

Weitere Bücher des Autoren

Brambusch macht blau

Von einem, der ausstieg, um segeln zu gehen

Das Buch zum Blog

ISBN: 979-8631963436
erschienen bei Amazon
Taschenbuch: 12,66 €
eBook: 7,90 €

„Brambusch macht blau" ist das Buch zum gleichnamigen Blog. Nach einem Burnout beschließt Jens Brambusch, sein Leben radikal zu ändern. Der Journalist macht blau. Mit 46 Jahren kündigt er seinen Job, verkauft seine Wohnung und zieht auf ein 30 Jahre altes Segelboot in der Türkei - die Dilly-Dally. Alles, was er mitnimmt, passt in einen Seesack. Anfang Oktober 2018 sitzt er im Flieger, in der Hand ein One-Way-Ticket in sein neues Leben. Kann das gutgehen? Sein Plan ist, keinen Plan zu haben. Vielmehr will der begeisterte Segler erst einmal ankommen, testen, ob ihm das Leben auf einem Boot überhaupt bekommt. Nach eineinhalb Jahren auf See kann er getrost sagen: Alles richtig gemacht. In amüsanten wie nachdenklichen Anekdoten schildert Brambusch seinen Alltag an Bord, berichtet von Missgeschicken und herrlichen Momenten, gibt Ein- und Überblicke. Das Buch soll Inspiration, Ideengeber und Leitfaden für all diejenigen sein, die sich mit dem Gedanken tragen, mehr aus ihrem Leben zu machen - wo sonst, als auf dem Meer!

Leserstimmen:

„Ein tolles und vor allem mal anderes Seglerbuch, das sich sehr schön liest, mit wunderbaren Geschichten aus dem Leben mit seinen vielen kleinen und faszinierenden Freuden als auch Leid. Aber in Summe sehr positiv und aufbauend. Kann ich jedem der mit Segeln zu tun hat und auf aus dem Leben gegriffenen Geschichten steht, nur wärmstens empfehlen!

Printed in Poland
by Amazon Fulfillment
Poland Sp. z o.o., Wrocław

61871663R00162